운동생리학

# 운동생리학

저자 / 한국운동생리학회

초판 1쇄 인쇄 / 2015년 2월 23일
초판 4쇄 발행 / 2022년 2월 20일

기　획 / 양원석
발행인 / 이광호
발행처 / 도서출판 대한미디어
등록번호 / 제2-4035호
전화 / (02)2267-9731　팩스 / (02)2271-1469
홈페이지 / www.daehanmedia.com

ISBN 978-89-5654-348-2　93690
정가 18,000원

※ 이 책은 저작권법에 의하여 보호받는 저작물이므로 무단으로 전재하거나 복제하여 사용할 수 없습니다.
※ 교재 구성상 문헌이 인용되는 부분마다 각주를 달지 못하고, 책 말미에 참고문헌으로 일괄 게재하였습니다.
　 참고문헌 편저자 여러분의 양해를 구합니다.
※ 잘못 만들어진 책은 구입처 및 대한미디어 본사에서 교환해 드립니다.

2급 스포츠지도사

운동
생리학

머리말

사회의 발전에 근간이 되는 개인의 체력과 건강의 증진뿐만 아니라 심리적 만족감과 사회적 적응력을 배양하는데 기여하기 때문에 인간의 신체활동은 사회의 지속적인 발전을 위해 매우 중요하다. 이러한 신체활동과 운동의 효과를 극대화하기 위해서는 이를 과학적으로 적용할 수 있는 지도자가 반드시 필요하며 국가적 차원에서 관리할 필요가 있다. 이러한 사회적 배경에서, 국가 공인 운동전문가를 양성하기 위해 새롭게 실시되는 체육지도자 자격제도는 그 동안 지적되어 오던, 학문성, 전문성, 경제적·사회적 지위의 문제를 극복하고 국민의 건강증진을 책임지는 전문가 양성 과정으로 새롭게 개편되었다.

종전에 경기지도자(전문체육)와 생활체육지도자(생활체육)로 양분되어 있던 자격 종류를 지도 내용(스포츠 종목, 운동처방), 지도 대상(유소년, 노인, 장애인 등), 분야(전문체육, 생활체육) 및 수준(1급, 2급) 등을 기준으로 세분화하였다.

체육지도자는 건강인과 환자 또는 선수들의 연령, 성, 생활습관, 건강상태, 이학적 정보와 체력 정보를 통합적으로 고려하여 건강증진, 체력향상, 노화예방, 재활 등의 다양한 분야에서 적극적인 서비스 활동을 해야 한다.

이러한 서비스 활동을 위해 필요한 운동과학적 지식을 연구하는 것이 운동생리학이라고 할 수 있다. 운동생리학은 건강한 일반인뿐만 아니라 운동선수의 경기력 향상을 위한 생리학적인 학문적 바탕을 이루고 있다.

본 교재는 체육지도자가 되기 위해 노력하고 있는 체육 관련 학생들을 위해서 보다 쉽게 접근할 수 있도록 하였으며, 불필요한 내용을 최소화하고 핵심적인 내용만을 선정하여 접근과 활용이 용이하게 편찬하였다.

따라서 전통적인 체육교육, 운동학, 그리고 운동과학 학부생뿐만 아니라 다른 건강전문 학과의 학생들에게도 유용하게 활용될 수 있을 것으로 생각되며, 체육지도자를 희망하는 학생들에게 미흡하지만 많은 도움이 되었으면 한다.

끝으로 짧은 기간 교재 출간을 위해 노력해주신 저자들과 출판사 양원석 대표와 관계자 여러분들에게 깊이 감사드립니다.

2015년 2월
한국운동생리학회 회장 장창현

차 례

| 머리말 5

I부. 운동생리학의 개관
1장 _ 주요 용어 10
2장 _ 운동생리학의 개념 16

II부. 에너지대사와 운동
1장 _ 에너지의 개념과 대사작용 22
2장 _ 인체의 에너지대사 35
3장 _ 트레이닝에 의한 대사적 적응 49

III부. 신경조절과 운동
1장 _ 신경계 분류 62
2장 _ 신경세포(뉴런)의 구조와 기능 72
3장 _ 신경계의 특성 79
4장 _ 신경계의 운동기능 조절 84

IV부. 골격근과 운동
1장 _ 골격근의 구조와 기능 98
2장 _ 골격근의 섬유 형태와 운동 108
3장 _ 훈련에 의한 골격근의 적응 122
4장 _ 근 손상과 근 통증 133

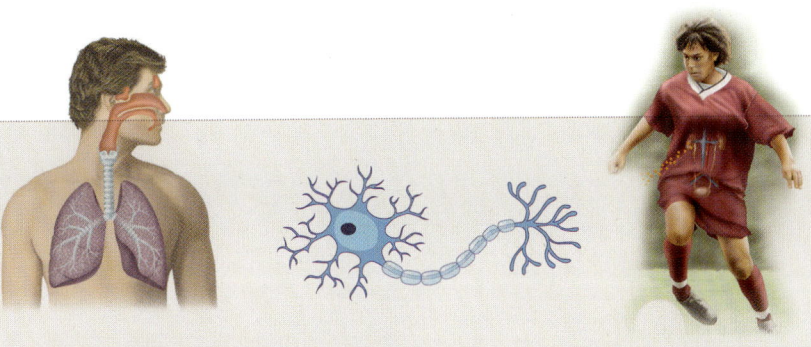

V부. 내분비계와 운동

   1장 _ 내분비계 140
   2장 _ 운동과 호르몬 조절 146

VI부. 호흡·순환계와 운동

   1장 _ 호흡계의 구조와 기능 164
   2장 _ 운동에 대한 호흡계의 반응과 적응 173
   3장 _ 순환계의 구조와 기능 183
   4장 _ 운동에 대한 순환계의 반응과 적응 204

VII부. 환경과 운동

   1장 _ 체온조절과 운동 234
   2장 _ 인체 운동에 대한 환경 영향 245

   | 참고문헌 257
   | 찾아보기 261
   | 저자소개 265

I부
운동생리학의 개관

　운동생리학에 대한 학문적 접근을 위해 가장 빈번히 사용되는 주요 용어에 대한 습득과 이해를 바탕으로 학습과정을 시작한다.
　운동생리학의 정의와 역사적 배경을 통해 운동생리학의 학문적 개념을 수립하고, 학문적 영역의 분류 기준과 인접 학문의 특성을 이해함으로써 운동생리학의 학문적 미래를 가늠해볼 필요가 있다. 이러한 운동생리학의 개관을 통해 운동생리학을 공부하는 목적과 궁극적인 목표를 세울 수 있도록 한다.

1장 주요 용어

 학습목표

- 운동과 신체활동의 개념을 구분하여 이해한다.
- 체력을 정의하고, 분류방법을 이해한다.
- 건강관련 체력의 중요성을 이해하고, 구성요소들을 나열한다.

1. 운동(exercise)

운동이란 건강이나 체력을 증진하거나 유지하기 위한 계획적이고 규칙적인 신체활동을 의미하며, 이를 통해 하나 이상의 체력 요소가 향상되는 것으로 인식된다. 식이조절과 더불어 운동습관은 건강과 체력을 결정하는 중요한 생활양식으로서, 약물처치에 비해 효과는 조금씩 나타나지만 부작용이 적고, 장기간 신체의 적응을 통한 근본적인 건강과 체력의 증진·유지 측면에서는 보다 바람직한 방안으로 여겨진다. 규칙적인 운동은 근골격계와 심폐계 등의 신체 주요 조직에 이로운 효과를 나타낸다. 또한 연구들을 통해 당뇨병, 심장병, 고지혈증, 고혈압, 골밀도 등의 성인병을 예방하고 정신건강의 개선, 건강한 노화와 수명 연장 등의 장기적인 효과가 밝혀지고 있다.

2. 신체활동(physical activity)

신체활동은 근육 활동을 통한 계획적이지 않은 신체의 움직임들로서 일상적인 활동들을 수행하는 것을 목적으로 한다. 근육이 수축할 때 소비되는 에너지의 양이 인체의 다른 조직이 활성화될 때의 소비량보다 훨씬 높기 때문에 신체활동을 통해 안정 시보다 많은 양의 에너지를 소비하게 된다. 그래서 근육을 주요 에너지 소비 조직이라고도 한다. 따라서 규칙적인 신체활동은 건강과 체력을 향상시킬 가능성이 높기 때문에 현대사회에서는 운동 부족에 따른 건강이나 체력 감소를 부분적으로 예방할 수 있는 대안으로 제시되고 있다.

규칙적인 신체활동과 운동의 이점

반복적인 신체활동이나 운동은 건강과 정적인 상관관계에 있다. 신체활동량과 운동량이 증가하면 건강에 대한 이점들이 비례하여 나타나고, 나아가 규칙적인 운동으로 체력이 증가하게 되면 일부 성인 질환의 유병률과 위험도가 감소하는 결과를 유도하게 된다.

변인	양-반응의 상관관계
사망률의 모든 원인	있음
심폐계 건강	있음
대사적 건강	있음
에너지 균형	
체중 유지	자료 부족
체중 감소	있음
체중 감소 후 체중 유지	있음
복부비만	있음
근골격계 건강	
뼈	있음
관절	있음
근육	있음
기능적 건강	있음
결장과 유방암	있음
정신적 건강	
우울증과 의기소침	있음
삶의 질	
불만, 지적, 건강, 수면	자료 부족

출처: ACSM's Guidelines for Exercise Testing and Prescription(2013)

3. 체력(fitness)

운동과 신체활동을 통한 건강과 체력의 변화는 운동생리학에서 매우 중요한 연구 분야이다. 건강은 수명을 결정하는 데 중요한 요인이다. 1948년 세계보건기구 헌장에 따르면 "건강이란 단지 질병이나 허약하지 않은 것이 아니라, 신체적·정신적·사회적으로 완전히 안녕(wellbeing)한 상태"를 의미한다. 한편 "체력이란 선천적 능력과 후천적 노력을 통해 얻게 된 신체활동을 수행할 수

그림 1-1. 건강과 체력의 연속체(continuum)
건강과 안녕의 추구, 체력을 통한 삶의 질 향상을 위한 노력이라는 연속적인 개념

있는 능력"을 의미하며, 이러한 능력은 삶의 질을 향상시키는 데 결정적인 역할을 하게 된다. 최근에는 건강과 체력의 개념들을 신체적 영역에 국한하지 않은 포괄적 개념의 웰니스(wellness, wellbing+fitness)로 확대하여 육체적 · 정신적 · 감성적 · 사회적 · 지적 영역에서의 최적의 상태를 위한 노력을 포함하는 통합적 개념으로 새롭게 정의하고 있다(그림 1-1 참조).

가. 체력의 분류

과거 체력의 분류체계는 방위체력과 행동체력으로 구분하여 환경에 대한 인간의 생존능력을 포함하여 폭넓게 정의하였다. 방위체력은 생존의 기반 환경 변화에 대응하여 생리적으로 항상성을 보전할 수 있는 적응력을 의미하며, 세부적으로는 환경적 · 생물학적 · 생리적 · 심리적 스트레스에 대한 저항 능력으로 구분된다.

① 기온, 습도, 기압의 변화와 대기 및 수질오염 등의 환경적 스트레스에 견디는 능력
② 세균, 바이러스, 기생충 등에 의한 생물학적 스트레스에 견디는 능력
③ 공복, 불면, 갈증, 피로, 시차 같은 생리적 스트레스에 견디는 능력
④ 불쾌감, 긴장, 고민, 슬픔, 불만 등과 같은 심리적 스트레스에 견디는 능력

한편, 행동체력은 생활의 기반인 신체적 자질을 개발하여 직업생활 속에서 큰 피로감 없이 생산성을 높일 수 있을 뿐만 아니라 여가생활을 영위하고 일상생활에서의 잠재적 위험에 대처할 수 있는 능력으로서, 운동을 일으키는 능력, 운동을 오래 지속하는 능력, 운동을 효율적으로 조절하는 능력으로 세분화된다(그림 1-2 참조).

하지만 현대사회에서는 인간의 생존과 관련된 방위체력의 중요성보다는 문명발달로 인한 생활습관의 변화에 따른 행동체력의 변화가 더욱 강조되고 있다. 이러한 변화를 반영하여 최근에는 건강의 중요성을 보다 강조하여 체력을 건강관련 체력(health related fitness)과 운동기능 체력(skill related fitness)으로 구분하는 것이 일반적이다(그림 1-3 참조).

그림 1-2. 행동체력의 분류
운동을 일으키는 능력, 운동을 오래 지속하는 능력, 운동을 효율적으로 조절하는 능력으로 세분화된다.

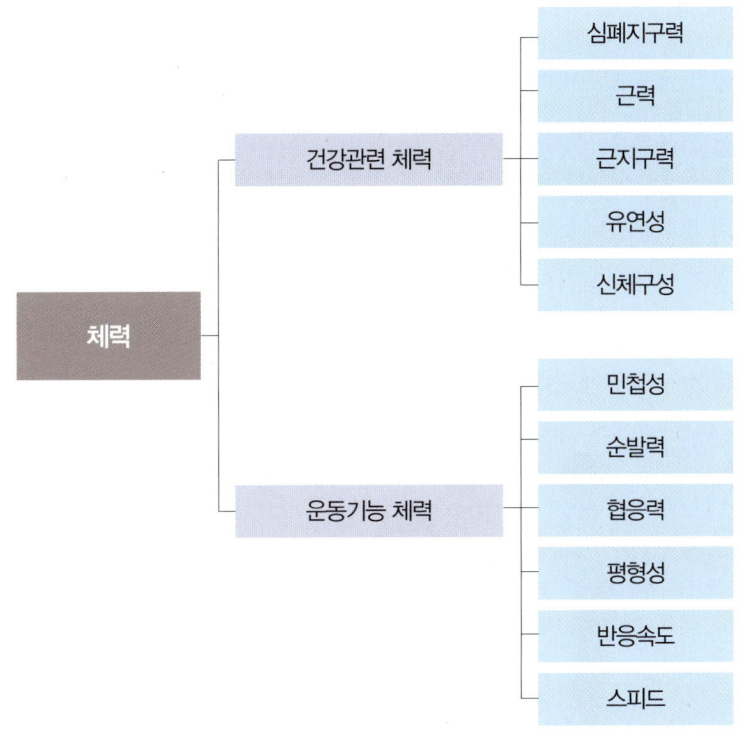

그림 1-3. 체력의 분류
최근에는 체력을 건강관련 체력과 운동기능 체력으로 구분하는 것이 일반적이다.

나. 건강관련 체력

건강관련 체력에는 심폐지구력, 신체조성, 근력 및 근지구력, 유연성 등이 포함되며, 이들은 건강 상태와 관련성이 높은 체력 요인들이다. 특히 신체조성은 다른 요인들이 종합적으로 반영되며, 장기간의 노력을 통해 조절이 가능하고 만성질환과의 관련성이 높다.

① 심폐지구력: 신체활동을 지속하는 동안 산소공급을 위한 심폐계의 능력
② 신체조성: 근육, 지방, 뼈 등 신체를 구성하는 조직의 상대적인 양
③ 근력: 근육이 힘을 발휘하는 능력
④ 근지구력: 근육이 피로하지 않고 지속적으로 운동을 수행하는 능력
⑤ 유연성: 관절의 가동 가능한 범위

다. 운동기능 체력

운동기능 체력의 요인에는 민첩성, 순발력, 협응성, 평형성, 반응속도, 스피드 등이 포함되며, 선수들의 경기력을 결정하는 데 기여도가 높다.

① 민첩성: 공간 내에서 신체 위치를 정확하고 빠르게 이동시키는 능력
② 순발력: 운동을 발휘하는 속도나 능력
③ 협응성: 운동 동작을 부드럽고 정확하게 수행하는 데 신체 분절을 시각·청각 등의 감각과 함께 이용하는 능력
④ 평형성: 정지 동작과 움직임 동작 중에 균형을 유지하는 능력
⑤ 반응속도: 자극과 그에 따른 반응의 개시 능력
⑥ 스피드: 짧은 시간 안에 운동 동작을 수행하는 능력

그림 1-4. 건강관련 체력
심폐지구력, 신체조성, 근력 및 근지구력, 유연성 등이 포함된다.

웰니스(wellness)

웰니스는 다양한 관점에서의 분류기준이 제시되지만, 공통적으로 이러한 요소들 간의 '조화'를 통한 가치 달성을 추구한다.

① 건강한 육체(physical wellness)
② 건강한 정신(spiritual wellness)
③ 감성적 만족(emotional wellness)
④ 건전한 사회관계(social wellness)
⑤ 지적 만족(intellectual wellness)
⑥ 안전한 환경(environmental wellness)
⑦ 물질적 풍요와 편리(material wellness)
⑧ 안정적인 직장 환경(occupational wellness)
⑨ 문화적 풍요와 참여(cultural wellness)

UCSD(University of California, San Diego)의 wellness center에서는 웰니스와 관련한 키워드들을 이용하여 다양한 영역들을 표현하고 있다.

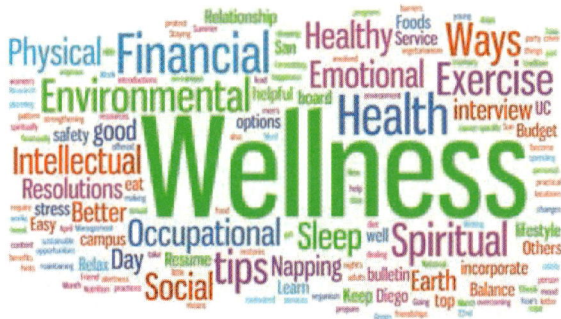

(재인용: 지식경제 R&D 전략기획단, 미래형 웰니스산업 동향 분석 및 발전방안, 2012)

2장 운동생리학의 개념

학습목표

- 운동생리학을 정의하고 학문적 배경을 이해한다.
- 운동생리학의 역사와 주변 학문들과의 연관성을 통해 운동생리학의 학문적 특성을 이해한다.

1. 운동생리학의 정의

운동생리학(exercise physiology)은 일정 기간 동안 운동 형태로 가해진 자극(stress)에 대해 인체가 적절하게 반응(response)하고 적응(adaptation)하는 과정 속에서 나타나는 생리학적 현상들을 구조적(structural) 및 기능적(functional)으로 연구하는 학문분야이다. 그 기반에는 해부학적 연구를 통해 그 구조적인 변화에 대해 다루고, 생리학적 연구를 통해 그 기능적인 변화를 각각 이해하게 된다(그림 1-5). 따라서 운동생리학 전문가들은 운동과 스포츠를 포함한 신체활동이 인체에 가해지는 주요 자극 요인이 되며, 그때 인체가 적응 반응을 통해 항상성(homeostasis)을 유지하거나 항정 상태(steady state)를 나타내는 과정과 조건 등을 주로 연구한다.

규칙적인 운동자극은 신체가 지속적으로 적응하도록 유도하여 일상생활이나 운동 수행능력을 향상시키는 이점을 갖는다. 이러한 긍정적인 인체 기능의 변화를 목적으로 하여 보다 장기간의 규칙적이고 반복적인 자극을 부여하는 트레이닝 방법과 그에 따른 적응 현상을 다루기도 한다. 이러

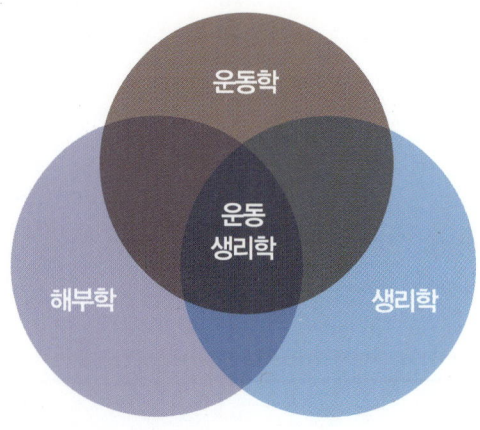

그림 1-5. 운동생리학의 학문적 분류

한 일련의 신체 적응은 신체활동을 통해 체력을 목표수준으로 향상시키기 위한 과정으로 여겨지며, 나아가 선수들은 특기종목에 필요한 특정 체력 요인에 초점을 맞춰 발달시킴으로써 경기력 향상을 도모하게 된다.

한편 운동 자극과 반응에 대한 직접적인 관련성뿐만 아니라 자극이 가해지는 환경, 유전적 조건 등 반응에 대한 간접적인 영향에 대해서도 다루기도 한다. 따라서 인체의 기능을 결정하는 다양한 요인들로서 운동 자극의 형태, 성과 연령에 따른 체격 및 체력적인 조건과 적성수준, 고온 및 저온과 고지대 및 수중 등과 같은 환경적 특성 등이 운동생리학의 중요한 연구대상이 된다.

2. 운동생리학의 인접 학문

가. 운동생리학의 역사

19세기 말 이전 생리학자들은 운동에 대한 인체의 반응보다는 임상적 접근이 주류를 이루었다. 1889년에 페르난드 라그레인지(Fernand Lagrange)는 처음으로 『Physiology of Bodily Exercise』라는 운동생리학 교재를 출간하면서 근육 활동과 피로, 운동 습관 그리고 운동 시 뇌의 역할 등에 대해 초보적인 단계에서 다루었다. 그 후 근 수축에 동원되는 에너지의 근원을 밝히기 위한 많은 가설 및 이론들이 제기되었다. 이후 1920년대 유럽을 중심으로 영국의 힐(A. V. Hill)은 근 수축과 회복 시 발생하는 열, 독일의 오토 마이어호프(Otto Meyerhof)는 근육 내 젖산과 산소 소비량의 관계를 규명한 당대사, 그리고 덴마크의 아우구스트 크로그(August Krogh)는 모세혈관 순환의 조절작용 등에 대한 연구 성과들을 보임으로써 근육의 대사작용에 대한 공로로 노벨상을 수상했다. 힐은 또한 1924년에 최대산소섭취량의 개념을 소개하였고, 홀데인(J. S. Haldane)이 호흡 중 CO_2의 역할에 관한 연구를 통해 개발한 호흡 가스 분석기를 적용하여 육상선수를 대상으로 한 생리학 연구를 처음으로 수행하기도 했다. 이러한 성과를 바탕으로 신체의 에너지 생성에 대한 기본적인 이해와 선소섭취량의 과학적 측정방법 등이 가능하게 되었다.

이후 힐은 호흡생리학의 권위자인 핸더슨(L. J. Handerson)이 설립한 하버드 피로연구소(Harvard fatigue laboratory)의 설립과 활동에 공헌하면서 근피로, 근 수축 및 힘의 관계를 소개했다. 더글라스(C. G. Douglas)는 핸더슨과 운동 중 호흡조절에 있어서 젖산과 이산화탄소의 결정적 역할을 규명했으며, 다양한 고도에서의 운동수행에 관해서도 연구함으로써, 신체의 운동능력과 인체생리학에 대한 환경의 영향 등을 연구하는 환경생리학(ecophysiology)의 기반을 마련했다.

한편 덴마크의 크리스티안 보어(Christian Bohr)는 산소가 헤모글로빈에 어떻게 결합하는가에 관한 연구와 이산화탄소에 의한 '산소-헤모글로빈 해리곡선'의 변화를 연구하였다. 그에 의해 설립된 보어연구소에서 아우구스트 크로그는 인간의 호흡과 운동에 대해 연구하기 시작했다.

미국 운동생리학의 역사는 1920년대에 하버드 피로연구소에서 시작되어 현대 운동생리학의 근원이라고 할 수 있는 최대산소섭취량과 산소부채, 탄수화물과 지방의 대사, 환경생리학, 임상생리학(정신분열증, 당뇨병), 노화(대사율, 최대산소섭취량, 최대심박수), 혈액(산-염기 평형, 산소분압 및 이산화탄소분압), 체력(하버드 스텝 테스트) 등 여러 분야에 대한 연구가 이루어졌다.

한편, 이 연구소에서 연구한 아스무센(E. Asmussen), 크리스텐센(E. H. Christensen), 닐슨(M. Nielsen), 아우구스트 크로그 등은 스칸디나비아로 돌아와 각자의 영역을 개척하고, 1950년대와 1960년대에 걸쳐 우수한 운동생리학 지도자를 양성하고 실험실에 새로운 개념과 기술을 도입하여 1930~1980년에 걸쳐 운동생리학 분야에 중요한 업적을 남겼다. 이탈리아 출신의 루돌포 마르가리아(Rudolpho Margaria)는 산소부채에 관한 연구를 심화시켰고, 아스무센은 근육의 역학적 특징, 닐슨은 신체 온도 통제에 대해 연구하였다. 호우 크리스텐센(Hohwu Christensen)은 1930년대 말에 오울 한센(Ole Hansen)과 운동 중의 탄수화물과 지방 대사에 대한 연구를 주도하였다. 퍼 올리프 어스트랜드(Per Olef Åstrand)는 호우 크리스텐센으로부터 운동생리학 분야를 소개받아 체력과 지구성 능력에 관한 연구를 수행하였다. 이들은 스웨덴 소재의 GIH(Gymnastik- och idrottshögskolan)대학과 카롤린스카 연구소(Karolinska Institute)에서 생리학자들과 운동의 임상적인 적용에 대해 교류연구하였으며, 운동 중의 근육대사에 관해 선도적으로 연구를 수행한 벵거트 살틴(Bengt Saltin)에게도 많은 영향을 미쳤다. 또한 조나 버거스트롬(Jonas Bergstrom)의 근생검법(biopsy)은 근육조직으로부터 샘플을 얻도록 함으로써 운동 전과 후에 근육에 대한 조직학적(histological)·생화학적(biological) 연구를 할 수 있는 전기를 마련했다. 이후 운동에 대한 전신의 반응을 중심으로 이루어지던 운동생리학의 흐름은 생화학적 접근이 활발해지면서 현대의 운동생리학으로 이어졌다. 1960년대 중반에는 존 할러지(John Holloszy), 찰스 팁턴(Charls Tipton), 필 골닉(Phil Gollnick) 등이 근육대사 연구 및 피로와 관련된 요인들을 분석하여 운동생리학의 생화학적 접근을 통한 새로운 연구방법을 시도하기 시작했다. 1960년대 후반에 벵거트 살틴은 근육 구조에 대한 생화학적 연구의 중요성을 인식하고 조나 버거스트롬과 식이요법이 근지구력과 근영양에 미치는 영향에 대해 연구하였다. 또한 필 골닉과 함께 인체 근섬유의 특성과 운동 시 근육 사용에 대한 연구에도 많은 공헌을 하였다. 비슷한 시기에 로저 에저턴(Roggie Edgerton)과 필 골닉은 쥐를 대상으로 각 근섬유의 특성과 트레이닝에 의한 반응을 연구하였다. 이들은 근섬유의 특성에 대한 초기 연구를 주도함으로써 운동 시 대사과정에 대한 생화학적 연구 방향을 제시하였다.

이후 생리학자들은 근육의 에너지 생성과 장기간의 적응 과정을 이해하기 위해 근육 내 대사효소들의 발현과 활성 등을 측정하여 유산소성 능력 등을 평가하고 있다. 최근에는 분자생물학적 분석을 기반으로 운동자극에 대한 조절과정과 대사과정을 세포 수준에서 연구할 수 있게 되었다. 또한 유전학의 발달은 운동자극 신호가 유전자 발현과 그에 따른 단백질 발현으로 이어지는 중심이론(central dogma) 그리고 발현된 단백질의 활성으로 이어지는 신호전달체계에 대한 연구로 이어진다. 현재는 운동에 대한 전신의 반응을 이해하는 생리학적 기능부터 세포 수준의 유전적 조절 반응까지 탐구하는 폭넓은 연구범위가 가능해졌고, 이러한 스펙트럼은 운동과 노화, 우주 환경 및 유전자 연구 등과 같은 앞으로의 운동생리학 연구분야로 확장되고 있다.

나. 운동생리학의 인접 학문

체육학의 한 분야로 분류되는 운동생리학을 인접한 학문분야와 구별하여 이해하는 것은 학문적 특성을 파악하는 데 중요하다.

운동학(kinesiology)은 인체 움직임을 과학적인 방법으로 연구하는 학문분야로서 운동생리학, 운동역학과 운동학습을 포함하여 광범위하게 사용된다. 과거에는 단일 교과로 다루어지다가 현재는 주로 운동역학에 해당한다.

한편, 스포츠의학(sports medicine)은 운동생리학에서 비롯되어 서로 공통적인 부분을 포함하지만 이제는 전문성의 심화로 인해 서로 다른 의미로 구별되고 있다. 스포츠의학은 세부적으로 선수의학, 운동역학, 임상의학, 발육발달, 심리학과 사회학, 영양학, 운동조절, 생리학을 포함하여 스포츠와 운동에서의 모든 의학적인 영역을 포괄하여 다루고 있다. 이에 비하여 운동생리학은 신체의 기능적 관점에서 운동에 대한 반응과 적응을 연구하여 신체활동, 체력 향상, 경기력 향상, 재활 프로그램의 활성화 등 생리학적 기초를 제공하는 학문이다.

최근 들어 스포츠의학과 운동생리학은 운동과학적 접근이 이루어지면서 운동생리학, 유전학, 분자생물학과의 영역을 공유하기 시작했다. 운동생리학과 스포츠의학이 신체(유기체) 수준에서의 기능과 구조를 주로 다루는 반면, 운동생화학은 기관 수준으로 신체를 구분하여 그 기능과 조절에 따른 항상성을 다룬다. 운동유전학은 유전자를 통한 기관의 구조와 기능을 조절하고, 분자운동과학(molecular exercise science)은 운동과 관련된 분자(molecule) 수준의 반응을 연구한다.

이러한 인접 학문과의 교류는 최근 들어 분야별 연구를 바탕으로 통합적 시도를 통해 노화 근감소증의 원인, 비만과 대사질환의 예방을 위해 유전적 다형성을 분석하고 그에 따른 예방을 개별적 유전 특성에 맞춰 운동을 처방하는 등 새로운 응용분야가 형성되고 있다.

Ⅱ부
에너지대사와 운동

근육이 수축작용을 통해 신체활동, 운동, 스포츠 등을 수행하기 위해서는 에너지를 필요로 한다. 근육에 제공되는 에너지가 어디로부터 비롯되어 어떤 과정을 거쳐 사용되는지를 이해하면, 운동에 필요한 에너지를 적절히 생성하여 의도하는 수준의 운동능력을 발휘하고 효율적으로 사용하는 데 많은 도움이 된다.

세부적으로 에너지에 대한 정의와 종류를 과학적으로 이해하고, 이를 바탕으로 대사과정을 통한 에너지의 생성과정과 소비과정에 대한 전반적인 습득과 장기간 트레이닝으로 인한 에너지 대사능력의 변화에 대한 체계적인 이해가 필요하다.

1장 에너지의 개념과 대사작용

📖 **학습목표**

- 에너지의 개념과 종류를 나열하고, 에너지 발생과정과 흐름을 이해한다.
- 물질의 대사과정을 통해 신체에 필요한 에너지 형태로 전환되는 과정을 이해한다.
- 에너지 보존법칙에 따른 에너지의 상호 전환과정을 이해한다.
- 일에너지와 열에너지의 측정방법을 이해한다.

1. 에너지 발생 과정과 형태

에너지는 "일(work)을 수행할 수 있는 능력"으로 정의된다. 자동차나 공장의 기계는 에너지를 이용하여 부품들을 움직여서 특정 형태의 일이 이루어진다. 인체 내에서도 에너지는 생명유지 같은 필수적인 일뿐만 아니라 신체활동 같은 선택적인 일을 수행하는 데 사용된다. 음식물의 영양소에 저장되어 있는 에너지를 이용하여 인체는 여러 조직이 유기적으로 활동하여 일을 정교하게 수행할 수 있으며, 적은 양의 에너지로 많은 일을 효율적으로 수행하도록 설계된 경이로운 존재다.

에너지는 열, 빛, 기계, 화학, 전기, 핵에너지 등의 형태로 구분되며 여러 종류의 일을 수행할 수 있다. 물체의 온도를 높이거나 밝게 비추거나 물리적·화학적 변화를 일으키기도 한다. 하지만 이들을 공통적으로 '에너지'라 일컫는 이유는 이들이 일정 과정을 통해 상호 전환될 수 있기 때문이다. 예를 들면 전기에너지는 열에너지로 바뀔 수도 있고, 빛에너지로도 바뀌어 일이 수행될 수도 있다.

우리 몸 안에서도 조직들이 에너지 전환과정을 통해 필요한 에너지 형태로 바꿔 사용하게 된다. 이 과정에서 에너지가 유입, 저장, 소모되는 흐름이 생겨나게 된다. 인간을 비롯한 지구상의 생명체는 이러한 에너지의 흐름을 이용하여 생명을 유지하고 필요한 활동을 하게 된다. 생태계 안에서 이러한 에너지 흐름의 균형을 서로 잘 유지하고 있는 것이다. 생태계의 에너지 흐름 안에 인간이 속해 있으며, 인체는 외부와 이러한 에너지 흐름의 균형을 잘 맞추어 살아가게 된다.

〈그림 2-1〉과 같이 식물은 태양으로부터 빛에너지를 이용하여 열매나 씨앗 속에 영양분 형태로 화학에너지를 축적시키고, 동물과 사람은 음식물 형태로 영양분을 섭취하여 체내에서 신체활동을 위한 기계적 에너지, 체온유지를 위한 열에너지, 신경활동을 위한 전기에너지 등으로 변환하여

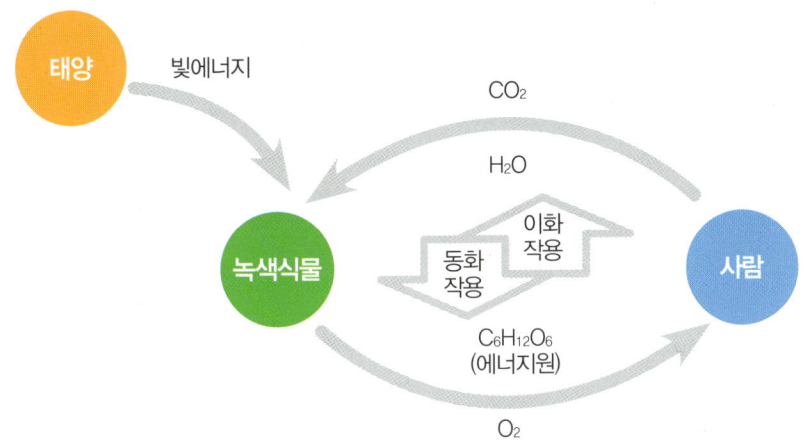

그림 2-1. 에너지의 생성과 흐름

사용한다.

체내에서 일어나는 이러한 물질과 에너지의 변화과정을 '대사(metabolism)❶과정'이라고 한다. 대사과정의 주요 목적은 체내에 유입된 물질을 일련의 화학반응을 통해 필요한 에너지 형태로 바꾸어서 이용하려는 것이다. 이러한 반응과정은 매우 복잡하며 인체가 당시에 처한 상황이나 환경에 따라 다르게 조절된다. 에너지가 풍부한 환경에서는 저장 위주의 합성작용이 우세하게 일어나고, 에너지가 부족한 상황에서는 분해작용을 통한 에너지 소모가 보다 우세하다. 물질을 합성하여 에너지를 저장하는 과정을 '동화작용(anabolism)'❷이라 하고, 물질을 분해하여 에너지를 소모하는 과정을 '이화작용(catabolism)'❸이라고 하며, 이 두 과정을 통칭하여 대사과정이라고 한다.

평상시뿐만 아니라 인체가 격렬한 운동이나 열악한 환경에 노출되면 이러한 대사작용이 적절하게 균형을 이루는 것이 중요하다. 인체는 이러한 대사조절 작용이 매우 효율적이어서 에너지의 불균형이 장기간 이어지더라도 적응해 살아갈 수 있다. 이러한 대사조절 작용은 인체가 처한 상황이

대사(metabolism)
체내에서 일어나는 물질과 에너지의 변화과정. 동화작용과 이화작용을 포함한다.

동화작용(anabolism)
물질을 합성하여 에너지를 저장하는 변화과정

이화작용(catabolism)
물질을 분해하여 에너지를 소모하는 변화과정

나 인체의 대사 효율성 등에 따라 다르게 나타난다. 예를 들어 오랜 기아상태를 견뎌내는 능력이나 극심한 운동 상황을 유지하는 능력이 사람마다 다른 것은 대사작용의 조절능력이 개인별로 차이가 나기 때문이다. 대사작용의 조절능력에 대한 운동생리학적 접근을 통해 다양한 운동 상황에서 인체가 필요한 에너지 요구량을 보다 효율적으로 제공하기 위한 신체조절작용의 과정을 이해하고, 계획적인 훈련(자극-순응) 과정을 통해 신체의 대사작용 능력을 향상시키고 적용하는 데 중요한 의의가 있다.

2. 물질대사 과정의 경로

영양소에 함유된 에너지를 이용하는 물질대사 과정을 좀 더 면밀히 살펴보기로 하자. 음식 형태로 체내에 유입되는 영양소들은 대부분 유기화합물로서 탄소(carbon, C), 산소(oxygen, O), 수소(hydrogen, H), 질소(nitrogen, N) 원자들이 에너지에 의해 결합되어 있는 거대분자(macro-molecule) 형태이다(그림 2-2 참조). 식물이 이러한 영양소를 합성하기 위해 태양에너지를 이용하는 광합성 과정도 〈그림 2-1〉에 제시되었다. 광합성을 통해 대기 중의 이산화탄소(CO_2)와 물(H_2O) 안의 원자들을 연결하여 탄수화물(carbohydrate)을 합성해내기 때문에 '탄소동화작용'이라고도 한다. 이때 물질의 원소들을 구조적으로 연결시키는 결합에너지는 화학에너지 형태이다. 원자들 간의 결합에너지는 체내에서 이산화탄소와 물 같은 작은 분자원자들로 다시 분해되는 이화작용을 거쳐 기계적 에너지, 열에너지 등을 생성하는 데 사용된다.

3대 영양소인 탄수화물, 지방 그리고 단백질은 C, H, O, N 원자들이 화학에너지 형태로 결합

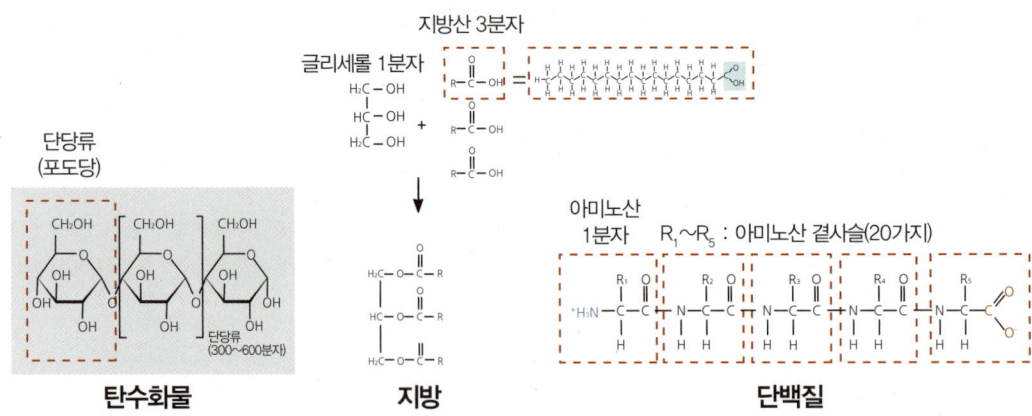

그림 2-2. 3대 영양소의 화학적 분자구조

된 커다란 덩어리 분자로서, 각각의 결합들이 분해되면 다른 에너지 형태로 전환되어 사용될 수 있기 때문에 다른 영양소들과 구별하여 '에너지원'이라고 하고, 인체가 섭취하는 영양분의 대부분을 차지하기 때문에 '대량영양소'라고도 한다.

> 3대 영양소의 분자들의 결합에너지는 각각 일정량의 열에너지로 바뀔 수 있다.
> - **탄수화물** 1g = 4 kcal/g
> - **지방** 1g = 9 kcal/g
> - **단백질** 1g = 4 kcal/g

우리가 섭취한 음식물 안의 영양소들은 내장기관에서 상당히 작은 물질로 분해되어 근육 등 에너지를 필요로 하는 조직 안에 흡수된다. 이를 '소화과정'이라 하고, 소화된 영양소들은 세포 안에서 대사효소들의 도움을 받아 더 이상 분해될 수 없는 분자(CO_2, H_2O)들로 분해되며, 이때 결합에너지가 같이 유리되어 나온다.

세포는 이 대사과정에서 유리된 결합에너지를 모아서 높은 에너지결합을 갖는 화합물로 만들고, 필요할 때 언제나 다시 쓰일 수 있도록 한다. 이런 화합물을 ATP(아데노신삼인산, adenosine triphosphate)라고 하며(그림 2-3 참조), 이 높은 결합에너지는 다른 형태의 에너지로 이용되기 쉽기 때문에 '에너지 화폐(energy currency)'라는 별명을 갖기도 한다.

이 ATP가 분해되면 체내에서 다른 형태의 에너지로 이용되거나 불리한 반응들을 일으키는 데

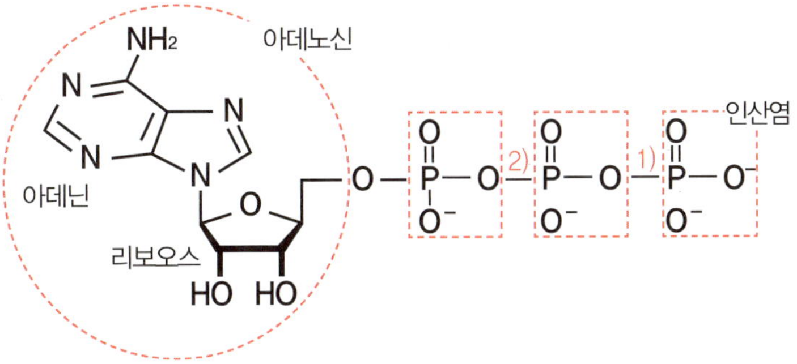

1) 고에너지 결합: ATP → ADP + Pi + 7.3~12 kcal/mol
2) 고에너지 결합: ADP → AMP + Pi + 3.4 kcal/mol

그림 2-3. ATP(아데노신삼인산, adenosine triphosphate)

유용하게 사용된다. 이와 같이 신체 내에서 ATP의 도움 없이는 일어나기 힘든 불리한 반응의 예로는 근육 수축 활동을 비롯하여 신경계 활동, 체온유지, 인체 내 필요한 물질의 합성 등을 들 수 있다.

> **아데노신(adenosine)**
> 아데닌(adenine)과 리보오스(ribose)가 결합된 뉴클레오시드
>
> **무기 인산염(Pi, inorganic phosphate)**
> PO_4^{3-}, 유리된 인산염의 종류
>
> **ADP(adenosine diphosphate)**
> 아데노신+2인산염
>
> **AMP(adenosine monophosphate)**
> 아데노신+1인산염

세포 안의 세포질(cytoplasm)과 소기관인 미토콘드리아(mitochondria)에서는 영양소를 분해하는 과정에서 얻어지는 다양한 크기의 결합에너지를 ATP로 합성해놓았다가 근육 수축 같은 활동에 에너지를 공급한다. ATP 생성과정은 이후 단계별로 자세히 다루기로 한다.

3. 에너지 전환 및 보존법칙

'열역학 제1법칙'에 따르면 에너지는 여러 가지 형태로 존재하며, 서로 다른 형태의 에너지로 바뀔 수 있다. 이때 에너지는 새로 생성되거나 소멸되지 않아서 형태가 바뀌기 전과 후의 총량에도 변함이 없게 된다. 그래서 '에너지 보존법칙'이라고도 정의된다. 눈에 보이거나 만져지는 물질과는 달리 에너지 자체를 직접 확인하기는 쉽지 않아서 이러한 개념을 이해하기는 어렵다. 그래서 물질과 에너지를 분리해서 이해하기보다는 물질 안에서 에너지가 갖는 역할과 양을 과학적인 수치로 제시하는 것이 바람직한 방법이다. 다시 말해, 물질이 함유하고 있는 에너지의 양[이를 위치에너지(potential energy)라고 한다]과 에너지가 물질에 작용하는 양[이를 운동에너지(kinetic energy)라고 한다]으로 구분하여 이해하는 것이다.

앞서 〈그림 2-1〉에서 언급한 대사과정을 이러한 구분에 따라 설명하면, 식물이 태양의 빛에너지를 이용하여 작은 물질들(이산화탄소와 물)을 이용하여 열매와 같은 큰 물질(탄수화물)로 합성하는데, 이 안에 '위치에너지'의 저장량도 늘어난다. 즉, 물질이 합성되고 에너지가 늘어나는 '동화작용'이 일어난다. 반대로 사람은 큰 물질(탄수화물)을 섭취하여 신체 내에서 작은 물질(이산화탄소와 물)로 분해하여 체외로 배출하는데, 이 과정에서 '운동에너지'로 근육의 작용에 소비한다(그림 2-4 참조). 대사작용 중 물질이 분해되고 에너지가 감소하는 '이화작용'을 통해 방출되는 에너

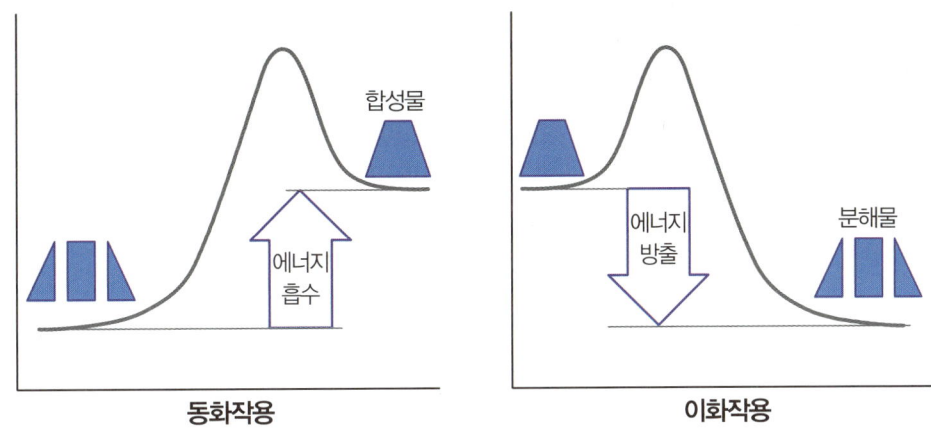

그림 2-4. 대사작용에 의한 물질과 에너지의 변화
동화작용과 이화작용을 통해 물질과 에너지의 합성과 축적, 혹은 분해와 소비가 이루어진다.

지를 근육 수축에 사용한다. 생태계 안에서 이러한 동화작용과 이화작용을 통해 물질과 에너지의 순환과 균형이 이루어지는 것이 자연의 섭리이다. 신체 내에서도 이러한 물질과 에너지의 순환과 균형이 잘 조화되어야 한다. 이것이 생체에너지학(bioenergetics)의 연구내용이 된다.

일이나 열 등 에너지 종류에 따른 단위는 고전적으로 사용되던 단위가 표준단위(SI 단위)로 통합되어 사용되며, 상호 전환되는 에너지의 속성 때문에 단위도 서로 변환될 수 있다(표 2-1 참조).

표 2-1. 에너지 단위의 변환

형태	단위	단위 변환	비고
Joule	J	1 N · m 0.102 kgm 0.000239 kcal	일/에너지 기본 단위
Kilogram · meter	kgm	0.00981 kJ	kgf · m와 혼용
Kilopond · meter	kpm	0.00981 kJ	kgf · m와 동일
Kilocalorie	kcal	4.186 kJ	열에너지(열량) 단위

가. 일에너지의 측정

일(work)은 물체에 작용하는 운동에너지를 말하며, 에너지가 소비되는 결과로, '일에너지'라고도 한다. 운동 상황에서는 인체에서 발생하는 일에너지가 물체에 작용하면 일정량의 에너지가 고스란히 전해진다. 이때 신체가 작용한 일에너지의 양을 힘과 이동거리를 이용하여 측정할 수 있다.

1) 일에너지(일량)와 파워(일률)의 개념

일에너지의 양은 물리학에서 다음과 같은 공식을 통해 구할 수 있다.

$$W = F \times S$$

W: 일, F: 힘이나 질량(즉, 중력 방향으로 물체의 무게가 가해지는 힘), S: 수직이동거리

이때 이동거리는 지구상에서 늘 작용하는 중력에 대한 반대 수직방향으로 이동한 거리를 의미한다. 인체도 운동이나 스포츠와 같은 움직임을 일으킬 때, 이러한 물리학의 법칙에 적용된다. 하지만 움직임에 관한 일반적인 용어와 개념은 약간의 차이가 나타나기도 한다. 아무리 에너지를 많이 소모하여 물체나 신체 일부분을 움직이려고 해도 이동거리가 0이면 한 일은 없다. 마찬가지로 신체를 수평 방향으로만 움직여도 일의 양의 없다. 이때 단위는 kgm(혹은 kgf · m)이다. 이러한 단위의 변환은 〈표 2-1〉에 따른다.

일의 속도, 즉 파워(일률, power)는 단위시간당 일에너지가 발휘되는 속도(rate)를 의미한다. 파워는 다음과 같은 공식을 통해 구할 수 있다.

$$P = W / t$$

P: 파워(일률), t: 시간

운동 상황에서 같은 일(에너지)의 양이 소모되는 동작이라도 빠른 시간 안에 수행된다면 파워가 증가한다. 이때 단위는 kgm · min^{-1}이고, 〈표 2-2〉와 같이 다른 단위로 변환이 가능하다.

표 2-2. 파워의 용어와 단위 변환

형태	단위	단위 변환	비고
Watt	W	1 J · s^{-1}	파워 기본 단위
		6.12 kpm · min^{-1}	
		6.12 kpm · min^{-1}	
Kilogram · meter · min^{-1}	kgm · min^{-1}	0.163 W	
	kpm · min^{-1}	0.163 W	

2) 일에너지와 파워의 측정

운동과학 실험에서 트레드밀과 스텝을 이용한 방법은 가장 일반적인 일과 파워 측정법 중의 하나이다. 공통적으로 이들은 피험자의 체중과 수직이동거리를 이용하여 측정하는 방식이다.

먼저, 트레드밀 측정에서 수직이동거리는 트레드밀의 경사도(%)를 이용하여 경사면을 이동한 거리로부터 구하게 된다(그림 2-5). 〈표 2-3〉을 참조하여 트레드밀의 경사각을 소수점 수준으로 조정하면, 경사도의 소수점을 없앨 수 있어 수직이동거리의 계산이 용이해진다.

$$s(수직이동거리) = a(트레드밀\ 이동거리) \times 경사도(\%)$$

경사도(%) = $\sin\theta \times 100$

예를 들어 체중이 70kg인 남성이 트레드밀을 이용하여 10% 경사도에서 200m/min의 속도로 30분 동안 운동했을 때, 한 일과 파워를 구하면 다음과 같다.

$$W = F \times S$$
$$S = 200\ m/min \times 30\ min \times 0.1(=10\%) = 600\ m$$
$$W = 70\ kg \times 600\ m = 42,000\ kgm = 412.02\ kJ$$
$$P = W / t$$
$$P = 42,000 kgm / 30\ min = 1,400\ kgm \cdot min^{-1} = 228.20\ W$$

또한, 스텝(계단)을 이용한 측정에서 수직이동거리는 계단의 높이로부터 구하게 된다(그림 2-6 참조).

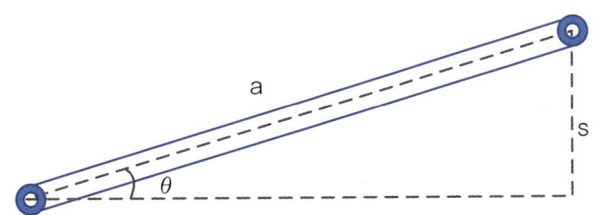

그림 2-5. 트레드밀에서의 수직이동거리(s)
트레드밀 운동 중 달린 경사면의 거리와 경사도를 이용하여 수직이동거리를 구한다.

표 2-3. 트레드밀 경사각에 따른 경사도(%)

경사각(θ°)	sinθ	경사도(%)
1.00	0.0175	1.75
2.00	0.0349	3.49
2.87	0.0500	5.00
3.00	0.0523	5.23
4.00	0.0698	6.98
5.00	0.0872	8.72
5.74	0.1000	10.00
6.00	0.1045	10.45
7.00	0.1219	12.19
8.00	0.1392	13.92
9.00	0.1564	15.64
10.00	0.1736	17.36

s(수직이동거리) = a(스텝이나 계단의 높이) × 스텝 이동 수

예를 들어 체중이 70kg인 남성이 30cm의 스텝을 분당 30회의 속도로 10분 동안 오르내렸을 때, 한 일과 파워를 구하면 다음과 같다.

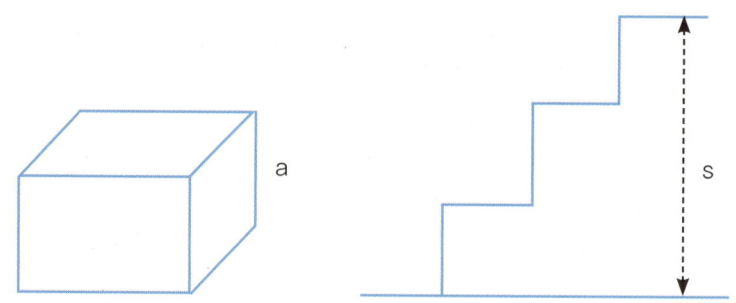

그림 2-6. 스텝이나 계단에서의 수직이동거리(S)
스텝 운동 중 스텝이나 계단 높이와 스텝을 오른 횟수를 이용하여 수직이동거리를 구한다.

$$W = F \times S$$
$$S = 30 \text{ cm} \times 30 \text{ steps/min} \times 10 \text{ min} = 9,000 \text{ cm} = 900 \text{ m}$$
$$W = 70 \text{ kg} \times 900 \text{ m} = 63,000 \text{ kgm} = 618.03 \text{ kJ}$$
$$P = W / t$$
$$P = 63,000 \text{kgm} / 10 \text{ min} = 6,300 \text{ kgm} \cdot \text{min}^{-1} = 1,026.90 \text{ W}$$

한편, 에르고미터를 이용한 운동에서 일에너지의 측정방식은 체중에 의해 힘이 발생한 앞에서의 예와 조금 다르다. 에르고미터의 바퀴에 매달린 추의 무게 혹은 전기저항에 의해 힘(kP)이 발생한다. 이때 페달을 통해 에르고미터의 바퀴를 돌릴 때 바퀴의 둘레와 회전 수를 이용해 이동거리가 계산된다. 이렇게 구한 힘과 이동거리를 이용해 일의 양을 구한다(그림 2-7 참조).

> s(이동거리) = 바퀴 둘레(m) / 회전 수 × 분당 회전 수(rpm)

예를 들어 바퀴 둘레가 6m인 에르고미터를 이용해 2kP의 저항에서 분당 회전 수 60rpm으로 10분간 운동했을 때, 한 일과 파워를 구하면 다음과 같다.

$$W = F \times S$$
$$S = 6 \text{ m} \times 60 \text{ rpm} \times 10 \text{ min} = 3,600 \text{m}$$
$$W = 2 \text{ kp} \times 3,600 \text{ m} = 7,200 \text{ kpm} = 70.63 \text{ kJ}$$
$$P = W / t$$
$$P = 7,200 \text{ kpm} / 10 \text{ min} = 720 \text{ kpm} \cdot \text{min}^{-1} = 117.36 \text{ W}$$

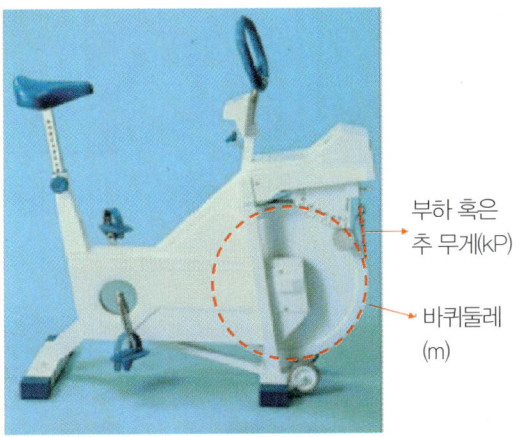

그림 2-7. 에르고미터의 이동거리와 힘 측정. 에르고미터 운동은 바퀴에 매달린 추의 무게 혹은 전기저항에 의해 힘이 발생한다. 이때 바퀴의 둘레와 회전 수를 통해 이동거리가 계산된다.

나. 열에너지(칼로리, calorie)의 측정

앞의 일에너지 측정방법과 달리 섭취한 영양분으로부터 얻어진 에너지가 대사되는 과정에서, 그리고 일에너지로 소모되는 과정에서 결국 열에너지로 바뀐다. 이러한 열에너지의 양을 실험실에서 몇 가지 원리를 적용하여 측정할 수 있다.

1) 직접열량 측정

섭취한 영양소 안의 화학적 에너지가 대사되어 최종적으로 열에너지로 변화하면, 열에너지는 주변의 온도를 올리는 작용을 하게 된다. 이러한 온도의 변화를 이용하여 열에너지의 양을 측정하게 된다. 이러한 기구를 '열량계(calorimeter)'라고 한다. 열량의 단위는 kcal로, 1kcal는 "1kg의 물을 1℃ 높이는 데 필요한 양"으로 정의한다. 열량계는 닫힌 계(closed system) 안에서 열에너지가 고스란히 주변의 온도를 변화시키는 것을 측정 가능하도록 고안한 장치이다. 열량계의 종류로는 소량의 음식물 속의 화학에너지를 완전 연소시켜 측정하는 소형 열량계(그림 2-8 참조)를 비롯하여 세포 안의 미토콘드리아가 산소를 이용하여 완전한 산화과정을 통해 생성한 에너지를 최종적으로 열에너지로 측정해내는 챔버(chamber), 즉 사람이 생활할 수 있는 공간을 포함하는 대형 열량계(그림 2-9 참조)까지 다양하다.

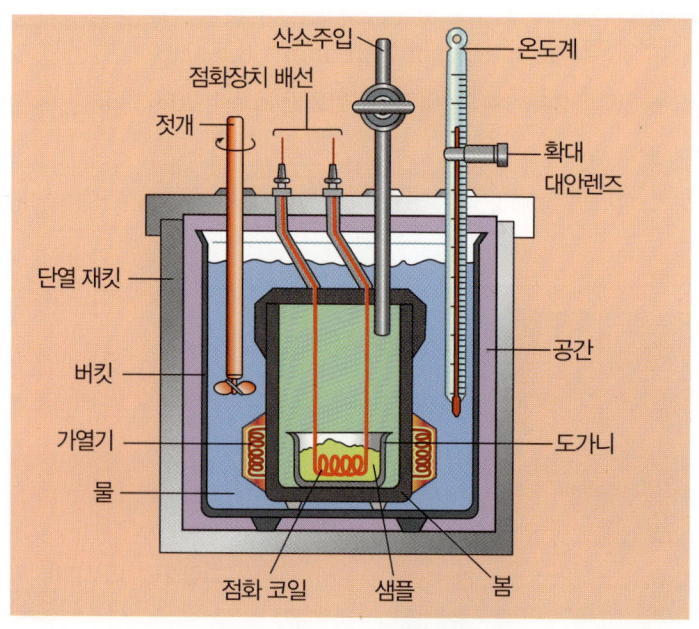

그림 2-8. 소형 직접열량계
도가니 안에서 음식물을 완전히 연소시키는 방식으로, '봄열량계(bomb calorimeter)'라고도 한다.
[참고자료: 브리태니커 백과사전(1997)]

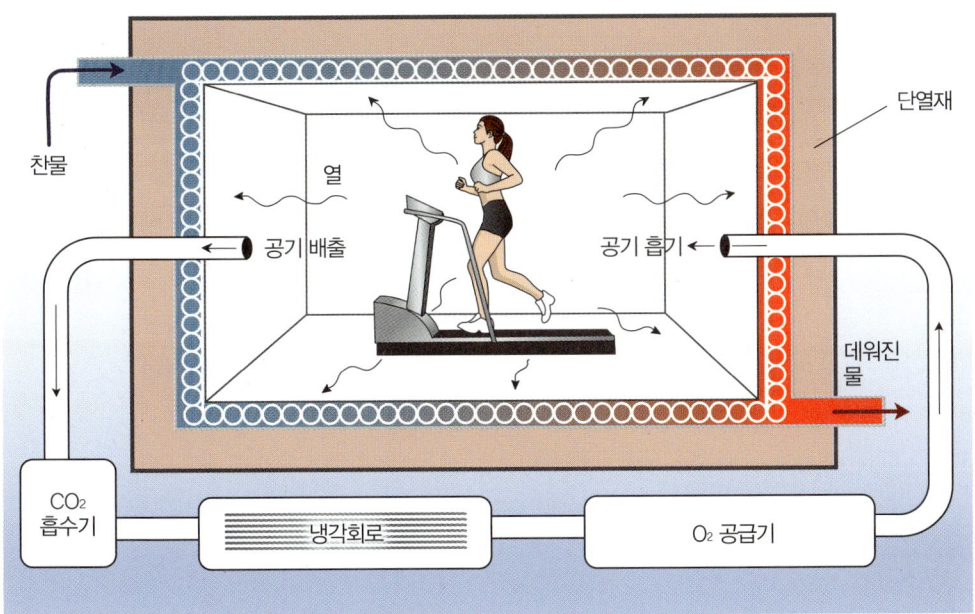

그림 2-9. 대형 직접열량계
열량계(챔버) 안에서 일상생활과 운동 등을 수행하는 동안 대사된 에너지가
고스란히 열량계 안의 공기와 물의 온도를 변화시킨다.

2) 간접열량 측정

신체 내에서 일어나는 대사과정은 세포의 미토콘드리아에서 산소를 이용하여 영양소를 완전히 산화시켜 새로운 형태의 에너지로 만드는 과정이다. 이때 소비된 영양소가 생성되는 에너지의 양은 산화 반응에 참여하는 O_2의 양과 비례하게 된다. 이것을 '일정 성분비' 원칙이라고 한다. 예를 들어 영양소 + O_2 → CO_2 + H_2O + ATP의 반응에서 여기에 투입되는 영양소와 O_2, 생성하는 ATP, H_2O, CO_2의 비율은 일정하다. 따라서 반응물질과 생성물질의 비율과 그에 따른 양적 계산이 가능하다. 따라서 생성된 ATP의 양은 투입된 O_2의 양과 비례하게 된다.

간접열량 측정법은 이러한 원리를 이용하여 ATP로부터 생성될 열에너지의 양을 닫힌 계 안에서 직접 측정해야 하는 번거로움 없이 화학양론(stoichemistry)을 이용하여 호흡을 통한 O_2와 CO_2의 양만으로도 ATP의 양과 그에 따른 열에너지의 양을 가늠할 수 있다. 예를 들어 탄수화물과 지방이 분해되어 체내로 흡수되어 사용된 포도당과 지방산의 양 그리고 이 영양소가 근육세포의 미토콘드리아를 거쳐 생산되는 ATP의 양을 호흡가스인 CO_2와 O_2의 양으로 측정이 가능하다.

$$C_6H_{12}O_6(포도당) + 6\ O_2 \rightarrow 6\ CO_2 + 6\ H_2O + 38\ ATP \qquad (식\ 2\text{-}1)$$

$$C_{16}H_{32}O_2(팔미트산) + 23\ O_2 \rightarrow 16\ CO_2 + 16\ H_2O + 130\ ATP \qquad (식\ 2\text{-}2)$$

3) 에너지 대사의 효율성

간접열량 측정법을 이용한 산소의 소비량 측정과 아울러 이산화탄소 생성량의 측정 자료들은 에너지 소비량과 탄수화물/지방의 에너지 기여도에 대한 정보를 제공한다. 따라서 운동의 강도에 따른 에너지 소비량, 에너지 대사 형태 등 열에너지 소비량과 관련된 측정이 가능하다. 또한 운동으로 발생한 일의 양, 즉 에너지 생성량도 측정이 가능하다. 이때 소모된 열량과 생성된 일량을 통해 운동 시 대사적 효율성에 대한 정보를 얻을 수 있다.

에너지 대사의 효율성(%) = 에너지 생성량(일량) / 에너지 소비량(열량) × 100

2장 인체의 에너지대사

 학습목표

- 에너지 대사과정을 무산소 시스템과 유산소 시스템으로 구분하여 이해한다.
- ATP-PCr 시스템, 해당과정 시스템, 유산소 시스템의 세부내용을 단계별로 이해한다.
- 운동 중 에너지 공급과정과 연속체의 개념을 이해한다.
- 휴식과 운동 중 사용되는 에너지의 측정방법을 이해한다.

음식물로 섭취되어 체내에 흡수된 영양소 안의 화학에너지는 에너지 보존법칙에 따라 다른 형태의 에너지로 전환되어 생명활동과 신체활동 등 여러 활동에 사용된다. 하지만 일상생활 중에 인체에 필요한 에너지 수요와 그에 대한 에너지 공급의 비율은 다양할 수 있다. 예를 들면 활동적인 날도 식이섭취량이 적을 수 있고, 움직임은 적지만 음식섭취가 늘어날 수도 있다. 장기적으로 이러한 생활습관에 따른 에너지 수요와 공급에 불균형이 발생하게 되면 건강에도 상당한 영향을 미칠 수 있다. 에너지 균형에 대한 논의는 성인병과 비만에 대한 문제에서 따로 다룰 만큼 현대인에게는 심각하다.

다행히도 인체는 에너지의 수요와 공급의 일시적인 불균형을 조절할 수 있는 체계를 보유하고 있다. 예를 들어 식사량이 많아서 에너지 공급이 과도한 날에는 하루에 필요한 에너지를 모두 소비한 후에 남는 잉여의 에너지를 저장해놓을 수 있다. 반대로 단식이나 기아처럼 에너지 공급이 절대적으로 감소하는 상황에서는 최소한의 생명활동을 위한 에너지도 부족한 경우가 생길 수 있다. 이러한 불균형 상황에서는 잉여의 에너지 저장과 재사용, 결핍된 에너지 상태에서의 효율적인 에너지 소비와 재생 방법이 신체를 에너지 위협으로부터 보호해준다. 만약 이러한 에너지 조절 능력이 감소하면 건강이나 체력에 문제가 생길 가능성이 높아진다.

운동이나 스포츠 혹은 일상적인 움직임 같은 다양한 수준의 신체활동은 그에 합당한 양의 에너지를 필요로 하게 되는데, 이때 체내에 흡수되거나 축적된 영양소를 이용하여 충분한 에너지를 생산·공급할 수 있는지에 따라 수행 능력이 결정된다. 운동의 과학적 접근은 다양한 범위의 에너지 수요와 잘 조절된 에너지 공급체계를 이해함으로써 실제 운동이나 스포츠 상황에서 수행능력을 향상시킬 수 있는 것을 목적으로 한다.

근육이 수축할 때 필요한 에너지는 고에너지의 ATP를 분해하여 제공된다.

다양한 신체활동 상황에서 필요한 ATP를 생성하여 공급하는 에너지 조절과정은 ① ATP-PCr(크레아틴 인산, Creatine phosphate) 시스템, ② 해당과정 시스템(glycolysis system), ③ 유산소 시스템(aerobic system)의 3단계로 구분된다. 이러한 구분의 가장 큰 특징은 ATP 생성 속도와 생성량이다. 고강도 운동 중에는 짧은 시간에 많은 양의 에너지를 생성해야 근 수축에 필요한 에너지를 공급할 수 있다. 이때 근육세포 안에서 이미 축적된 혹은 빠르게 생성된 ATP가 근 수축 기전에 의해 소비되는 에너지의 양을 충족시켜야 이러한 고강도 운동이 가능할 것이다. 한편 저강도 운동 중에는 비교적 적은 에너지를 소비하며 근육 수축이 이루어지지만, 보통은 장시간 지속되기 때문에 오랫동안 비교적 많은 양의 에너지를 공급하는 게 유리하다.

세포 안에서 ATP를 생산하는 방식들은 (산소가 이용되는) 산화과정의 포함 유무에 따라 ① 무산소 시스템(anaerobic system)과 ② 유산소 시스템으로 구분하기도 한다. 무산소 시스템의 특징은 산화과정 없이 비교적 단순한 반응경로를 거쳐 ATP가 생성되기 때문에 생성량은 적지만 빠르게 이용될 수 있다. 앞에서 분류한 'ATP-PCr 시스템'과 '해당과정 시스템'이 무산소 시스템에 속한다(그림 2-3 참조). 반면 유산소 시스템은 산소를 이용한 산화과정에서 수많은 효소들이 매우 복잡하게 반응에 관여하기 때문에 ATP 생성 시간이 상당히 오래 걸리지만, 무산소 시스템보다 훨씬 많은 양의 ATP를 얻을 수 있는 특징이 있다.

이 3가지 ATP 공급체계가 실제 운동에 적용되는 데는 운동 강도가 결정적이다. 즉, 운동 강도에 따라 얼마나 빠른 에너지 공급방식이 작용할지가 결정된다. 예를 들어 운동량이 비슷하여 필요한 에너지의 양에 차이가 없더라도 운동 형태에 따라 운동 강도와 지속시간이 다르기 때문에 ATP 공급체계가 다를 수 있다. 단시간의 고강도 운동 형태에는 'ATP-PCr 시스템', '해당과정 시스템'의 순서로 빠르게 ATP를 생성하는데, 이 과정의 공통점은 산소의 도움이 필요 없다는 것이다. 반면 장시간의 저강도 운동 형태에는 많은 ATP가 생성되는 '유산소 시스템'이 보다 적절한 에너지 공급체계이다.

1. ATP-PCr 시스템

'ATP-PCr 시스템'은 가장 빠른 ATP 공급 시스템으로서, 5~10초 동안 고갈되는 매우 짧은 에너지 공급체계이다. 이때 PCr이 중요한 매개물질이며, 크레아틴(Cr)에 인산염(Pi)이 결합된 물질로서 ATP와 유사하게 높은 결합에너지를 포함하고 있다. 이렇게 ATP와 PCr이 고에너지 인산 결합을 갖는 공통적인 특징 때문에 '인원질 시스템(phosphagen system)'이라고도 한다.

이러한 2개의 유사한 형태의 고에너지결합 물질들은 서로 보완적이다. ATP가 분해되어 ADP와 Pi로 분해되어 근 수축 활동 등에 필요한 에너지로 쓰일 때, PCr(P-Cr)의 결합에너지가 고스란히 ADP와 Pi에 전달되어 ATP를 재합성하는 데 사용된다. 이러한 두 물질 간의 상호보완적 반

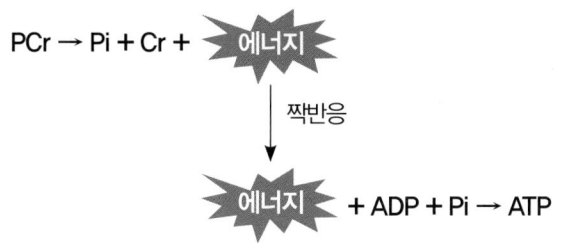

그림 2-10. ATP-PCr의 짝반응

응을 '짝반응(coupled reaction)'이라고 한다(그림 2-10 참조).

운동 상황에서 급격한 ATP 소모가 이루어질 때 이 짝반응은 매우 빠른 반응속도를 나타낸다. 이러한 짝반응은 5초 이내에 폭발적인 힘을 발휘해야 하는 운동 상황에서 결정적인 역할을 한다. 체계적인 훈련과 건강한 식이조절 등이 이루어지면 자연스럽게 체내 크레아틴 저장량을 늘릴 수 있다. 일부 선수들의 경우 크레아틴 저장량을 늘려서 ATP 합성을 위한 짝반응을 키우려는 목적으로 크레아틴을 보조제로 섭취하기도 한다. 하지만 장기간의 크레아틴 보조섭취에 대한 안전성의 문제가 제기되고 있으며, 최근 들어 크레아틴의 섭취가 부분적으로 규제되고 있다.

2. 해당과정 시스템

음식물로부터 섭취한 에너지원인 탄수화물은 단당류 형태로 세포 안에 흡수된다. 해당과정 시스템이란 이러한 '당분(glyc-)을 분해(-lysis)한다'는 의미이며, 이때 젖산이 생성되기 때문에 '젖산 시스템(lactate system)'으로 불리기도 한다(그림 2-11 참조).

단순당인 포도당(glucose)은 〈그림 2-11〉과 같은 과정을 통해 피루브산(염)[pyruvate]을 생성하는데, 이 과정에서 2분자의 ATP를 소모하여 6개의 탄소로 이루어진 당이 3개의 탄소로 이루어진 당으로 분해되고, 이후 4분자의 ATP가 생성된다. 따라서 해당과정 시스템을 통해서는 순수하게 2 ATP가 생성된다.

$$C_6H_{12}O_6 \rightarrow 2C_3H_4O_3 + 2ATP$$

이때 피루브산은 산소가 없는 상태에서는 젖산탈수소효소(LDH, lactate dehydrogenase)의 촉매작용을 통해 젖산으로 전환된다. 이후 젖산은 몇 가지 경로를 통해 재사용될 수 있는, 아직 에너지를 많이 함유한 대사부산물이다(그림 2-12 참조).

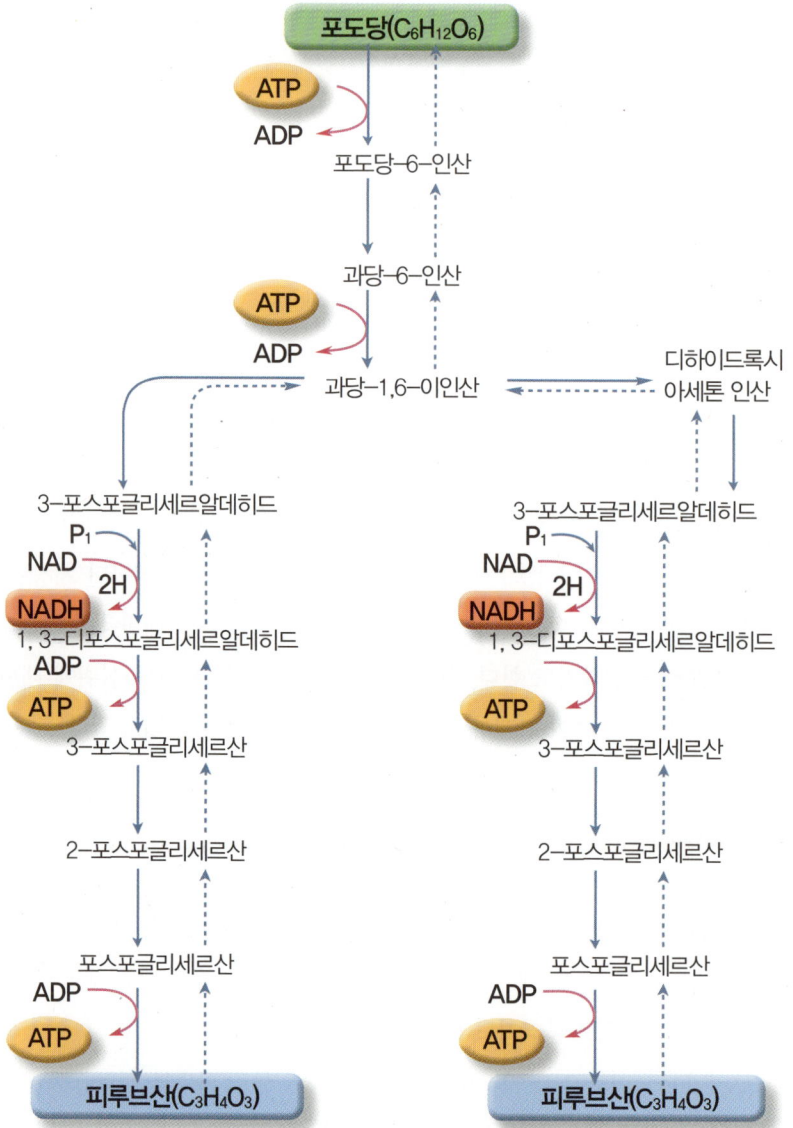

그림 2-11. 해당과정에 의한 피루브산의 생성과정
포도당은 해당과정을 통해 피루브산을 생성하면서 2 ATP를 소모하여 4 ATP가 생산된다.

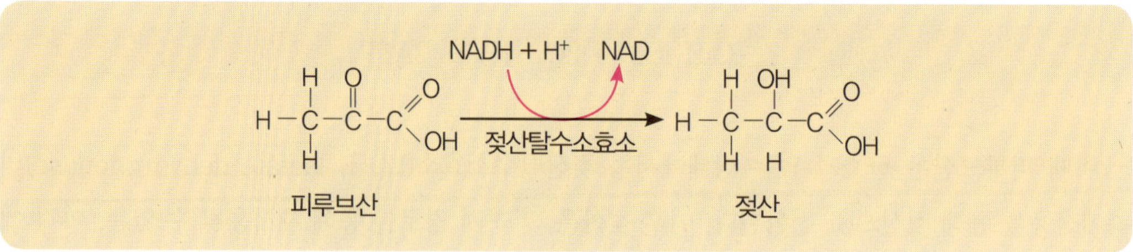

그림 2-12. 산소가 부족한 환경에서의 젖산 생성

> **젖산($C_3H_6O_3$)과 근통증에 대한 오해**
>
> 운동과학적 분석방법이 다양하지 못했던 과거에는 고강도 운동 시 해당작용을 통해 에너지를 급격히 사용하면 젖산의 생성량이 증가하는 현상이 나타날 때, 에너지 고갈과 통증 등 운동지속을 방해하는 피로현상과 함께 관찰되었기 때문에 증가한 젖산이 '피로물질'로 규정되기도 했다.
>
> 하지만 이제는 더 이상 이러한 오류를 범하지 않을 근거들이 충분히 제시되었다. 그러한 예들로서 ① 젖산은 혈행으로 나와 다른 조직에서 재생되거나 사용되기 전까지 온몸을 순환하기 때문에 전신의 근통증을 유발해야 하지만, 실제로는 주로 운동을 실시한 근육에서만 국부적으로 통증이 느껴진다. ② 또한 트레이닝을 통해 근통증이 잘 유발되지 않는 우수한 체력상태를 보유하게 된 이후에도 운동 중 젖산은 계속 분비된다. ③ 운동 후 회복기 동안 젖산 농도가 이전의 정상수준으로 되돌아와도 근통증은 여전히 지속된다. ④ 일부 의학적인 필요에 따라 젖산을 혈관에 주입해도 근통증이 발생하지는 않는다. 이러한 근통증의 원인은 과도한 근 수축에 의한 근섬유의 파열로 인한 염증반응으로 나타나고, 이후 회복될 때까지 통증이 지속된다. 따라서 젖산은 근통증을 유발하는 피로물질이라기보다는 몇 가지 경로를 통해 아직 재사용될 수 있는 에너지를 많이 함유한 대사부산물이다.

해당작용에 의한 ATP 생성과정의 특징은 산소 없이 비교적 적은 반응경로를 거쳐 이루어지기 때문에 100m 단거리 달리기와 같이 몇 분 이내에 이루어지는 고강도 운동에 필요한 에너지를 공급하는 데 결정적인 역할을 한다.

3. 유산소 시스템

세포 안에 충분히 유입된 산소의 산화반응을 통해 복잡한 유산소 시스템 반응경로가 활성화되면, 포도당은 해당작용을 통해 피루브산으로 분해된 뒤 젖산으로 전환되지 않고 이번엔 아세틸 CoA를 거쳐 미토콘드리아 안으로 들어가 크렙스 회로(그림 2-13 참조)와 전자전달계(그림 2-14 참조)를 지나게 된다. 이때 무산소 시스템에 비해 훨씬 많은 38 ATP를 생성하게 된다.

가. 크렙스 회로

크렙스 회로 안에서는 효소에 의해 조절되는 단계별 반응을 통해 ATP와 CO_2가 생성되고, 이때 생성된 NADH와 $FADH_2$는 더욱 진전된 화학적 변화를 위해 전자전달계로 유입된다(그림 2-13 참조).

나. 전자전달계

크렙스 회로에서 생성된 바 있는 고에너지 전자를 포함하는 NADH와 $FADH_2$는 주름 형태의 미토콘드리아 내막에 달라붙어 있는 전자전달계로 이동한다. 이후 전자전달계를 이루고 있는 호흡효소 복합체(respiratory enzyme complex)들을 통과하면서 NADH의 전자가 제거되고 이 과정에

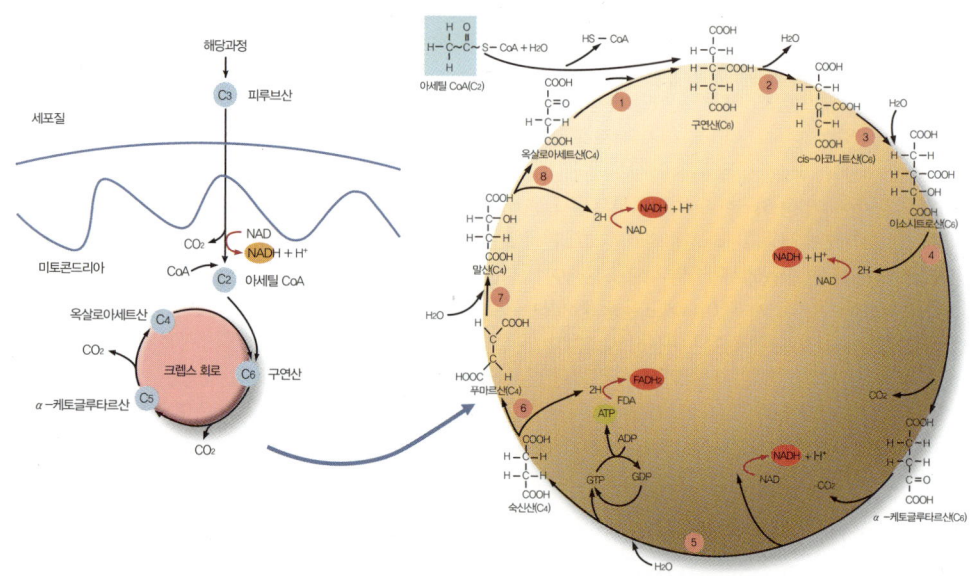

그림 2-13. 미토콘드리아의 크렙스 회로

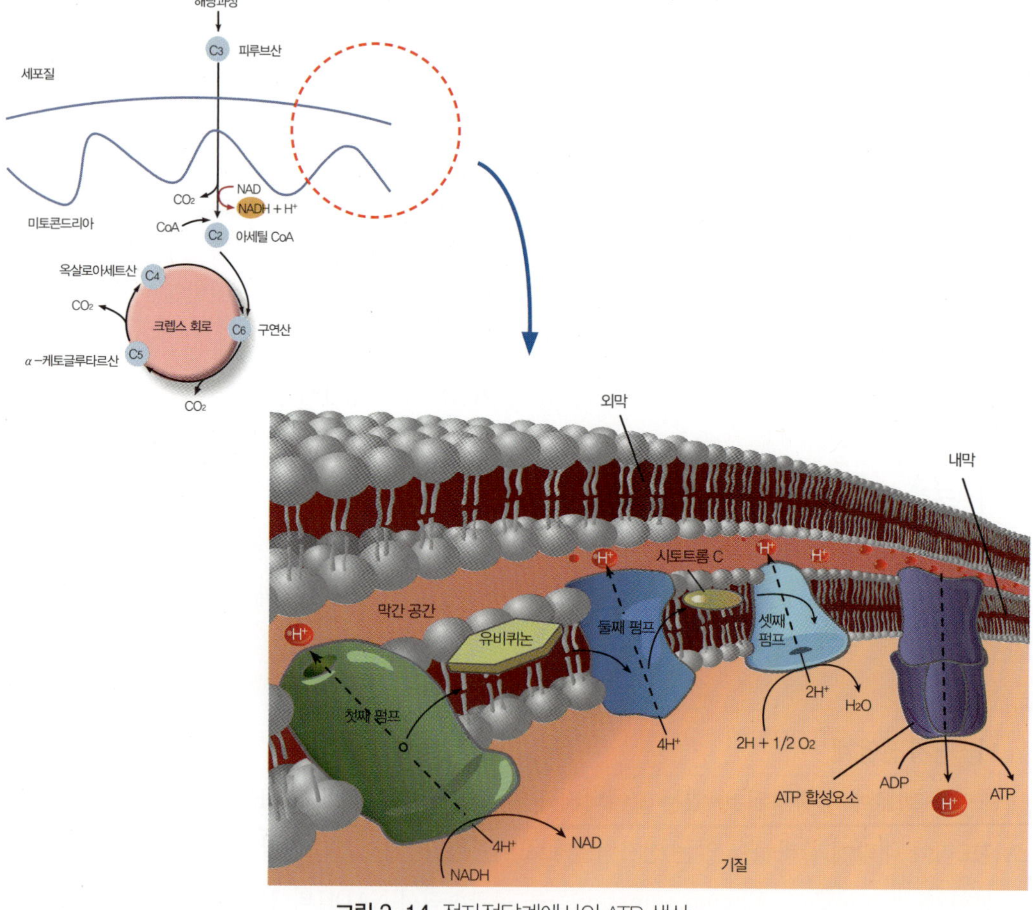

그림 2-14. 전자전달계에서의 ATP 생산

서 떨어져 나온 H⁺는 미토콘드리아 내막과 외막 사이로 배출된다. 이렇게 배출된 H⁺가 외막과 내막 사이에 쌓이면서 (건전지의 원리에서처럼) 전하가 증가하게 되고, 이렇게 축적된 H⁺의 전기화학적 에너지는 최종적으로 ATP합성효소에서 아래의 반응식과 같이 O_2와 만나 ATP와 H_2O를 생성하는 원동력이 된다(그림 2-14 참조).

$$4H^+ + 8e^- + O_2 \rightarrow 2\,H_2O + ATP$$

유산소 시스템에 의한 ATP 생성과정의 특징은 산소를 이용하여 복잡하고 긴 반응경로를 거쳐 이루어지기 때문에 마라톤과 같이 몇 시간 동안 이루어지는 장시간 운동에 필요한 에너지를 공급하는 데 적합한 시스템이다.

한편 인체에 에너지를 공급하는 데 사용되는 또 다른 에너지원인 지방의 경우, 유산소 시스템에 의해서만 ATP 생성이 가능하다(그림 2-20 참조). 장시간의 저강도 운동 중에는 ATP의 빠른 공급 속도보다는 효율적인 공급량이 중요한데, 이때 유산소 시스템을 거치면 지방으로부터 상당이 많은 양의 ATP를 생산하게 된다.

4. 운동과 에너지 공급

운동은 많은 에너지를 소모하는 신체활동이다. 운동량이 증가할수록 필요한 에너지의 양이 증가하게 되는 것은 당연한 일이다. 이때 에너지 공급방법은 앞에서 제시한 것처럼 ATP-PCr 시스템과 해당과정 시스템, 유산소 시스템이 있다. 인체 내의 조절작용들이 그렇듯이, 우리 몸은 운동 같이 에너지를 많이 요구하는 자극(stress) 요인들에 대해 적절히 대응한다. 인체는 이 3가지 에너지 시스템을 적절한 비율로 이용하여 운동자극에 대해 반응한다. 하지만 운동 상황에 따라 달라지는 에너지 요구량을 한 가지 시스템에 전적으로 의존하지 않는다.

운동 강도에 반비례하여 나타나는 운동시간을 기준으로 한 에너지 시스템의 기여도는 〈그림 2-15〉와 같이 나타난다. 이때 시간별로 겹쳐지는 정도에 따라 각 시스템의 기여도가 나타나게 된다. 또한 다양한 운동 형태와 운동량에 따른 ATP 생성과정을 연속체(continuum) 개념이 잘 설명해준다(그림 2-16 참조). 일반적으로 운동 형태에 따라 운동 강도가 증가할수록 탄수화물의 에너지 기여도가 증가하고, 운동 강도가 감소할수록 지방의 기여도가 증가한다.

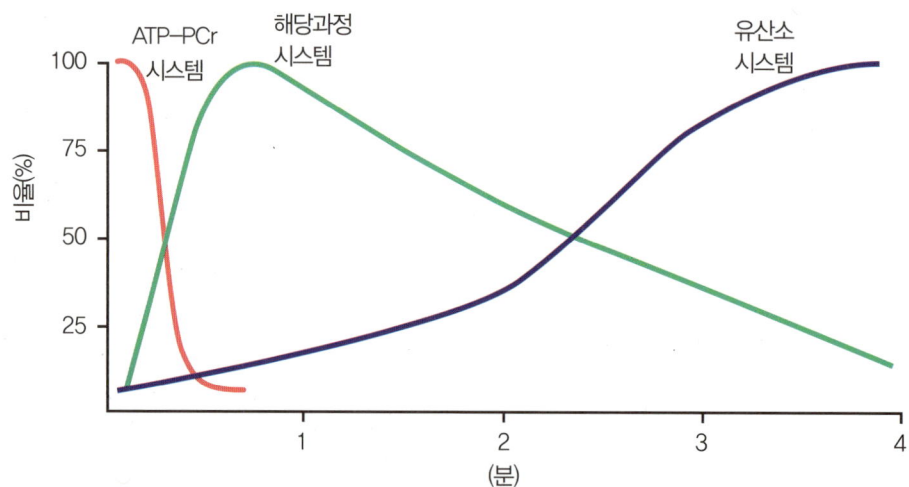

	운동 지속 시간								
	10초	30초	60초	2분	4분	10분	30분	60분	120분
무산소 시스템(%)	90	80	70	60	35	15	5	2	1
유산소 시스템(%)	10	20	30	40	65	85	95	98	99

그림 2-15. 운동시간에 따라 ATP 생성에 관여하는 에너지 시스템의 기여도
운동 강도가 높고 운동시간이 감소하는 순서로 ATP-PCr 시스템과 해당과정 시스템, 유산소 시스템이 ATP 생성에 기여한다(Power & Howley, 1990, 한미의학).

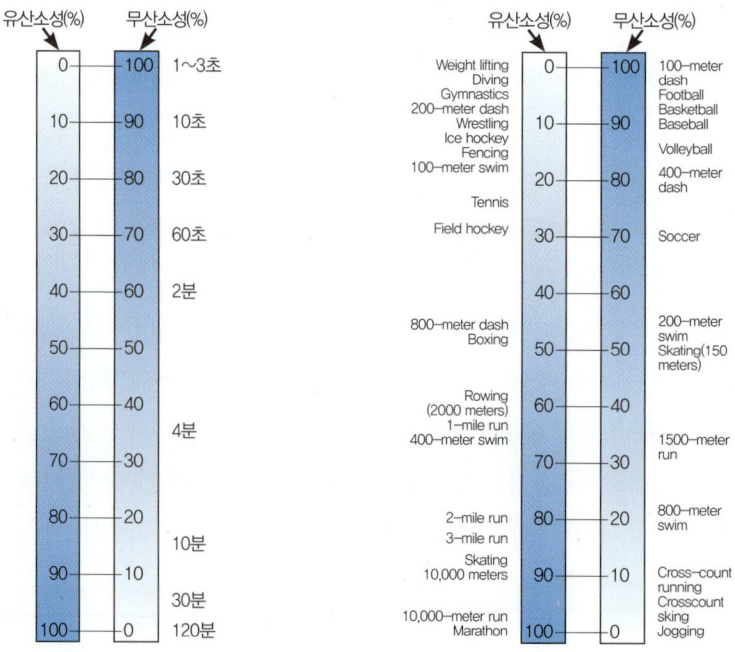

그림 2-16. 운동시간(강도)와 운동 형태에 따른 에너지 시스템의 연속체

5. 휴식과 운동 중 인체 에너지 사용의 측정방법

가. 휴식과 운동 중 사용된 에너지원

1) 휴식 시 에너지원

인체가 생명유지를 위해 기본적으로 항상 사용해야 하는 에너지를 기초대사량(BMR: basic metabolic rate)이라고 한다. 운동을 하게 되면 운동량(운동 강도나 운동시간 등)에 따라 기초대사량 이외에 추가적인(additive) 에너지 소모를 하게 된다.

휴식과 운동 시 주로 소모되는 에너지 형태는 기계적 에너지와 열에너지, 즉 운동과 신체발열, 체온유지 등이다. 섭취된 영양소의 화학에너지가 에너지 대사과정에서 3가지 시스템을 거쳐 ATP를 생성하고, 생성된 ATP는 운동(일)을 하는 데 필요한 기계적 에너지로 전환되는 과정에서 열에너지로 일부 발산된다. 3대 영양소 가운데 탄수화물과 지방이 대부분의 에너지를 공급해주는 에너지원이다. 한편, 단백질은 기아나 극심한 운동지속 상황에서 사용되는 경우를 제외하고는 일반적으로 에너지 공급보다는 주로 신체구성 성분을 이루는 데 쓰인다.

휴식 중에 필요한 에너지(ATP)는 주로 유산소성 시스템으로 공급되는데, 그 이유는 근육세포에 충분한 산소 운반과 영양소 공급에 필요한 시간적 여유가 있기 때문이다. 에너지원으로 지방을 주로 사용하며, 그 비율은 지방이 2/3, 탄수화물은 1/3 정도에 해당한다(그림 2-17 참조).

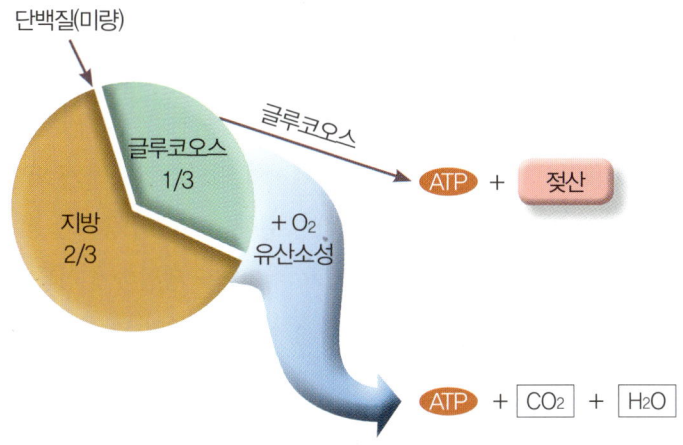

그림 2-17. 휴식 시 에너지원의 기여도와 대사 시스템

2) 운동 시 에너지원

운동 시에는 휴식 시에 비하여 탄수화물의 이용 비율이 점차 증가한다. 특히 운동 초기나 높은 강도의 운동 중에는 탄수화물이 주요 에너지원이다. 하지만 시간이 지나면서 산소 소비량이 새로운 안정 상태(항정 상태, steady state)에 도달하면 운동에 필요한 에너지가 유산소성 대사를 통해 공급이 가능하게 되어 30분 이상 장시간 운동이 지속되면 지방의 비율이 점차 증가하게 된다. 대체로 운동시간이 짧고 운동 강도가 증가할수록 탄수화물의 에너지 기여도가 증가하고, 운동시간이 길고 운동 강도가 감소할수록 지방의 기여도가 증가한다(그림 2-18 참조).

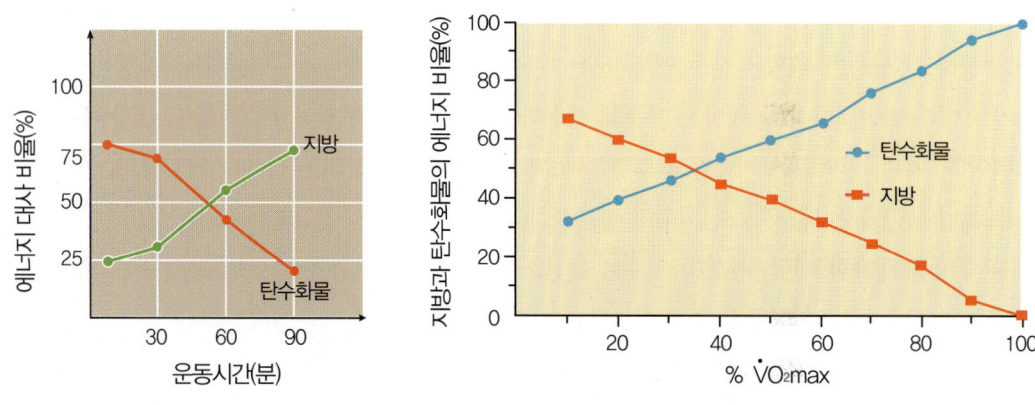

그림 2-18. 교차점에서 운동 강도와 시간에 따른 에너지원의 기여도 변화

특히, 장시간 운동 중에는 탄수화물대사에서 지방대사로 역전되는 시점이 나타나는데, 이 지점을 '교차점(crossover point)'이라고 한다. 교차점에서의 강도로 운동하게 되면 에너지 소비량을 상당히 많이 높일 수 있어 잉여의 에너지를 소비하기 위한 전략에서 중요한 의미를 갖는다. 특히, 지방 분해율이 증가하여 글리세롤과 유리지방산으로의 분해도 활발하게 이루어진다. 따라서 잉여의 에너지를 소비하고자 할때, 운동 강도와 운동시간, 사용된 영양소의 형태와의 관계를 모두 고려하는 것이 필요하다.

나. 휴식과 운동 중 산소섭취량의 측정

직접열량계를 이용하여 직접 측정할 수도 있지만, 가스분석기를 사용하여 간접열량 측정법으로 호흡량과 그 안의 산소와 이산화탄소의 양을 각각 실시간으로 측정하고, 이 자료를 컴퓨터로 계산하여 호흡순환과 대사 등에 관련된 변화들을 분석할 수 있다. 호흡가스 분석을 통해 휴식 시와 운동 시 그리고 회복하는 동안의 산소소비량을 측정할 수 있다.

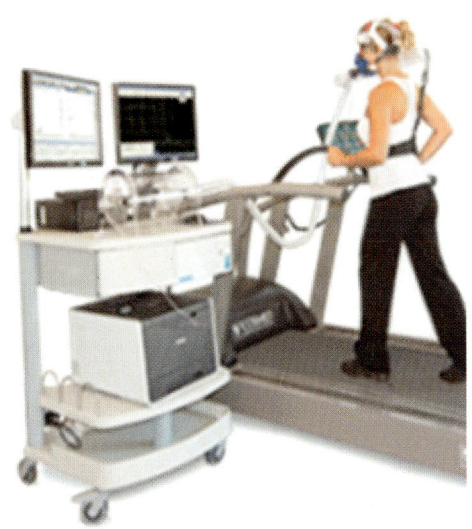
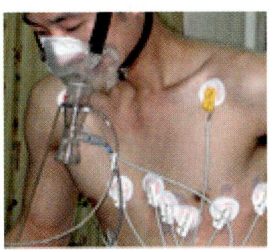

그림 2-19. 호흡가스 분석을 통한 간접열량 측정법
호흡가스 분석기의 감지기가 측정한 산소와 이산화탄소의 농도를 이용하여 에너지대사에 관여한 호흡가스의 양과 성분의 변화를 분석한다.

　간접열량 측정법은 〈그림 2-19〉와 같은 호흡가스 분석기의 감지기(sensor)를 이용하여 호흡한 O_2와 CO_2의 농도를 측정함으로써 에너지대사에 의한 호흡가스의 양과 성분의 변화를 분석하는 방법이다.

1) 호흡교환율(R 혹은 RER로 표시: respiratory exchange ratio)

　간접측정법은 호흡가스의 양을 통한 대사에너지의 양에 대한 정보를 얻는 것과 더불어 중요한 것이 하나 더 있다. 화학양론을 이용하여 O_2의 농도(양)와 CO_2의 농도(양)를 정확히 구할 수 있으면 대사에너지 생성에 사용된 영양소의 종류와 양 등을 유추할 수 있다.
　포도당이 해당과정과 크렙스 회로를 거쳐 전자전달계에 이르는 산화적 인산화 과정 중에 필요한 O_2의 양과 생성되는 CO_2 양, 지방산이 베타산화과정을 거쳐 크렙스 회로를 통해 전자전달계에 이르는 과정에서 필요한 O_2의 양과 생성되는 CO_2 양은 서로 다를 수밖에 없다. 따라서 이 두 가지 영양소의 에너지대사 결과에 의해 서로 다른 O_2와 CO_2 비율이 나타난다.
　이 비율은 호흡가스의 농도와 부피에 모두 적용된다. 호흡교환율은 1분 동안 들이마신 O_2 부피(산소섭취량, $\dot{V}O_2$)와 1분 동안 내쉰 $\dot{V}CO_2$ 부피(이산화탄소 배출량, CO_2)의 비율을 말하며, 〈식 2-3〉과 같다.

$$R = \dot{V}CO_2/\dot{V}O_2 \qquad (식\ 2\text{-}3)$$

이제, 앞에서 간접열량 측정법으로 알게 된 〈식 2-1〉과 〈식 2-2〉에서의 호흡교환율을 각각 구해보자.

$$C_6H_{12}O_6(포도당) + 6\ O_2 \rightarrow 6\ CO_2 + 6\ H_2O + 38\ ATP$$
$$R = CO_2/O_2 = 6/6 = 1$$
$$C_{16}H_{32}O_2(팔미트산) + 23\ O_2 \rightarrow 16\ CO_2 + 16\ H_2O + 130\ ATP$$
$$R = CO_2/O_2 = 16/23 ≒ 0.7$$

> **분당 산소섭취량($\dot{V}O_2$)**
> 1분 동안 들이마신 산소 부피(L/min)
>
> **분당 이산화탄소 배출량($\dot{V}CO_2$)**
> 1분 동안 내쉰 이산화탄소 부피(L/min)

이와 같이 운동에너지를 위한 대사 원료로 사용된 영양분이 탄수화물인 경우 호흡교환율은 1을 나타내며, 지방인 경우에는 0.7을 나타낸다(표 2-4 참조).

하지만 실제로 운동 중에 호흡한 공기를 모아서 분석하게 되면 호흡교환율이 1을 넘거나 0.7보다 낮게 나타나는 경우도 발생한다. 이것은 허파에서 호흡한 O_2와 CO_2가 혈액을 통해 근육세포로 흡수되어 실제 에너지대사 과정을 겪은 후 다시 혈액으로 배출되어 허파에서 체외로 배출되기까지 시간 차이가 나타날 수 있기 때문이다.

이러한 지연에 따른 차이를 구분 하기 위해 허파에서 일어나는 O_2와 CO_2의 교환율을 호흡교환

표 2-4. 호흡교환율과 대사연료의 기여도

호흡교환율(R)	탄수화물(%)	지방(%)
0.70	0	100
0.75	16	84
0.80	33	67
0.85	50	50
0.90	67	33
0.95	84	16
1.00	100	0

율(R)로, 세포에서 에너지대사 과정 중에 일어나는 O_2와 CO_2의 교환율을 호흡상(RQ: respiratory quotient)으로 표시한다.

2) 3대 영양소 간의 상호 전환

한편, 에너지가 사용될 때의 운동량에 따른 에너지 소비량뿐만 아니라, 식이조절에 따른 에너지 섭취량과 축적량에 따라서도 달라질 수 있다.

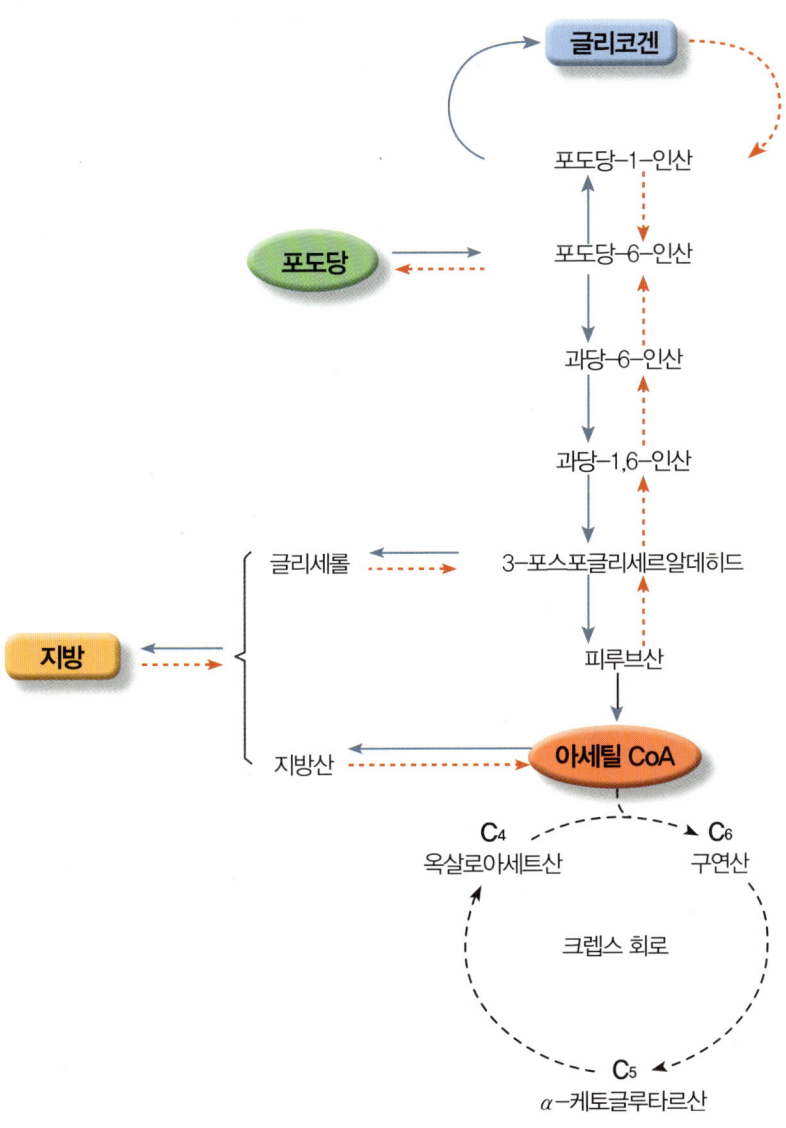

그림 2-20. 탄수화물과 지방의 상호 전환

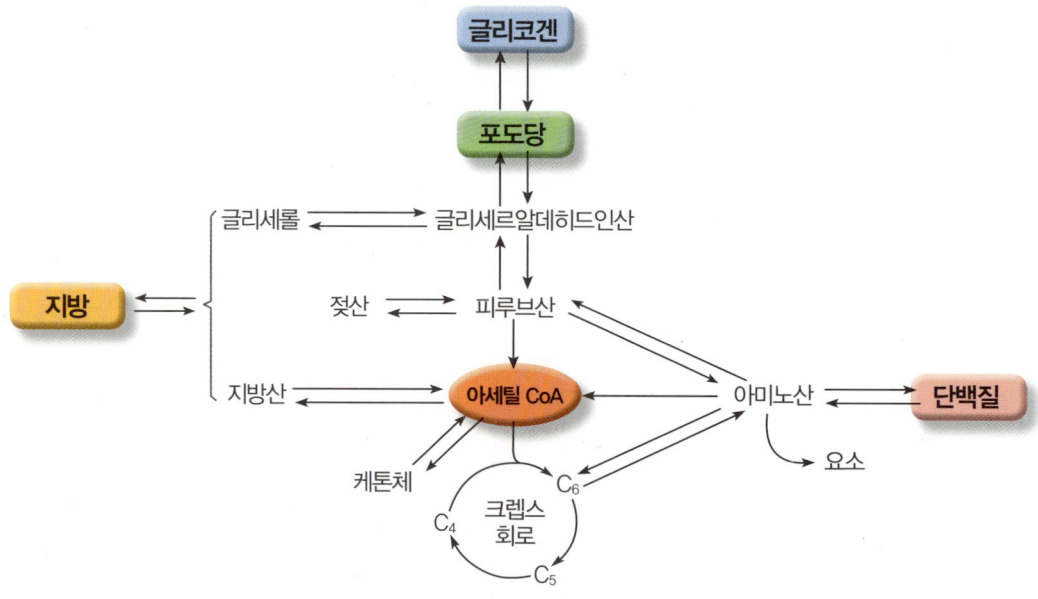

그림 2-21. 3대 영양소의 상호 전환

〈그림 2-20〉과 같이 휴식과 운동 상황에 필요한 에너지는 포도당과 지방은 서로 경쟁적으로 대사되기도 하고, 서로 전환되어 쓰이기도 하고, 신체 일부분에 축적시키는 방법으로 아껴두었다가 보다 적절한(혹은 절실한) 상황에서 다시 사용되기도 한다.

한편, 〈그림 2-21〉과 같이 단백질도 환경에 따라 포도당과 지방으로 전환되어 사용되기도 한다. 3대 영양소 간의 소비와 공급의 균형을 통해 신체는 적절하게 에너지를 공급하고 균형적인 성장을 이루게 된다. 만약 이 균형이 깨지게 되면 에너지 공급의 불균형으로 생명활동과 움직임이 원활하지 못하게 되거나, 비만해지거나 야위는 등의 신체 조성의 이상 현상이 나타날 수 있다.

3장 트레이닝에 의한 대사적 적응

 학습목표

- 유산소 트레이닝 형태에 따른 신체의 대사적 적응 변화를 조직별로 구분하여 이해한다.
- 무산소 트레이닝 형태에 따른 신체의 대사적 적응 변화를 세부적으로 이해한다.

트레이닝을 통해 인체 대사를 변화시키는 목적은 잘 계획된 프로그램을 통해 지속적이고 규칙적으로 신체에 적절한 자극을 가함으로써 그에 대한 대사적 적응을 꾀하기 위함이다. 이때 대사적 적응현상을 앞에서 제시한 유산소와 무산소 시스템을 기준으로 분류하는데, 그 이유는 각각의 시스템이 작용한 운동자극은 신체를 각각 유산소와 무산소 시스템에 맞춰 적응반응을 유도하기 때문이다. 트레이닝 원리에서는 이것을 특이성의 원리로 정의한다. 즉, 신체의 유산소 시스템을 강화하기 위해서는 유산소 시스템이 주로 동원되는 운동 형태의 트레이닝이 보다 효과적이고, 무산소 시스템의 경우 역시 무산소 시스템이 주로 동원되는 운동 형태의 트레이닝이 보다 효과적일 수밖에 없다.

따라서 각각의 트레이닝 형태에 따른 대사적 적응에 대해 면밀히 살펴봄으로써 운동선수들이나 일반인들이 목표하는 경기력과 체력수준을 성취할 수 있는 효과적인 트레이닝에 대해 이해할 수 있을 것이다.

1. 유산소 트레이닝에 의한 적응

유산소 트레이닝은 주로 심폐조직의 지구력을 강화시킴으로써 운동이나 움직임을 만들어내는 근육에 필요한 영양분과 O_2를 충분히 공급해주는 데 목적이 있다. 근육은 충분한 O_2가 공급되어야 영양분을 이용해 근 수축을 지속적으로 할 수 있게 되고, 그 일을 담당하는 근육세포 안에 있는 소기관들의 기능도 강화되어야 한다. 궁극적으로 유산소 트레이닝은 심폐조직과 근육의 지속적인 활동능력을 향상시키게 된다.

유산소 트레이닝에 따른 심폐능력의 향상 정도는 가장 일반적으로 산소섭취량과 심박수의 변화로 제시된다. 장기간의 유산소 트레이닝을 실시하면 최대산소섭취량($\dot{V}O_2max$)의 향상을 확인할 수 있다(그림 2-22 참조). 근육으로의 에너지대사 원료를 원활히 공급하려는 이러한 작용은 근육 자체에서도 에너지대사의 효율을 강화시키는 적응현상을 유발한다.

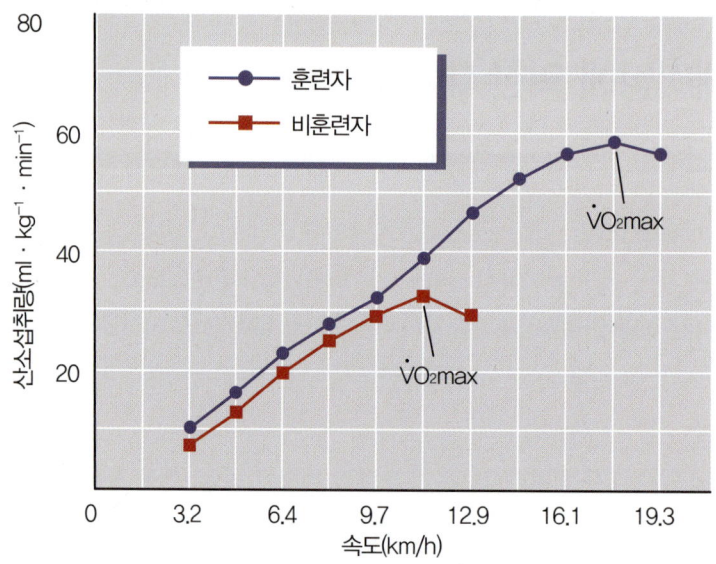

그림 2-22. 유산소 트레이닝 훈련자의 최대산소섭취량
장기간의 유산소 트레이닝을 실시하면 최대산소섭취량($\dot{V}O_2max$)의 향상을 확인할 수 있다.

가. 심폐조직의 유산소 능력 변화

유산소성 능력이란 산소의 섭취 및 운반, 이용 능력을 의미한다. 심폐조직에서는 산소의 섭취와 운반 능력이 강화되는 것을 의미하며, 이것은 유산소 트레이닝의 가장 일반적인 효과 중 하나이다. 한편, 심혈관계를 통한 산소 운반의 증가는 1회 박출량 증가, 최대하운동 중 심박수 감소, 최대 심박출량 증가 등을 통한 심장기능의 향상, 혈액량과 헤모글로빈 증가에 의한 혈액 기능 증진, 그 밖에 혈관의 조절작용 향상에 따른 빠른 혈액 재분배 등에 의해 이루어진다.

1) 최대산소섭취량($\dot{V}O_2max$)

장기간 유산소 트레이닝을 실시하면 유산소 운동 능력이 강화되는 것은 지극히 당연한 결과일 것이다. 2~3개월의 트레이닝은 최대산소섭취량을 약 15% 증가시키는 것으로 알려져 있으며, 이전에 최대산소섭취량 수준이 낮은 사람은 더욱 높은 향상이 나타난다. 최대산소섭취량은 심장의 혈류증가 능력과 말초조직의 산소 추출능력 향상에 의해 결정된다(그림 2-23 참조). 이러한 요소들을 바탕으로 다음 공식과 같이 최대산소섭취량을 산출할 수 있다.

$$\dot{V}O_2 = [HR \times SV] \times a\text{-}\dot{V}O_2 diff = Q \times a\text{-}\dot{V}O_2 diff \quad (식\ 2\text{-}4)$$

SV: 1회 박출량(stroke volume) / a-$\dot{V}O_2$diff: 동정맥 산소 차(arteriovenous O_2 difference) / Q: 심박출량(cardiac output)

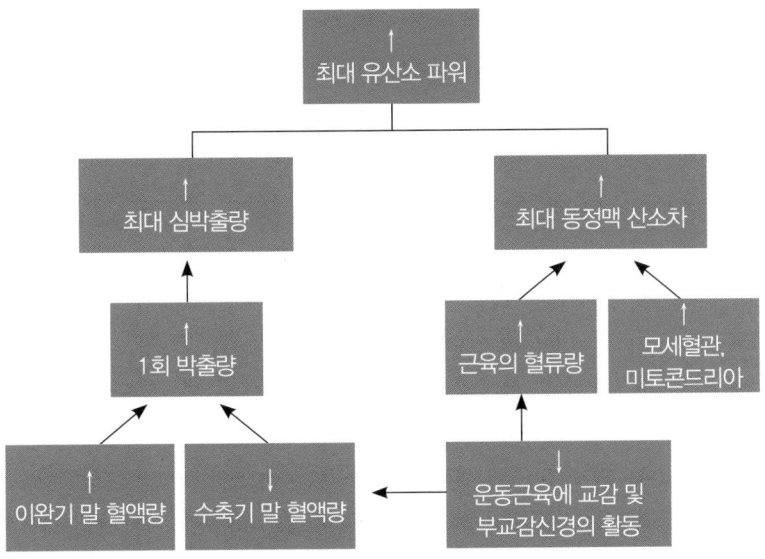

그림 2-23. 유산소 트레이닝에 따른 최대산소섭취량의 증가 요인들

하지만 각각의 요소들의 영향력은 개인의 특성에 따라 다를 수 있고, 일반인들의 $\dot{V}O_2max$ 향상은 주로 1회 박출량 향상에 의존도가 높은 편이다(그림 2-23 참조).

2) 1회 박출량(SV: stroke volume)

산소섭취량을 결정하는 주요 인자 중 하나인 1회 박출량은 심장의 이완기 말 용적과 수축기 말 용적의 차이를 의미한다. 이완기 말 용적이 증가하기 위해서는 좌심실 크기나 정맥혈 활류량(이완

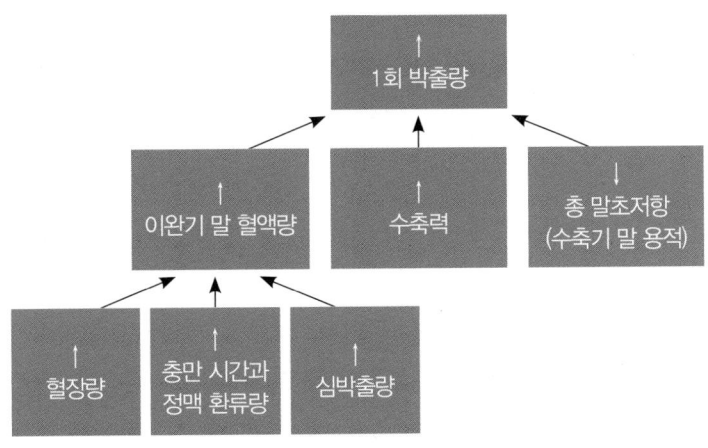

그림 2-24. 1회 박출량을 증가시키는 요인

기 혈액량), 심근수축력(일정한 길이에서의 심근섬유의 수축력), 심장에서 나가는 혈류의 저항(말초저항) 등의 변화가 필요하다(그림 2-24 참조).

나. 근육조직의 유산소 능력 변화

유산소성 운동은 근육의 유산소성 대사능력을 증진시키게 된다. 유산소 능력은 근육세포 내에서의 산소 이용 능력이 증가하는 트레이닝의 말초적 효과를 의미한다. 보다 자세하게는 근육세포에서 해당과정을 통해 생산된 피루브산이 산소가 풍부하게 공급되는 상황에서 미토콘드리아 안으로 유입되어 산화적 인산화 과정(크렙스 회로와 전자전달계)을 통해 ATP로 만들어지는 일련의 과정들이 효율적으로 향상되는 것을 의미한다. 이 과정에서 영양분과 O_2를 보다 많이 제공하기 위해 모세혈관, 미오글로빈, 미토콘드리아의 양적 증가와 그 안에서 이루어지는 단계별 반응들을 조절하는 효소들의 활성증가에 따른 질적 향상이 모두 나타나야 한다.

1) 근육의 크기와 형태의 변화

근육의 크기와 형태의 변화는 생체조직의 미세구조를 조직학적으로 분석하여 확인할 수 있다. 장기간의 유산소성 트레이닝은 유산소성 대사가 활발하게 이루어지는 지근섬유(ST 섬유)의 비대를 관찰할 수 있다. 트레이닝의 양에 따라 다르지만, 속근섬유(FT 섬유)의 양적 증가는 잘 나타나지 않는다.

한편, 속근섬유의 아형(subtype)인 FTa와 FTb로 구분하면, 장기간의 유산소성 트레이닝으로 FT 섬유 안에서 산화적 특성이 강한 FTa 섬유의 비율은 증가하고 해당적 특성이 강한 FTb 섬유의 비율은 감소한다. 이때, 유산소성 트레이닝은 FTb 섬유아형을 FTa 섬유아형으로 전이시키는 것으로 여겨진다. 최근 연구에서는 FT 섬유가 ST 섬유로 전이될 가능성을 제기하고 있지만, 아직 논란의 여지는 있다.

대체로 유산소 트레이닝을 장기간 실시하게 되면, 근육섬유에서는 산화적 특성이 강한 ST 섬유와 FTa 섬유의 양적 증가와 일부 전이 등을 통해 횡단면적의 비율이 증가하는 것으로 종합할 수 있다.

2) 모세혈관 밀도의 변화

근육섬유 자체의 양적 증가도 중요하지만, 주변 미세조직에서도 그에 따른 변화가 일어나게 된다. 에너지대사를 통해 근 수축을 일으키는 근육섬유가 커지더라도 그에 필요한 영양분과 산소를 공급해주는 모세혈관이 증가해야 유산소성 트레이닝에 의한 완전한 적응반응이 될 것이다. 근육섬유를 둘러싼 모세혈관의 분포가 증가하게 되면 근육과 혈액 사이의 산소공급과 이산화탄소 배출,

영양분과 노폐물의 이동이 훨씬 용이해지고, 근육세포는 보다 풍부한 에너지 대사활동이 가능하게 된다. 이러한 결과는 근육의 산소이용률을 높여서 충분한 산소 공급을 위한 심폐조직의 변화 또한 유도하게 된다.

3) 세포소기관의 변화

근육세포 안에서 산화적 특성을 나타내는 주요 세포소기관은 미오글로빈과 미토콘드리아다. 이들의 산화적 특성에서 중요한 기능은 산소의 전달이다. 산소친화력이 높은 미오글로빈이 모세혈관 내 헤모글로빈으로부터 산소를 끌어와서 저장해두었다가 산화적 인산화가 일어나는 미토콘드리아에 전해줌으로써 사용할 수 있는 산소의 양을 늘리게 된다. 미토콘드리아의 전자전달계 산화효소들은 미오글로빈에 저장되어 있던 산소를 이용하여 ATP를 합성하는 데 사용하기 때문에 미토콘드리아의 수와 크기가 커지게 되면 근육세포에서의 산소이용률도 증가하게 된다.

유산소성 트레이닝을 통한 미오글로빈 함량의 증가 효과는 75~80%에 이르는 것으로 알려져 있다. 이렇게 증가한 미오글로빈은 근 수축이 일어나는 동안에는 산소를 미토콘드리아에 제공하게 되고, 수축활동이 끝난 후 휴식기에는 혈액으로부터 다시 보충을 받게 된다. 한편, 지구성 능력이 중요한 운동선수들의 경우에는 회복기에 절대적 휴식보다 운동성 회복을 통해 혈액순환을 지속시킴으로써 미오글로빈으로의 산소회복을 돕는 방법이 효과적인 것으로 알려져 있다.

미토콘드리아는 유산소성 에너지대사가 일어나는 중심 소기관으로서, 유산소 트레이닝을 하는 주요 대상 중의 하나가 된다. 유산소 트레이닝을 통해 미토콘드리아의 숫자와 크기가 모두 증가할

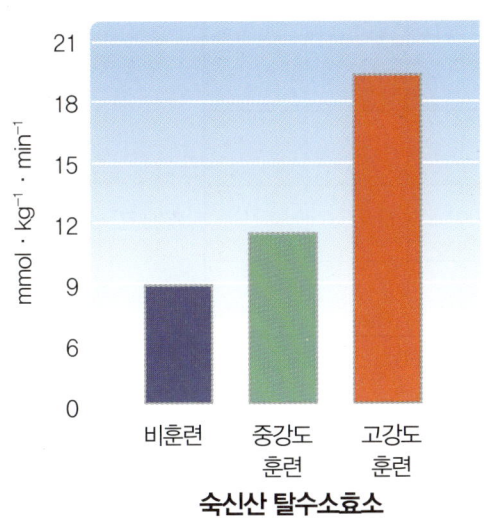
숙신산 탈수소효소

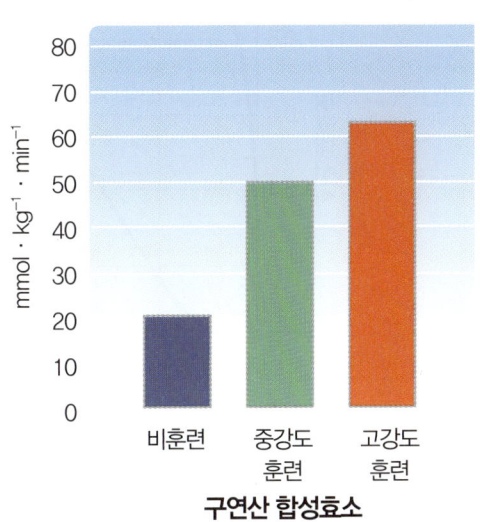
구연산 합성효소

그림 2-25. 유산소 훈련에 따른 SDH와 CS 활성 변화

수 있다. 이렇게 증가한 미토콘드리아는 보다 많은 산화효소들이 발현되고, 그 활성도 증가하여 산화적 인산화 과정이 더욱 활발해진다.

크렙스 회로와 전자전달계로 이어지는 산화적 인산화 과정에 관여하는 효소는 매우 많다. 자주 연구되는 산화효소 중에 숙신산탈수소효소(Succinate dehydrogenase: SDH)가 오랜 기간의 유산소 트레이닝으로 증가하는 것으로 나타났다. 한편 구연산합성효소(citrate synthase: CS)는 평소 유산소 트레이닝 정도에 따라 2~3배 이상 증가하는 것으로 나타났다(그림 2-25 참조).

다만 이러한 세포소기관 내 산화효소들의 변화가 최대산소섭취량의 변화와 일치하지는 않기 때문에 근육세포 내의 세포소기관의 기여도만으로 산소섭취량을 결정하지는 못한다. 즉, 심폐조직 및 혈관, 근육조직의 종합적인 적응현상이 최종적인 산소섭취량을 증가시킬 수 있다.

근육조직에서 미오글로빈과 미토콘드리아의 증가는 산소를 근육 안으로 끌어들이는 능력이 향상되었음을 의미한다(그림 2-26 참조). 이들 내부에는 산소와 결합하는 중심 금속인 철이 산화되

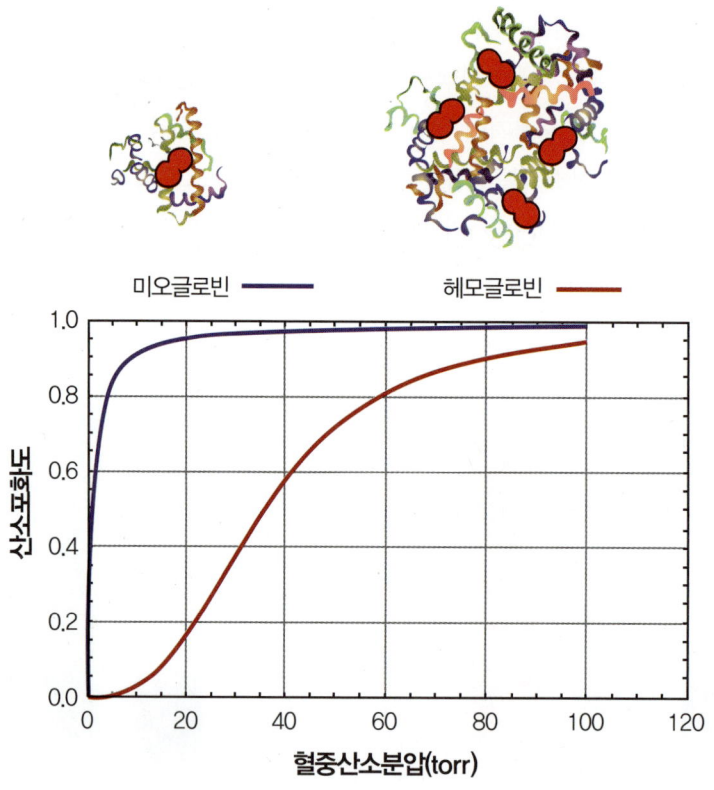

그림 2-26. 미오글로빈과 헤모글로빈의 산소포화도
산소 농도가 낮은 상태에서도 미오글로빈의 산소포화도가 헤모글로빈보다 높다. 즉, 미오글로빈이 산소를 끌어당기는 힘이 강한 것을 의미한다(그림 출처: http://demonstrations.wolfram.com/OxygenTransportByHemoglobinAndMyoglobin/HTMLImages/index.en/popup_3.jpg).

어 전체적인 조직의 색을 붉게 만든다. 적근섬유(ST 섬유)의 경우 미오글로빈과 미토콘드리아의 함량이 많기 때문에 백근섬유(FT 섬유)보다 붉은색을 띠게 된다. 갈색지방의 경우에도 백색지방에 비해 미토콘드리아의 함량이 높다. 정맥혈액보다 산소포화도가 높은 동맥혈액이 더욱 붉은 이유도 적혈구 안의 헤모글로빈 중심에 있는 철이 산소와 만나서(산화되어) 보다 붉은색을 띠기 때문이다.

2. 무산소 트레이닝에 의한 적응

무산소 트레이닝은 근육의 최대 수축능력을 위하여 에너지원을 폭발적으로 사용할 수 있도록 하는 데 목적이 있다. 근육은 가장 빠른 에너지 시스템인 무산소 시스템(ATP-PCr 시스템과 해당과정 시스템)을 강화시키고, 충분한 에너지원을 근육세포 내에 미리 축적하며, 피로와 관련된 대사물질들의 축적을 억제함으로써 급격한 운동 상황에도 적응하여 순간적인 수축능력을 발휘하게 된다. 스프린팅 같은 무산소 트레이닝은 이러한 무산소 능력을 향상시키는 것으로 알려져 있다.

무산소 능력을 정확하게 측정할 수 있는 방법은 없지만, 혈액 분석을 통해 근육 내에 젖산 축적 시점이 급격히 증가하는 젖산역치(LT: lactate threshold)를 측정하여 높은 LT 수치를 가지면 무산소성 능력이 높은 것으로 판단하거나(그림 2-27 참조), 임계파워 검사 또는 윈게이트 무산소 검사를 통해 무산소성 능력의 잠재성을 평가할 수 있다.

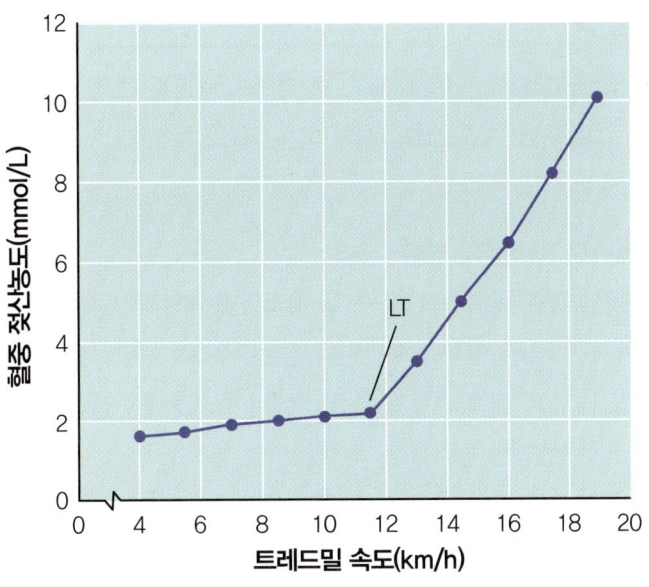

그림 2-27. 운동 강도에 따른 혈중 젖산농도의 변화 측정

가. 근육조직과 근력의 변화

무산소 트레이닝은 근육섬유의 횡단면을 증가시키는 근비대를 유발하는데, 특히 FT 섬유에서의 효과가 두드러진다. 한편 ST 섬유는 고강도의 운동에도 일부 참여하기 때문에 약간의 증가가 있을 수도 있다. 다만 장기간의 무산소 트레이닝은 산화적 특성을 갖는 FTa 아형의 증가가 주로 나타난다. 한편, 이러한 근비대는 근력의 증가를 나타내게 되지만, 트레이닝 초기에는 근비대 없이 근력이 증가하게 되는데, 이는 신경의 적응 현상에 다른 신경계 활성능력의 증가 때문인 것으로 여겨진다(그림 2-28 참조).

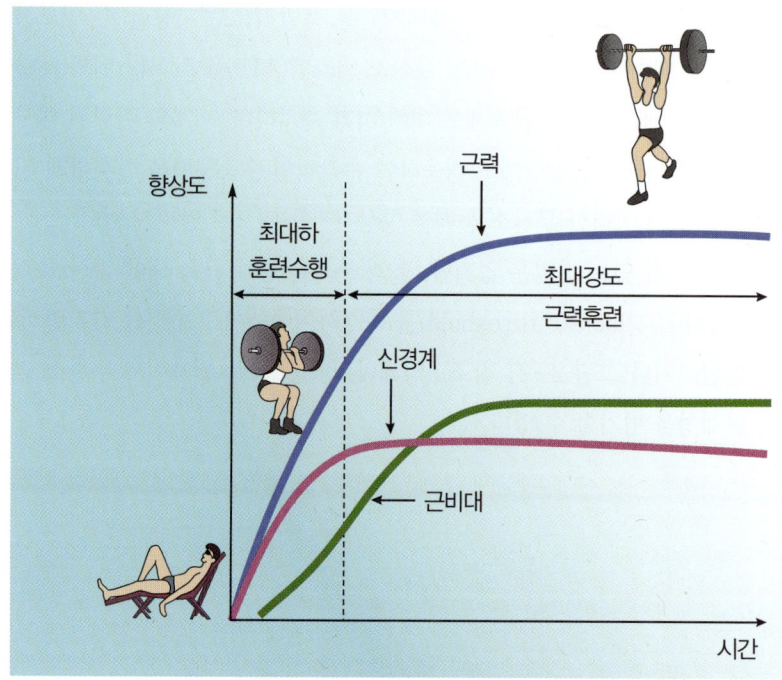

그림 2-28. 무산소 트레이닝에 따른 근육과 신경조직의 변화

나. 근육세포 내 에너지 시스템의 변화

무산소 트레이닝은 근육세포 내에서 ATP-PCr 시스템과 해당과정 시스템에 관련된 조절효소들의 항진을 통한 에너지대사의 활성화를 유발한다. 일반적으로 눈에 보이는 근육량의 양적 변화뿐만 아니라 이러한 조절효소의 질적 변화가 무산소 에너지 시스템을 짧은 시간 안에 효과적으로 발휘할 수 있게 한다.

ATP-PCr 시스템은 크레아틴인산의 분해를 돕는 CK(creatine kinase)의 활성 증가와 크레아틴 저장량의 증가를 통해 ATP 재합성의 효율을 꾀할 수 있다. 하지만 무산소 트레이닝에 의해 ATP-PCr 시스템의 효소를 향상시키기보다는 주로 근력의 발달로 인해 피로에 견디는 능력을 향상시키는 것이 중요하다. 그 이유는 매우 짧은 시간 동안 전력 트레이닝을 했을 때, ATP-PCr 시스템이 발휘되는 6초 이내에는 CK나 adenylate kinase(MK, myokinase)의 활성에는 변화가 없었고, 약 30초에서 활성도가 증가하는 것을 보였기 때문이다(그림 2-29 참조).

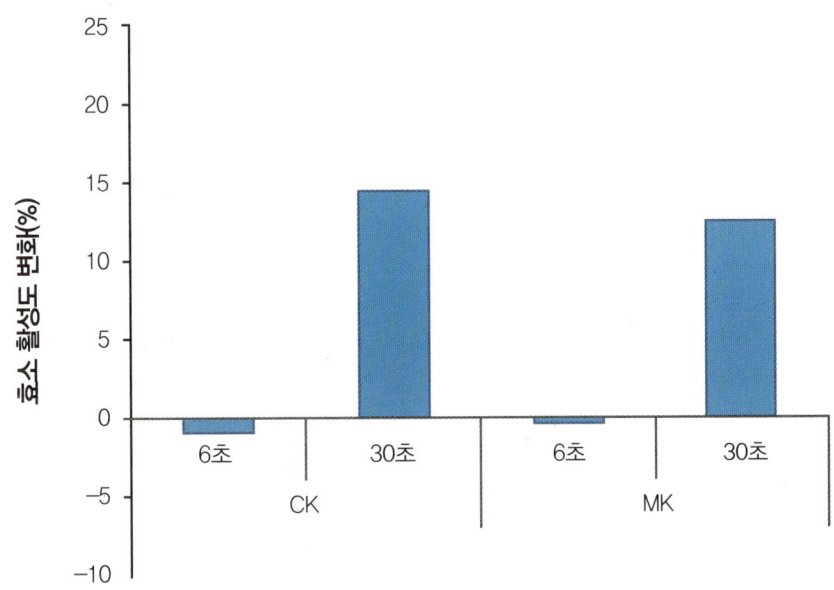

그림 2-29. 6초와 30초의 전력 무산소 트레이닝에 따른 효소 활성의 변화

한편, 무산소 트레이닝은 해당과정에서 중요한 역할을 하는 효소들의 활성에 긍정적인 효과를 보이고 있다. 약 30초 동안의 무산소 트레이닝을 실시한 이후 phosphorylase, PFK(phosphofructokinase), LDH, Hexokinase 등의 활성이 증가하였다.

공통적으로 짧은 시간의 고강도 트레이닝은 해당작용의 속도결정단계 효소인 PFK을 증가시키므로 해당과정 시스템 강화에 따른 파워 증가로 여겨지며, 이러한 효과는 곧바로 쇠퇴할 수 있어 근력이나 근피로에 대해서는 의미 있는 효과를 나타내지 못한다. 따라서 무산소 트레이닝에 의한 에너지 시스템 자체의 향상보다는 근력의 향상에 따른 경기력 향상으로 이어지는 것으로 여겨진다.

한편, 무산소 트레이닝이 유산소 시스템의 산화적 인산화 능력을 향상시킬 수 있다. 물론 이러한 효과는 유산소 트레이닝의 효과에 비해 미미하지만, 고강도 운동에 따른 에너지 요구량의 일부를 지원하는 효과로 해석된다.

그 밖의 효과로, 해당과정 동안 급격하게 농도가 증가한 젖산으로부터 해리되는 H^+의 농도가 증가하면(즉, pH가 감소하면), 참여하는 효소들이 적합한 산도 범위를 벗어나게 되어(pH 6.9 이

하) 활성이 감소할 수 있다. 하지만 다행히도 중탄산염과 인산염이 H^+과 결합하여 pH 감소를 완화시킬 수 있다. 무산소 트레이닝은 이러한 완충능력을 통해 무산소성 운동에 의한 pH 감소로 해당과정 효소들의 활성이 감소하는 것을 완화시킬 수 있다.

다. 에너지원(기질)의 저장량 증가

고강도의 무산소 트레이닝을 규칙적으로 실시하게 되면, ATP-PCr 시스템의 기질이 되는 ATP와 PCr의 저장량이 증가하게 된다. 이러한 증가는 고강도의 트레이닝을 통해 근육 내에 저장된 기질들을 고갈시킴으로써 휴식 시 초과보상(supercompensation) 되는 효과에 따른 것이다. 이와 관련된 연구에 따르면, 5개월의 장기간 저항운동을 실시한 후 기질들의 저장량 분석을 통해 ATP(18%), PCr(22%) 그리고 크레아틴(39%)이 모두 증가한 것을 확인할 수 있었다. 이러한 기질의 저장량 증가는 이후 무산소 운동 상황에서 에너지 공급을 보다 원활하게 할 수 있어서 경기력 향상에 기여할 수 있게 된다.

Ⅲ부
신경조절과 운동

　내적·외적인 환경에서 발생하는 일련의 사건에 대하여 인체가 반응하고 작용하는 모든 생리적 활동은 신경계에 의해 지배를 받는다. 다시 말하면 우리가 생각하고 적절한 행동을 하는 것은 신경계가 뇌에 들어오는 정보를 통합하고 알맞은 반응을 선택해서 행동할 수 있도록 끊임없이 정보를 주고받으며 상호작용해가고 있는 것이다.
　이 단원에서는 신경계를 분류해보고 신경세포인 뉴런의 해부학적 구조와 기능, 신경계의 특성인 흥분성, 전달성, 통합성 등을 이해한다. 또한 인체 움직임에서 신경조절의 역할 및 중추신경계와 말초신경계가 운동기능을 조절하는 관계에 대하여 살펴보도록 한다.

1장 신경계 분류

 학습목표

- 중추신경계의 뇌와 척수에 대하여 알아본다.
- 말초신경계에서 감각신경계와 운동신경계의 특성을 살펴본다.
- 자율신경계와 체성신경계에 대하여 알아본다.
- 교감신경계와 부교감신경계에 대하여 이해한다.

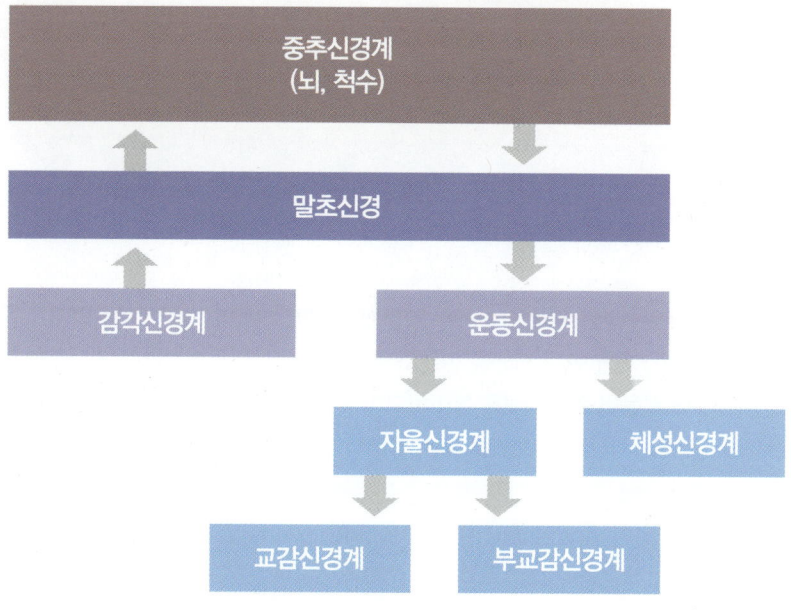

그림 3-1. 신경계의 구성

1. 중추신경계

신경계는 해부학적으로 중추신경계(central nervous system)와 말초신경계(peripheral nervous system)로 구분하며, 기능학적으로는 감각신경계(sensory nervous system)와 운동신경계(motor nervous system), 그리고 자율신경계(autonomic nervous system)와 체성신경계(somatic nervous system)로 구분한다. 중추신경계는 뇌와 척수로 구성되어 있고, 말초신경계는

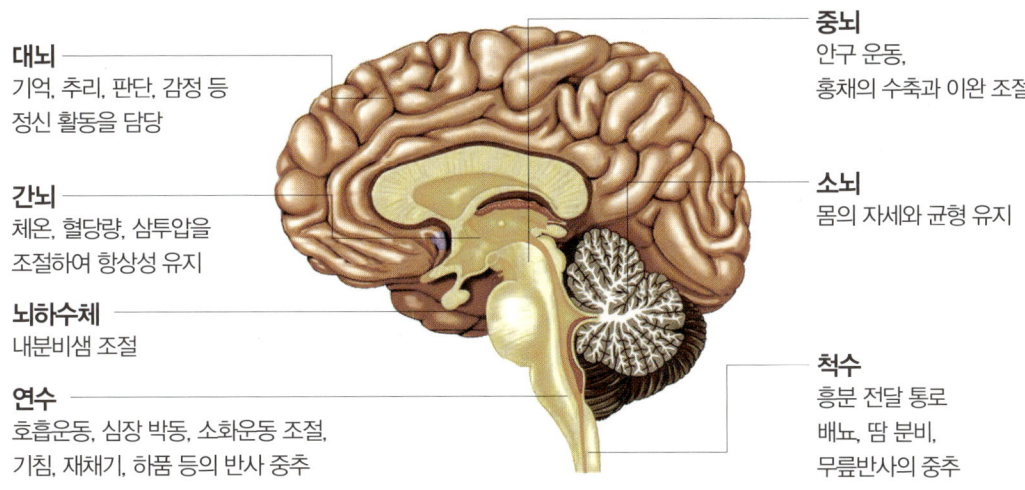

그림 3-2. 중추신경계의 구조

중추신경계 외의 신경으로서 감각신경계가 감각수용기로부터 받은 시각·청각·후각·미각 등의 특수감각, 피부·근육·관절 등의 체성감각, 내부기관의 내장감각 등에 대한 정보를 감지하고 구심성으로 중추신경계로 정보를 전달한다. 감각신경계에서 들어온 정보는 중추신경계에서 통합하고 원심성 운동 명령을 통해 효과기에 전달하여 근육과 뼈의 움직임을 발생시키는 체성신경계와 평활근을 자극하는 자율신경계로 보내진다. 자율신경계는 교감신경과 부교감신경의 조화를 통해 심장근, 내장근, 분비샘에 정보를 전달하여 심장의 수축과 이완, 내장의 운동, 호르몬 분비 등의 역할을 수행하도록 한다.

우리 인체 대부분의 수용기로부터 전달받은 여러 감각 정보를 통합하여 적절한 판단을 통해 반응기에 전달할 명령을 만드는 역할을 하는 것이 중추신경계이며, 기본적인 자극들이 인체에 어떻게 작용하는지를 이해하기 위해 중추신경계의 특성을 잘 알아야 한다. 중추신경계는 뇌와 척수의 연합 뉴런으로 구성되어 있으며, 뇌의 종합적인 기능과 사고에 의해 복잡한 행동이 만들어지고, 척수는 뇌로부터 전달받은 정보를 전달하거나 신체의 움직임을 위한 단순한 형태의 정보를 만든다.

가. 뇌

뇌는 대뇌, 간뇌, 소뇌, 뇌간의 4개의 주요 부분으로 구분되며, 각 영역에 대한 특징을 살펴보면 다음과 같다.

1) 대뇌

대뇌는 좌우 두 개의 반구로 나뉘며, 좌우 반구에서 나오는 신경은 연수에서 교차되므로 좌반구는 오른쪽, 우반구는 왼쪽의 운동과 감각을 지배하고 조절한다. 대뇌는 고등 정신활동의 중추로서 감각기로부터 오는 정보를 받아들이는 감각령, 감각령의 정보를 받아 이를 통합·분석하여 운동령에 명령을 내리는 연합령, 연합령의 명령을 받아 수의운동을 조절하는 운동령으로 구분된다.

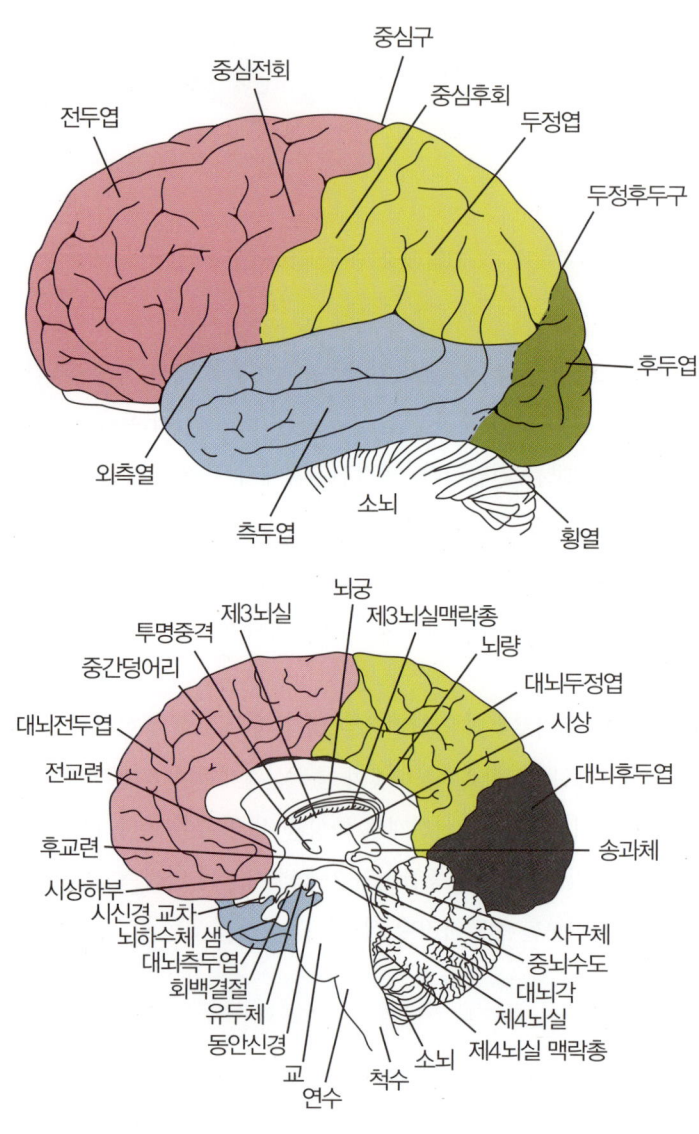

그림 3-3. 대뇌

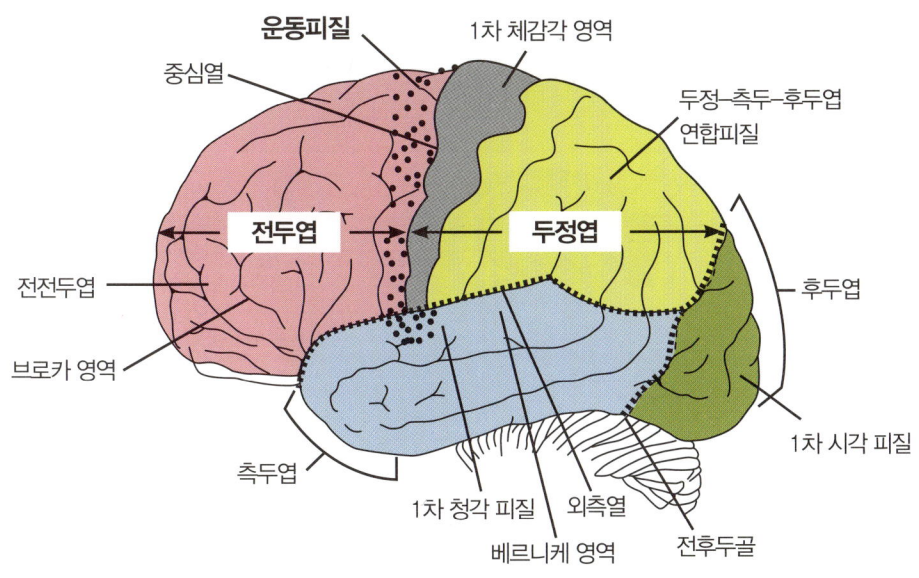

그림 3-4. 대뇌피질의 주요 구조

각 대뇌반구의 신경세포층은 피질로 덮여 있는데, 피질을 펴놓으면 너무 크기 때문에 주름이 잡혀야 한다. 대뇌피질은 신경세포체가 모여 회색을 띠고 있어 '회색질'이라고 하며, 속질은 축삭돌기로 이루어져 백색을 띠고 있어 '백색질'이라고 한다. 수의적 운동과 가장 관련이 깊은 것은 운동피질(motor cortex)로, 피질하의 정보를 받아 움직임을 정하고 척수로 운동 명령을 보내는 중요한 역할을 한다.

2) 간뇌

간뇌는 시상과 시상하부로 구성되어 있으며, 시상은 중요한 감각 통합조절 중추로서 후각을 제외한 모든 감각 입력은 시상으로 들어와 피질의 적절한 부위로 이동한다. 시상은 감각정보와 운동정보가 대뇌에 도달하는 것을 인지하는 매우 중요한 부위이다. 시상하부는 자율신경계의 최고 중추로서 체온, 감정, 갈증, 식욕, 수면 등 신체 내부 환경 조절에 영향을 미치는 모든 과정을 명령하여 항상성을 유지할 수 있도록 한다.

3) 소뇌

소뇌는 뇌교와 연수 뒤에 위치하고 있으며, 대뇌와 같이 두 개의 반구로 구분되어 있다. 우리 몸의 평형과 운동 및 자세를 제어하며 대뇌와 함께 수의적 운동을 원만하게 발현하는 데 기여하는 중요한 기관이다. 주된 작용은 골격근의 활동을 조정하는 것으로, 근육을 사용하는 계획은 대뇌피질

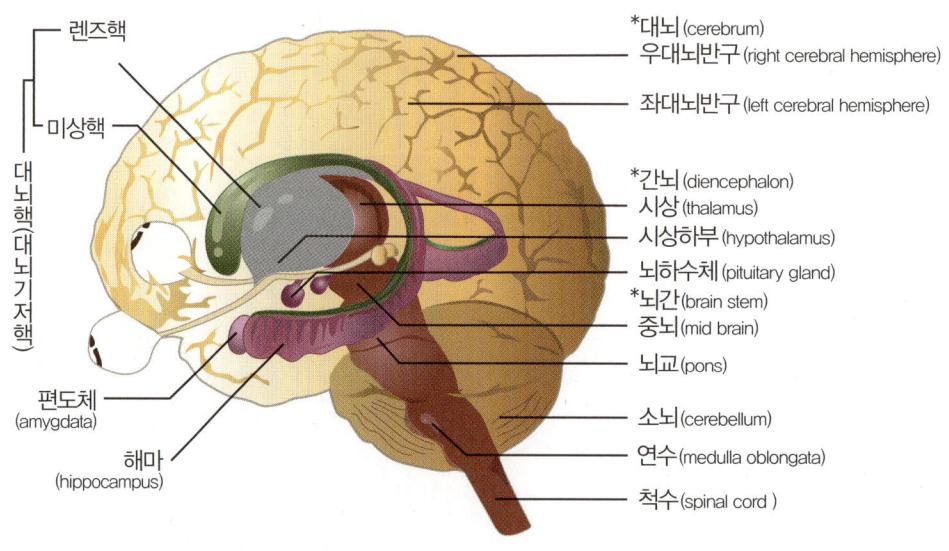

그림 3-5. 간뇌, 소뇌, 뇌줄기의 위치

의 전두엽에서 세워지지만 실제로 운동을 시작하면 계획대로 실현되도록 피드백 기구로 관여하게 된다. 소뇌가 손상되어 작용하지 못하면 움직이는 동안에 움직임 조절이 힘들어지고 물건을 집으려고 할 때 손이 이상한 방향으로 가더라도 조절할 수 없다.

4) 뇌간

뇌간은 척수 바로 위의 두개골 기저 부분에 위치한 중뇌, 뇌교, 연수를 총칭하는 말로 뇌와 척수를 이어주는 역할을 한다. 다양한 운동과 감각정보를 매개하는 일련의 복잡한 신경계통과 신경세포의 군집인 핵들이 집중되어 있다. 중뇌에는 신경전달물질을 분비하고 조절하는 신경세포들이 모여 있으며, 연수는 안구운동, 심박동, 호흡 등 기본적인 생명활동의 중추라고 할 수 있다. 인체 움직임 조절에 있어 직립자세를 정상적으로 유지하기 위한 신경활동을 제공하고 이를 위해 전정수용기, 피부의 압력수용기, 시각 등의 감각전달기관으로부터 정보를 받는다.

나. 척수

연수와 바로 연결되어 있는 척수는 중추신경계에서 가장 간단한 하위구조로 감각신경과 운동신경들이 모두 포함된다. 대뇌와는 반대로 척수의 피질은 신경섬유로 구성된 백질이고, 속질은 신경세포체가 모여 있는 회백질이다. 말초신경을 통해 들어오는 신체 내외의 모든 변화에 대한 정보를 받아들여 상위 중추인 뇌로 전달하고, 뇌에서 받은 정보를 다시 통합한 후 말초신경을 통해 신

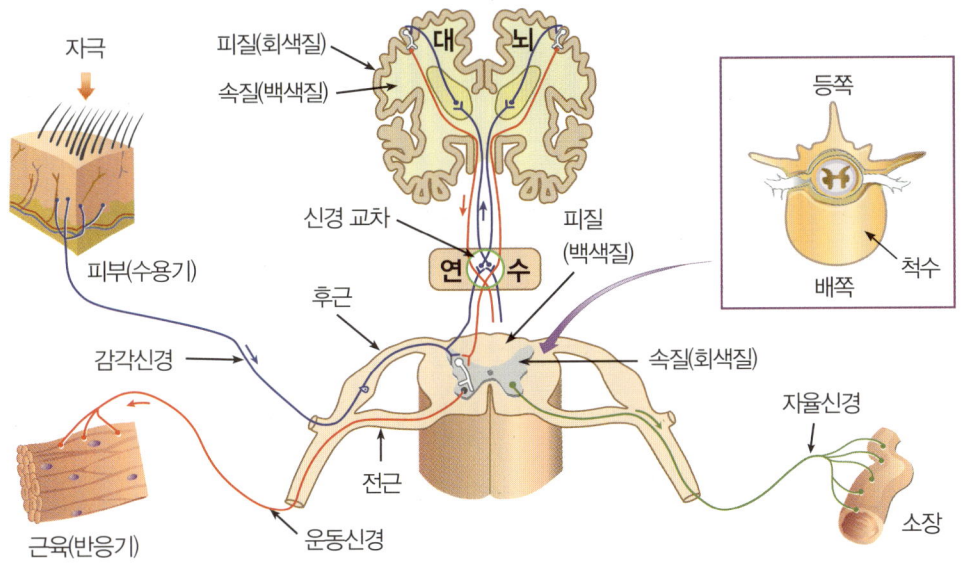

그림 3-6. 척수의 구조와 흥분전달 경로

체 각 부분에 전달하여 적절한 신체 반응과 활동을 할 수 있도록 한다. 중추신경계에서 나온 정보는 척수의 신경로(tract)을 통해 전달된다. 신경로는 수용기(receptor)에서 받은 정보를 상위중추로 보내는 상행신경로(ascending tract)와 상위중추에서 효과기(effector)로 정보를 전달하는 하행신경로(descending tract)로 나누어진다.

2. 말초신경계

중추신경계와 연결되어 있는 말초신경계는 여러 갈래로 갈라져 몸, 팔, 다리 쪽으로 뻗어 있으며, 크게 뇌신경과 척수신경으로 나누어진다. 뇌신경은 운동신경, 감각신경, 감각신경과 운동신경이 합쳐진 혼합신경으로 12쌍이 있고, 척수신경은 척추관의 위치에 따라 31쌍의 신경이 있다.

가. 감각신경계

감각신경계는 수용기와 중추신경을 이어주는 신경으로, 말단에서 받은 감각기 정보를 중추로 보내는 신경계이기 때문에 '구심성 신경'이라고도 한다. 빛, 소리, 냄새, 맛, 신체접촉을 통해 들어오는 정보는 감각신경계인 전문화된 세포에 의해 수집되면 중추에서 통합하여 이에 대한 명령을 내보내면 운동신경계가 조절한다. 감각신경과 운동신경 사이에는 인지, 학습, 기억, 결정 등의 복잡한 행동을 통제하는 다른 신경계들이 존재한다.

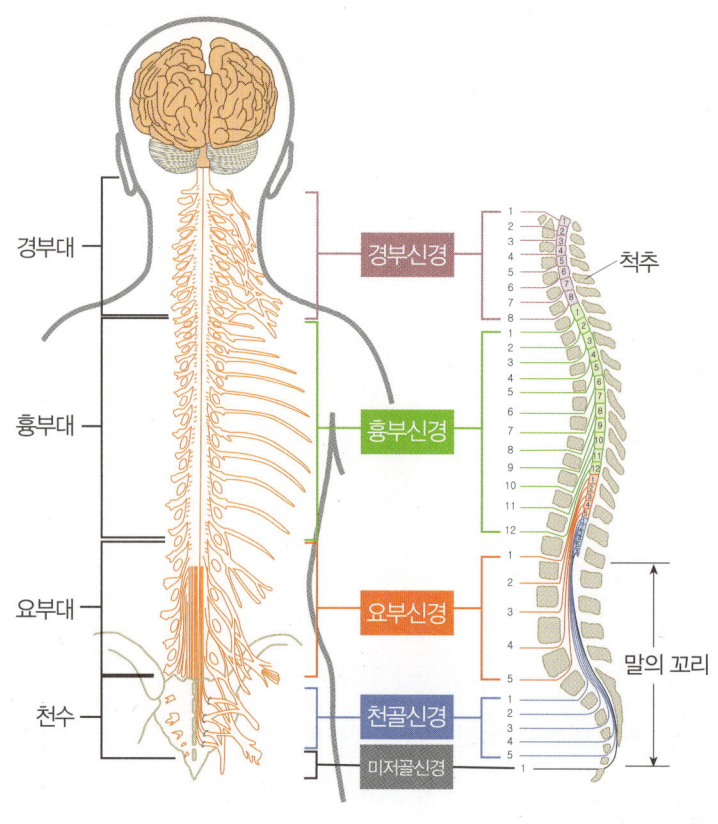

그림 3-7. 척수신경

나. 운동신경계

말초신경에서 전달받은 자극을 중추로 보내는 구심성 신경과 반대로 중추에서 운동신경계로 원심성 신경을 통하여 신체 각 부위에 다양한 정보를 전달한다. 감각신경계로부터 정보가 입력되면 중추신경계는 정보를 통합하고 명령을 결정하여 뇌와 척수에서 우리 몸의 여러 부위까지 전달하게 된다. 운동신경계는 자율신경계와 체성신경계로 구분된다.

3. 자율신경계

자율신경계(autonomic nervous system)는 심장, 내장, 분비샘 같은 불수의적 구조를 지배하는 신경계통으로, 중추신경계와 말초신경계에 분포되어 있다. 기능해부학적으로 교감신경계(sympathetic nervous system)와 부교감신경계(parasympathetic nervous system)로 나눌 수 있으며, 두 신경계는 서로 상반되는 작용을 하지만 항상 함께 기능을 담당한다.

1장 신경계 분류

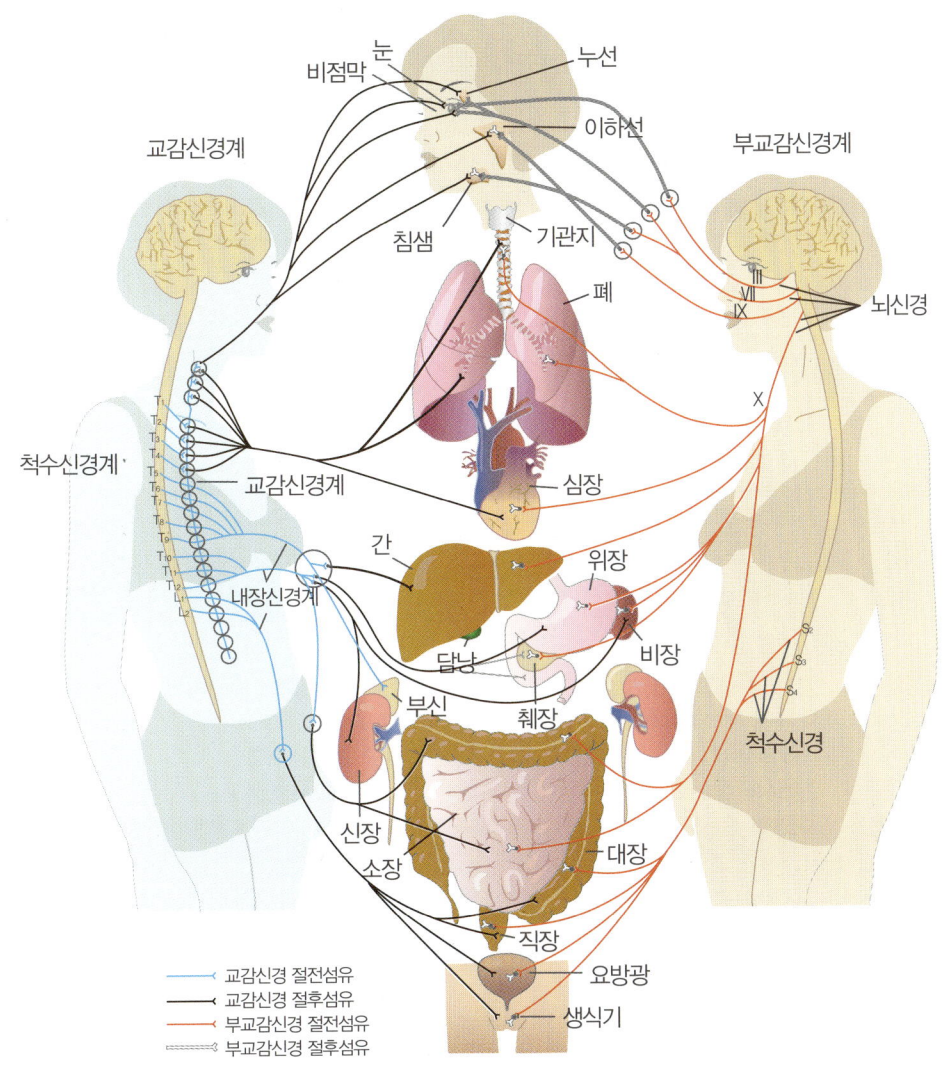

그림 3-8. 교감신경계와 부교감신경계의 신경지배도

가. 교감신경계

교감신경계는 운동을 하거나 흥분하거나 위험한 상황에 처해 있을 때 항진되어 심박동수를 높이고, 혈관은 수축되며, 혈압이 상승하는 등 신체 각 기관에 영향을 미치는 방위 반응체계이다. 효과기에서 방출되는 신경전달물질은 주로 에피네프린과 노르에피네프린으로, 효과기의 활동을 촉진시킨다.

나. 부교감신경계

부교감신경계는 안정 상태에서 주로 작용하며 심박수 감소, 혈관 확장, 기관지 수축, 소화와 배설 촉진, 에너지 보존 등에 관여한다. 부교감신경의 자극 후에는 아세틸콜린이 방출된다.

표 3-1. 자율신경계가 인체에 미치는 영향

기관	교감신경 자극효과	부교감신경 자극효과
심장	심박수, 수축력 증가(심장 전체)	심박수, 수축력 감소(심방)
혈관	수축	음경, 음핵 혈관 이완
폐	세기관지 이완 점액 분비 억제	세기관지 수축 점액 분비 자극
소화기 계통	운동 억제 괄약근 수축(내용물 이동 억제) 선 분비 억제	운동 증가 괄약근 이완(내용물 이동) 선 분비 촉진
담낭	이완	수축
방광	이완	수축
눈	동공 이완 원시 조절	동공 수축 근시 조절
간(글리코겐 저장)	글리코겐 분해(포도당 유리)	없음
지방세포(지방 저장)	지방 분해(지방산 유리)	없음

외분비선
  외분비성 췌장
  땀샘
  침샘
	췌장의 외분비 억제
	대부분 땀샘의 분비 촉진
	적은 양의 농후한 침 분비 촉진(점액)
		췌장의 외분비 촉진(소화에 중요)
		일부 땀샘의 분비 촉진
		많은 양의 묽은 침 분비 촉진(효소)

내분비선
  부신수질
  내분비성 췌장
	에피네프린, 노르에피네프린 분비 촉진
	인슐린 분비 억제, 글루카곤 분비 촉진
		없음
		인슐린, 글루카곤 분비 촉진

생식기	사정, 성적 흥분 제한	발기
뇌	각성 증가	없음

다. 체성신경계

말초신경계의 한 갈래인 운동신경계는 기능적으로 다시 자율신경계와 체성신경계로 구분된다. 체성신경계는 신체 각 부위에 있는 감각기관의 중추, 중추와 골격근 사이를 연결하는 신경으로 말초와 중추 사이에 단일 신경섬유가 연결되어 골격근의 운동을 조절하고 통제한다. 축삭 말단에서 아세틸콜린이 분비되어 말단과 접해 있는 골격근을 수축시키고 대뇌의 지배를 받아 수의적인 반응이 가능하다.

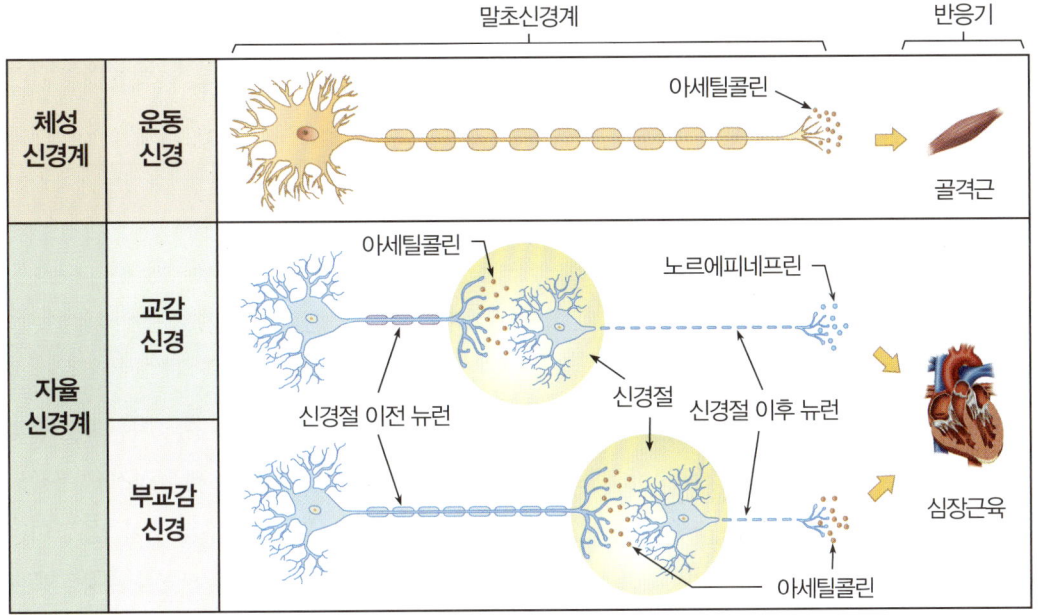

그림 3-9. 체성신경계와 자율신경계의 비교

2장 신경세포(뉴런)의 구조와 기능

 학습목표
- 뉴런의 구조와 기능에 대하여 이해한다.
- 뉴런의 전기적 활동을 알아본다.
- 활동전위의 발생 기전과 과정을 살펴본다.

1. 뉴런의 구조

뉴런(neuron)은 신경계를 이루는 구조적·기능적 기본 단위로서 뉴런의 구조는 기능과도 연관성이 있다. 전형적으로 세포체(cell body), 수상돌기(dendrite), 축삭(axon)의 세 부분으로 구성되어 있으며 크기나 모양은 매우 다양하다. 세포체에는 세포의 생명을 유지시켜주는 핵이 있고, 여러 구조물이 함유되어 있어 주로 영양과 대사를 담당한다. 다른 세포로부터 받은 신호를 수용·통합하여 축삭을 통해 신호를 내보낸다. 뉴런들은 서로 교신하는데, 신호를 받아들이는 수용부 역할을 하는 부위가 수상돌기이다. 세포체로 들어오는 신호는 주로 나뭇가지 형태로 되어 있는 수상돌기를 통해 전달된다. 길고 가는 관처럼 생긴 축삭은 뉴런의 전도 영역으로서 신경자극, 즉 나가는 신호를 발생시키고 인접한 뉴런으로 자극을 전달하는 역할을 담당한다. 활동전위는 축삭을 따라 발생하는데, 이러한 활동전위가 종말부위에 도달하면 신경전달물질이라는 화학물질을 분비시켜 세포를 흥분시키거나 억제시키기도 하고, 이에 따라 세포가 축삭을 따라 다음 세포로 신호를 전달할지 전달하지 않을지 결정한다.

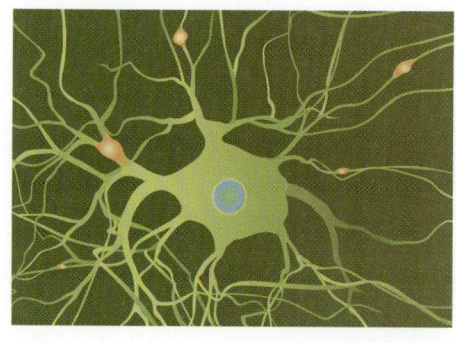

그림 3-10. 뉴런

뉴런의 정보 흐름은 방향성이 있어 들어오는 신호를 통합하게 되고, 신호가 충분히 높으면 나가는 신호를 발생시키게 된다. 신호 발생이 활동전위가 되며, 축삭을 따라 목표로 하는 세포로 전달된다. 수상돌기와 세포체는 다른 뉴런과 소통하기 쉽도록 넓은 표면적을 가지고 있다. 축삭의 길이는 매우 다양해서 1~2mm로 짧은 축삭은 바로 인접한 세포로 신호를 전달해주며 길이에 비례하여 세포체도 매우 작다. 반대

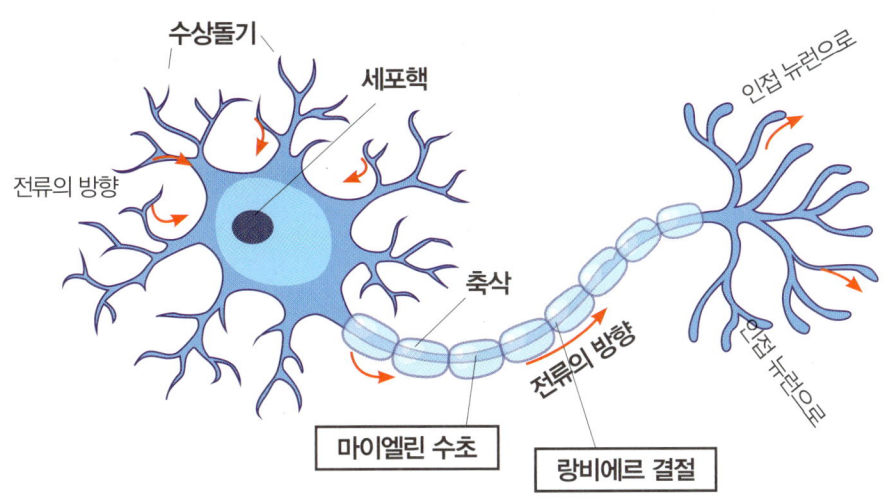

그림 3-11. 뉴런의 구조

로 길이가 긴 축삭은 1m 이상 되어 척수에서 발끝까지 신호를 전달할 수도 있다. 축삭의 길이가 길수록 세포체의 크기가 커진다.

중추신경계는 절반 정도만 뉴런으로 구성되어 있고 나머지는 다양한 지지세포로 이루어져 있다. 뉴런의 대사 속도는 매우 빠르지만 영양소를 충분히 비축할 수단이 없기 때문에 지속적으로 영양소와 산소를 공급하지 않으면 사멸하고 만다. 그러므로 뉴런을 지지하고 보호하는 기능을 가진 세포가 있어야만 생존이 유지될 수 있다. 대표적으로 중추신경계에서는 교세포가 있으며, 말초신경계에서는 슈반세포(Schwann cell)가 있어 지지세포로서의 역할을 한다.

가장 중요한 지지세포인 신경교(neuroglia)를 일반적으로 '교세포'라고 하는데, 뉴런과 인체의 다른 부분 사이에서 물리적·화학적으로 완충작용 역할을 한다. 교세포는 뉴런을 둘러싸서 그 위치를 유지시키며, 다른 뉴런과의 신호 교환에 쓰이는 화학물질을 공급하는 것도 조절해준다. 또한 교세포는 뉴런 사이를 절연시켜 신경 신호가 서로 뒤섞이지 않도록 하며, 상처나 노화로 사멸한 뉴런의 잔해를 제거하는 역할도 한다.

또 다른 지지세포는 슈반세포로, 축삭을 지지하고 수초를 만든다. 마이엘린 수초로 감싸진 축삭을 '유수신경세포'라 하고 감싸고 있지 않은 신경세포를 '무수신경세포'라 하는데, 모든 운동뉴런의 축삭에는 절연물질이라 불리는 마이엘린 수초가 감싸고 있어 신경전달을 촉진시킨다. 마이엘린 수초는 슈반세포에 의해 형성되는데, 태생기에 신경세포가 발생할 무렵 축삭 둘레를 둘둘 말게 되고 축삭의 세포질을 압박하게 되면서 축삭의 세포막은 전기적인 절연을 가져온다. 이러한 슈반세포는 연속적이지 않고 짧게 둘러싸여 있기 때문에 슈반세포로 이루어진 마이엘린 수초가 감싸져 있지 않은 부위로 활동전위가 전달하게 되는데, 이 부위를 '랑비에르 결절(node of Ranvier)'이라고 한다. 랑비에르 결절로 건너뛰어 흐르게 되는 전도 방식은 마이엘린 수초가 없는 축삭보다 훨씬 빠른 전도를 할 수 있으며, 이를 '도약전도(saltatory conduction)'라 한다. 전도 속도는 신경섬유의 지름과도 비례하는데, 신경섬유가 굵을수록 전도 속도가 빠르며 가늘수록 전도 속도는 느려진다.

2. 뉴런의 전기적 활동

뉴런의 전기적 활동은 세포 내·외에 존재하는 이온들에 의해 발생한다. 뉴런은 K^+, Na^+, Cl^- 이온 등에 선택적으로 투과성을 가지며, 음전하를 가지는 이온들은 침투성이 없다. 양전하를 띤 이온들은 이온들이 통과할 수 있는 통로 수, 이온 수에 영향을 받으며 이온의 농도가 높은 곳에서 낮은 곳으로 이온의 농도 차에 의해 이동하게 된다. 또한 전하가 반대인 이온이 서로 끌어당기기 때문에 전기전위 또는 전압 차에 의해서도 이동할 수 있다. 세포막을 통과하는 전기전위를 '막전위(membrane potential)'라 하고, 뉴런에서 전기적 신호가 발생하지 않았을 때를 '안정막전위'라 하며, 이때 K^+에 대한 투과성은 높고 Na^+에 대한 투과성은 매우 적다.

가. 안정막전위

안정막전위 상태에서는 세포 내에 K^+의 농도가 많기 때문에 농도 차에 의해 세포 내에서 세포 외로 확산되어 나가려는 힘이 어느 시점에서 균형을 이루게 된다. 이때 세포 내에는 K^+의 이동만으로는 약 −90 millivolts의 전압을 띠게 되지만, 세포 외에 존재하는 Na^+이 약하게 세포 내로 이

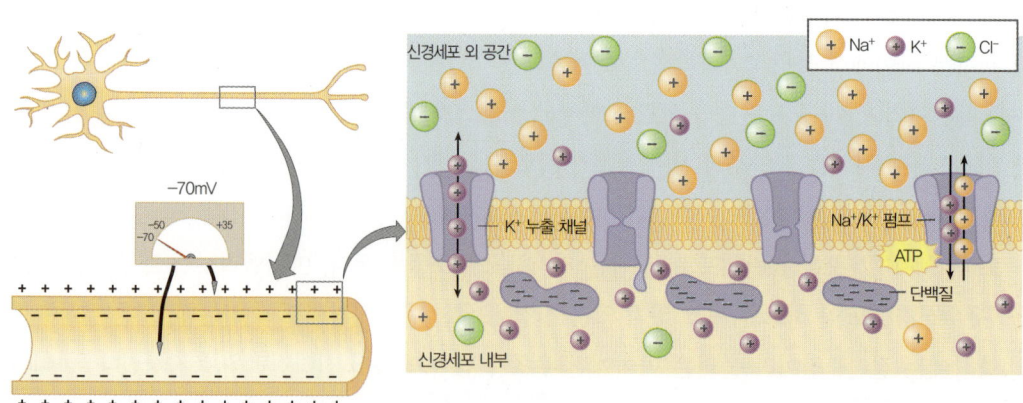

그림 3-12. 안정막전위

동하기 때문에 양전하를 띤 Na^+의 이동으로 −70 millivolts 정도의 전위차를 가져오게 된다. 세포막을 가로질러 이온들의 이동이 지속되면 이온의 농도가 낮아지면서 뉴런은 더 이상 전기적 신호를 주고받을 수 없는 문제가 발생할 수도 있다. 안정막전위에서 이온을 방출시키지 않기 위해 K^+−Na^+ 펌프라 일컬어지는 막 효소의 능동수송에 의해 이온의 유출을 막게 된다. K^+−Na^+ 펌프는 ATP 에너지를 이용하여 2개의 K^+이온을 세포 내로 이동시키고 3개의 Na^+을 세포 외로 이동시켜 −70 millivolts 정도의 농도를 유지시킨다. K^+−Na^+ 펌프가 이온을 이동시켜 안정막전위를 유지하는 데 반드시 필요하지만, 막전위를 발생시킬 수는 없다.

나. 활동전위

뉴런은 신경자극인 활동전위(action potential)를 통해 전기적 신호를 발생시키고 다른 세포로 이동하게 된다. 활동전위에 의해 자극을 받게 되면 세포막은 급격하게 Na^+에 대한 투과도가 증가하면서 안정막전위인 약 −70 millivolts에서 최고 약 30 millivolts까지 막전위의 변화를 가져오게 된다. 급격한 막전위의 변화를 일으키는 탈분극 상태와 다시 안정막전위인 −70 millivolts로 회복되는 재분극의 단계를 거치게 되는데, 이러한 과정을 '활동전위'라고 한다.

이러한 활동전위는 K^+, Na^+이 신경막을 빠르게 이동하면서 발생하게 되고, 이온 투과성의 차이는 전압으로 조절되는 이온통로가 열리거나 닫히면서 조절하게 된다.

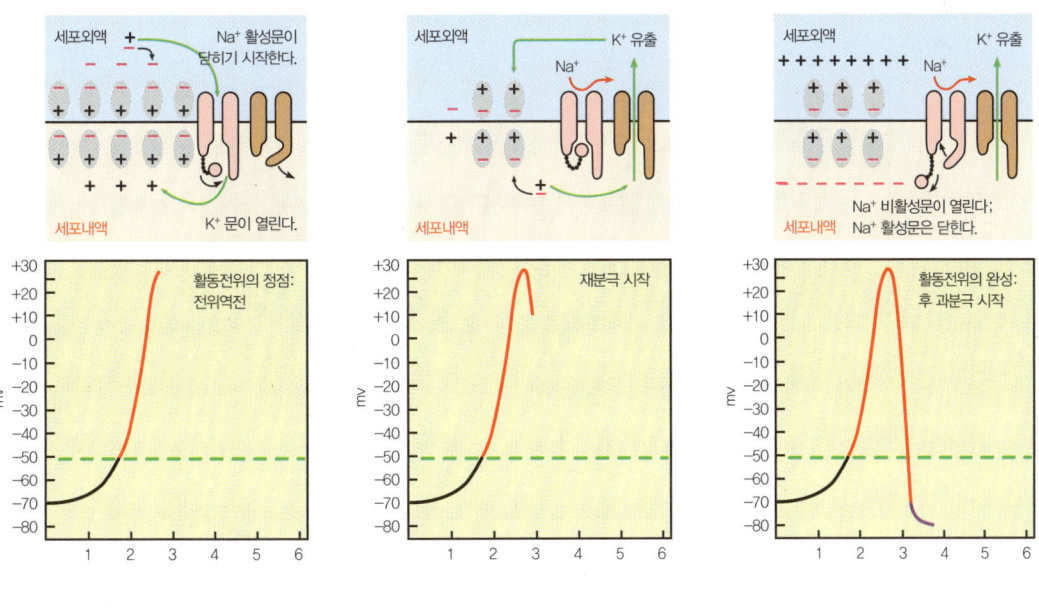

그림 3−13. 활동전위 과정

1) 탈분극

신경이 흥분하여 활동전위를 발생시키려면 자극이 있어야 하고, 충분히 자극되려면 몇 가지 조건을 충족해야 한다. 전기적 또는 화학적 자극을 받게 되는 최소한의 탈분극을 '역치(threshold)'라고 하는데, 15 millivolts 이내보다 작은 탈분극은 활동전위를 유발하지 못한다. 즉, 안정막전위가 −70 millivolts에서 −55 millivolts 이내인 경우에는 역치에 이르지 못하기 때문에 활동전위가 발생하지 않지만, 역치에 도달하게 되면 활동전위가 발생하게 된다. 또한 안정막전위에서 충분히 빠른 속도로 도달해야 가능한데, 자극 강도의 변화가 시간적으로 매우 느리면 자극이 될 수 없다. 마지막으로 역치 수준 이상의 자극이라 할지라도 일정 시간 이상 지속하지 않는다면 자극으로서의 효과가 없다. 뉴런에 자극을 가할 때 역치 이상일 때는 반응이 나타나지만, 역치 이하일 경우에는 활동전위가 발생하지 않고 흥분성에만 변화가 나타나는 것을 '실무율(all-or-none)의 법칙'이라고 한다. 'all'은 역치 이상일 때는 아무리 큰 자극이라 해도 자극이 같다는 것을 의미하고, 'none'은 자극이 역치에 도달하지 못할 때에는 자극이 없다는 것을 의미한다. 몇 가지 조건을 통해 탈분극에 대한 환경이 만들어지게 되면 전압으로 조절되는 통로가 열리면서 가장 빠르게 Na^+이 선택적으로 통과하게 되고, Na^+ 통로가 열리면서 Na^+의 농도차로 세포 외에서 세포 내로 이동하게 되어 Na^+의 투과성은 급격하게 증가한다. 세포 내로 유입된 Na^+으로 세포 내는 양 전압으로 변화하면서 탈분극(depolarization)이 발생한다.

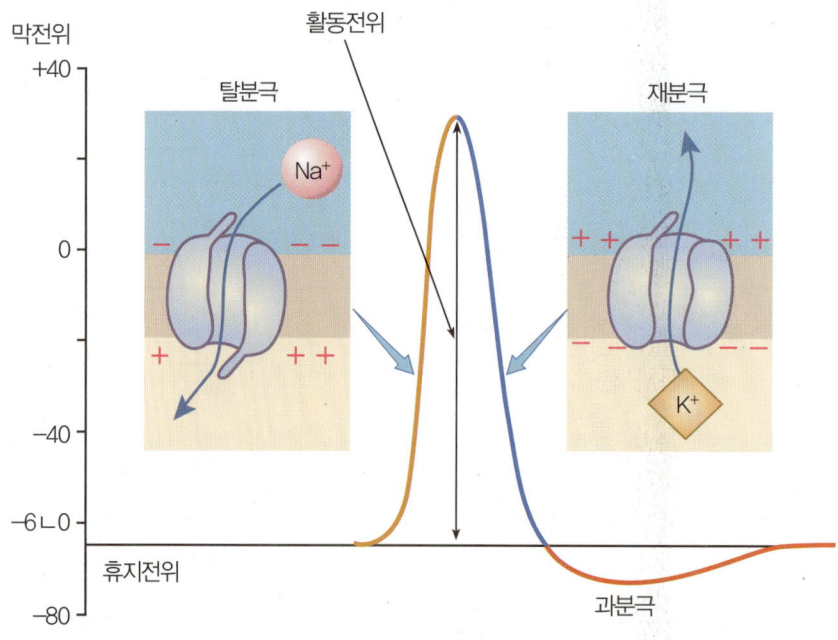

그림 3-14. 탈분극과 재분극

2) 재분극

탈분극이 최고점에 도달하고 전압으로 인한 Na^+ 통로는 닫히게 되며 K^+ 통로가 열리기 시작한다. K^+ 통로를 통해 K^+가 세포 외로 이동하여 세포 내는 다시 음전하를 띠면서 막전위가 증가하기 전의 수준으로 돌아간다. 이를 '재분극(repolarization)'이라고 한다. 막전위가 -30 millivolts가 되면 K^+ 통로도 닫히게 되며 K^+-Na^+ 펌프에 의해 안정막전위에 도달하도록 한다.

3) 과분극

안정막전위에서 K^+ 통로가 여전히 열려 있고 K^+이온이 세포 외로 이동하면서 세포 내는 잠깐 동안 더욱 음전하를 띠게 되는 과분극(hyperpolarization) 현상을 보이게 된다.

4) 절대 불응기

뉴런으로 지나가는 흥분이 얼마 동안에는 다음 흥분이 전달될 수 없지만, 그 후에 회복되면 다시 흥분을 전달할 수 있게 된다. 그사이에 반응하지 않는 시기가 있는데, 활동전위가 형성되어 역치 이상의 자극이 와도 반응하지 않는 시기를 '절대 불응기(absolute refractory period)'라 하며, 이때는 축삭의 일부가 활동전위 중에 Na^+ 통로가 열려 있더라도 자극을 받을 수 없다.

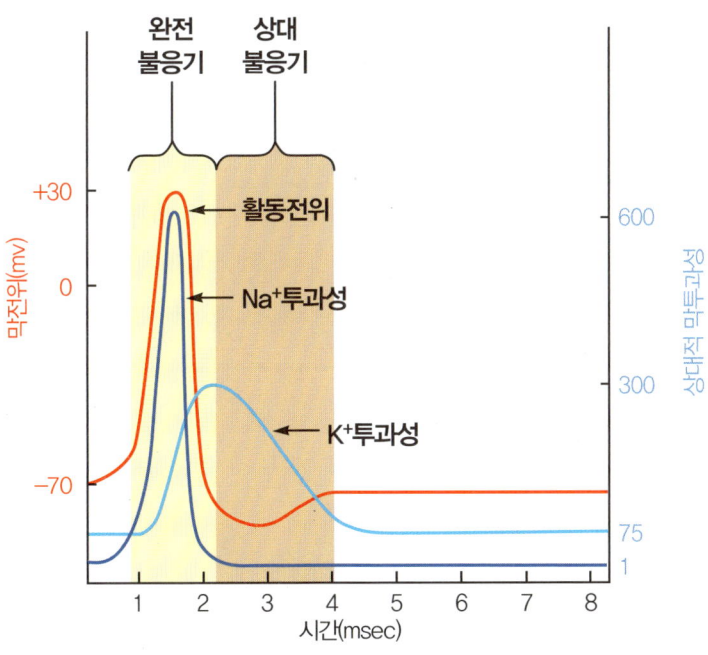

그림 3-15. 절대 불응기와 상대 불응기

5) 상대 불응기

Na$^+$ 통로는 닫히고 K$^+$ 통로가 열리는 재분극 상태에서 평상시의 자극보다 더 큰 역치 수준 이상의 자극으로 반응할 수 있는 시기를 '상대 불응기(relative refractory period)'라 한다.

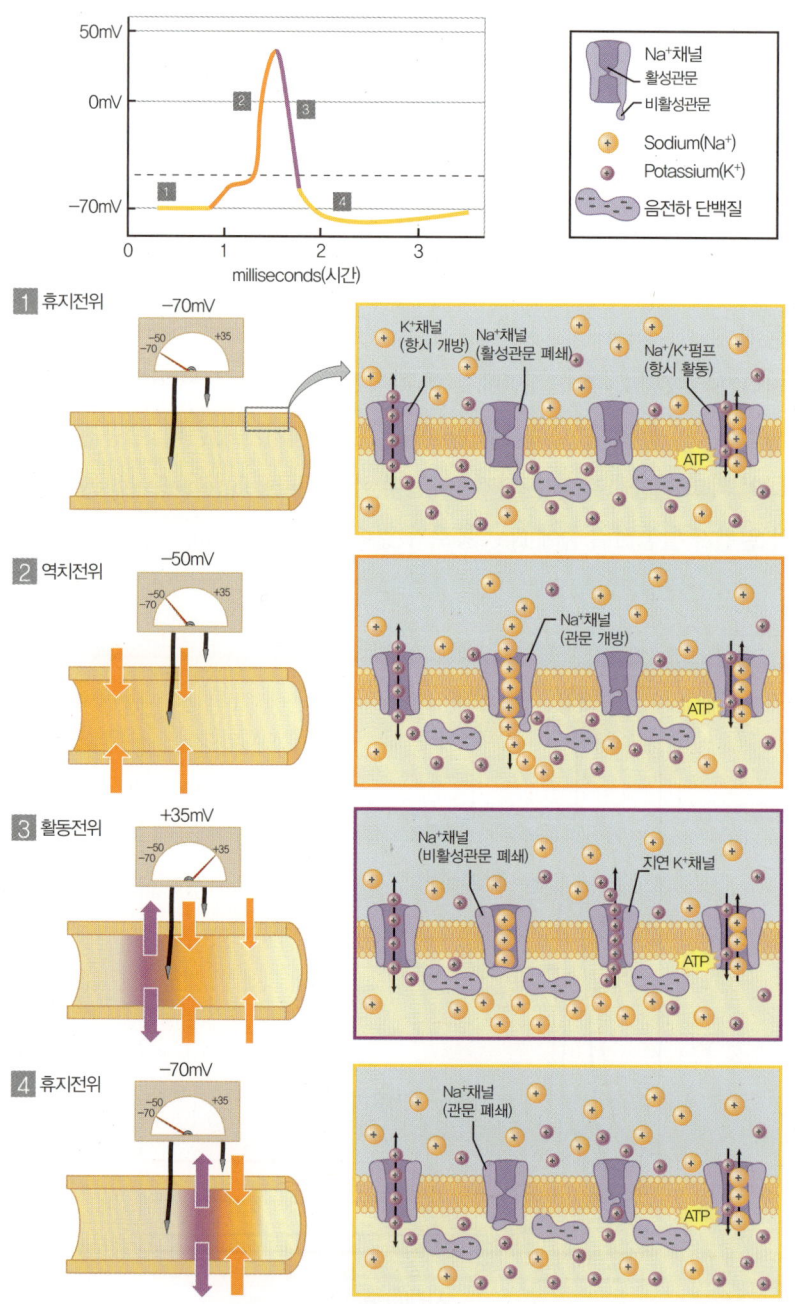

그림 3-16. 활동전위 동안 이온의 이동

3장 신경계의 특성

 학습목표

- 신경계의 특성인 흥분성, 전달성, 통합성에 대하여 알아본다.
- 억제성 시냅스후 전위와 흥분성 시냅스후 전위에 대하여 학습한다.
- 전기적 시냅스와 화학적 시냅스를 구분한다.

신경계는 뉴런이라는 여러 개의 신경세포가 서로 연결되어 있으며, 다른 뉴런과 밀접하게 접촉하면서 정보를 전달하고 인체의 항상성을 유지하고 있다. 자극이나 정보를 전달하기 위해 뉴런이 또 다른 뉴런과 접합되어 있는 기능적 연결부위를 '시냅스(synapse)'라고 한다. 시냅스를 통해 정보와 환경 변화에 대한 자극으로 흥분을 일으키는 흥분성, 이에 대한 가장 적절한 신체반응을 다시 말초로 전달하는 전달성, 정보를 받아 통합하는 통합성의 특성을 가지고 있다.

1. 흥분성

대부분의 시냅스에서는 화학물질을 분비하여 흥분 전도를 유발한다. 뉴런의 정보는 한 방향으로만 전달하고, 전달하는 축삭종말의 막은 '시냅스전'이라 하며 정보를 받는 뉴런의 막은 '시냅스후'라 한다. 시냅스전과 시냅스후 막 사이는 작은 틈으로 분리되어 있는데, 이를 '시냅스 간극(synaptic cleft)'이라 한다. 시냅스전 뉴런에 신경 흥분이 전달되면 축삭종말에 Ca^{2+} 통로가 열리면서 Ca^{2+}이 세포 내로 유입된다. 세포 내로 들어간 Ca^{2+}은 신경전달물질이 들어 있는 소포를 자극하여 축삭종말 쪽으로 이동시킨다. 축삭종말로 이동한 소포에서 신경전달물질이 세포 외로 방출하게 된다. 신경전달물질의 확산에 의해 시냅스후 수용체에 결합하면 시냅스 간극을 가로지르는 화학적 신호가 전기적 신호로 바뀌게 된다. 수용체와 연결된 이온통로의 문이 열리면서 이온들이 이동하게 된다. Na^+ 통로가 열리며 Na^+이 세포 외에서 세포 내로 이동하면서 활동전위를 일으키고, K^+ 통로가 열리면 K^+이 세포 내에서 세포 외로 이동하면서 흥분이 억제된다. 전기적 신호와 이온 농도 차에 의해 세포 내·외로 이동하면서 시냅스 전류가 발생하고, 시냅스후에 역치 수준을 넘게 되면 활동전위가 유발된다.

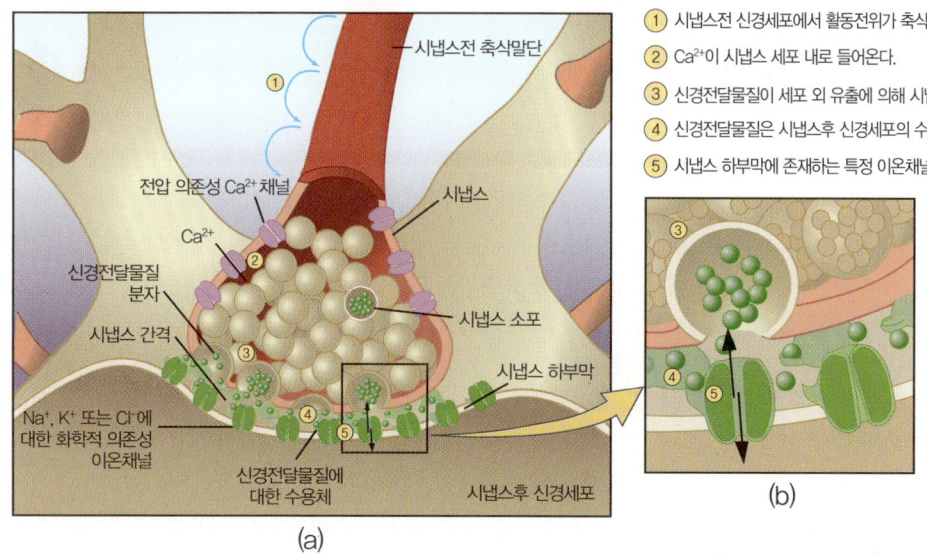

그림 3-17. 시냅스의 구조와 기능
(a) 하나의 시냅스 구조의 모형도. 시냅스에서 일어나는 활동의 순서를 나타낸다. (b) 확대된 그림은 시냅스전 신경세포의 축삭말단에서 일어나는 세포외 유출 작용에 의해 발출된 신경전달물질과 시냅스후 신경세포 하부막에 존재하는 신경전달물질에 대한 특정 수용체의 결합을 묘사한다.

시냅스후 뉴런의 흥분성은 높아지기도 하고 억제되기도 하는데, 시냅스후 뉴런의 세포막에 K^+에 대한 투과성이 높아져 안정 시보다 더 많은 K^+이 세포 외로 이동하게 되면 세포 내는 음전하를 띠는 과분극 상태가 된다. 이렇듯 흥분하기가 어려워지는 상태를 '억제성 시냅스후 전위(inhibitory postsynaptic potential: IPSP)'라 한다. 반대로, 시냅스후 세포막에 Na^+의 투과성이 높아져 세포 외에서 세포 내로 이동이 증가하면 탈분극을 유도하는데, 이를 '흥분성 시냅스후 전위(excitatory postsynaptic potential: EPSP)'라고 한다.

가. 억제성 시냅스후 전위(inhibitory postsynaptic potential: IPSP)

뉴런의 막에 신경전달물질로 조절되는 이온통로가 있으며, 대부분의 억제성 시냅스에 있는 시냅스후 수용체는 흥분성 시냅스에 있는 것과 유사하다. 차이점은 억제성 시냅스는 주로 GABA나 글리신 같은 신경전달물질이 과분극을 일으켜 뉴런이 활동전위를 일으키지 못하는 경우이다. 억제성 시냅스는 수상돌기에 퍼져 있을 뿐만 아니라 세포와 시냅스후 뉴런의 흥분에 강한 영향을 미칠 수 있는 축삭둔덕 가까이에 밀집되어 있다.

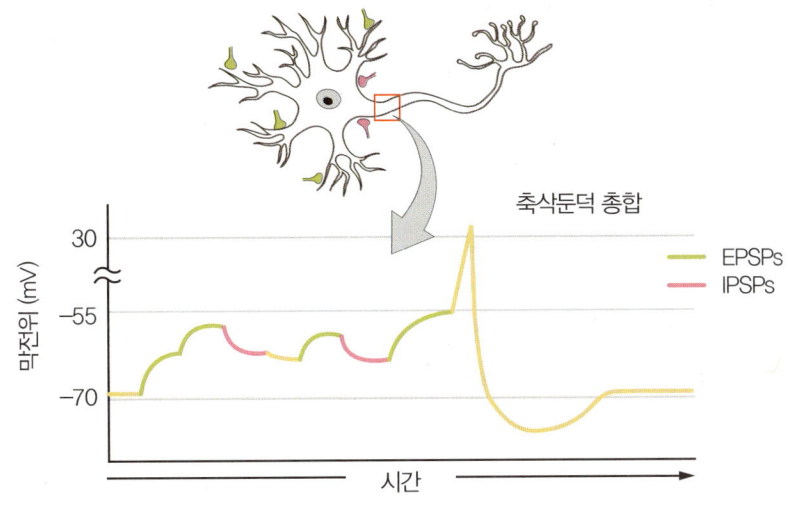

그림 3-18. IPSP와 EPSP

나. 흥분성 시냅스후 전위(excitatory postsynaptic potential; EPSP)

시냅스전 뉴런에서 아세틸콜린, 노르에피네프린, 세로토닌 같은 신경전달물질이 분비되어 시냅스후 뉴런에 탈분극을 일으켜 활동전위를 발생시키는 경우를 말한다. 시냅스후 반응은 단일 신경전달물질로 이온통로가 열리고 통로를 통해 이온이 유입된다. EPSP를 발생시키는 시냅스후 막을 탈분극시키고 시냅스후 막에는 수많은 신경전달물질과 이온통로가 존재한다.

2. 전달성

뉴런은 뉴런과 다른 세포 사이의 정보를 전달하기 위해 활동전위를 발생시키고, 활동전위가 생성되면 축삭말단에 도달하게 된다. 하나의 뉴런에서 다른 뉴런으로 신호를 전달하는 과정에서 하나의 다리 역할을 하는 것이 시냅스이다. 축삭종말에 저장되어 있는 신경전달물질이 시냅스전 뉴런을 가로질러 시냅스후 뉴런에 전달된다. 시냅스는 크게 전기적 시냅스와 화학적 시냅스로 나누어진다.

가. 전기적 시냅스

심근세포 사이와 일부 평활근 세포 사이의 시냅스에서 보이는 흥분 전달방식으로, 시냅스전 뉴런과 시냅스후 뉴런은 시냅스 간극을 통해 이온이 전달되며 다량의 인접 세포들이 동시에 수축하거나 흥분할 수 있다.

나. 화학적 시냅스

시냅스전 뉴런의 화학적 신호를 시냅스후 뉴런으로 흥분을 전달하는 화학적 시냅스는 신경전달물질이다. 신경전달물질은 축삭 말단에 '소포'라고 불리는 수많은 주머니 속에 있으며, 소포가 자극을 통해 시냅스전 말단에 도달하게 되면 시냅스 간격으로 신경전달물질을 분비한다. 분비된 신경전달물질은 시냅스후 뉴런의 수용기와 결합하고 세포막에 있는 이온통로가 열리면서 이온의 이동을 통해 활동전위가 발생되어 신경자극의 전달이 지속된다. 운동 시 생리적 반응을 조절하는 중요한 신경전달물질은 아세틸콜린과 노르에피네프린이다.

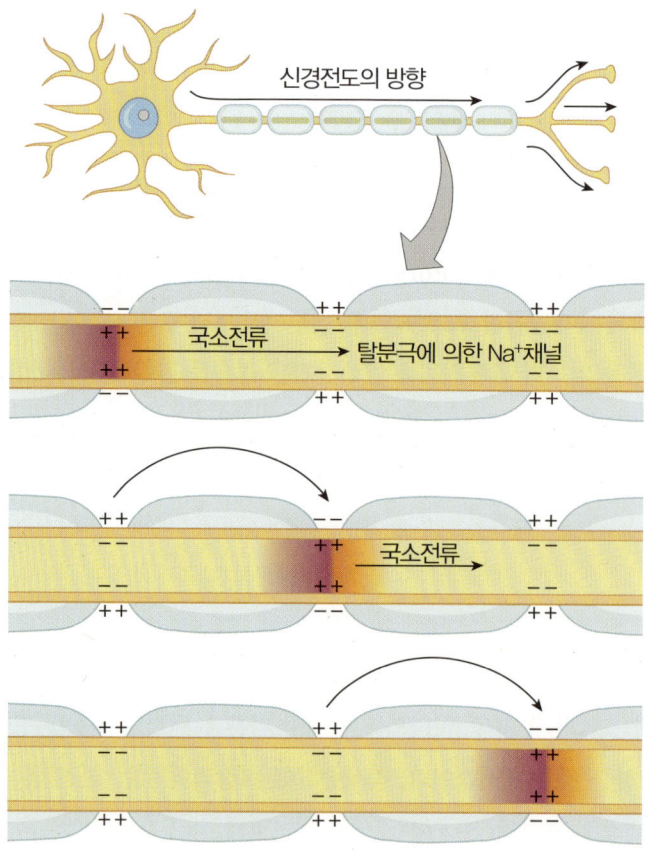

그림 3-19. 뉴런의 신호 전달

3. 통합성

대부분의 중추신경계 뉴런은 1,000여 개의 시냅스 신호를 받고 여러 수용체들로 서로 다른 조합의 반응을 만들어낸다. 시냅스후 뉴런은 이러한 복잡한 이온이나 화학적 신호를 통합하여 활동전위를 만들게 된다. 흥분성 시냅스후 전위의 통합은 신경전달물질을 통해 이온통로가 열리면서 통로를 통해 이온의 이동과 전류가 발생한다. 이러한 작용은 시냅스후 막의 탈분극을 발생시킨다. 뉴런에서 일어나는 흥분성 시냅스와 억제성 시냅스의 상호작용 효과를 '통합(integration)'이라고 한다.

흥분성 시냅스후 전위의 가중(summation)은 중추신경계에서 가장 간단한 형태라고 할 수 있으며, 가중의 형태는 공간적 가중(spatial summation)과 시간적 가중(temporal summation)으로 나누어진다. 가중은 아래 그림과 같이 '통합'이라는 용어로 사용되기도 한다.

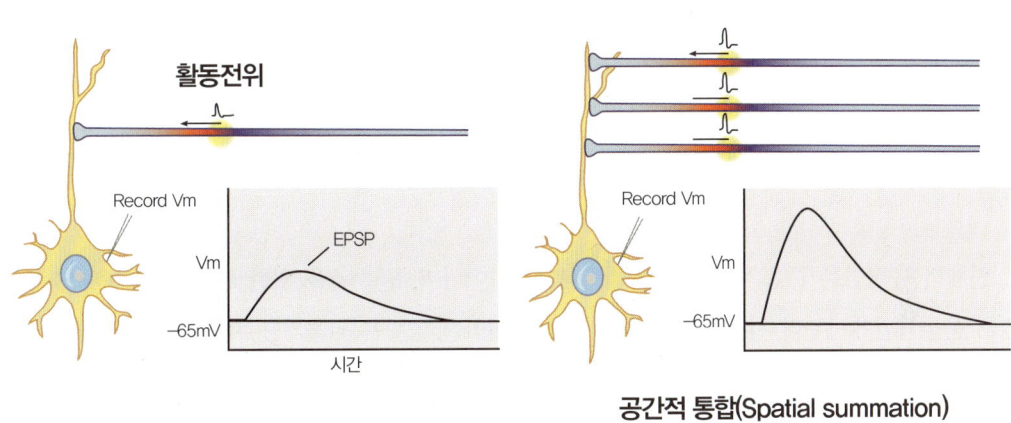

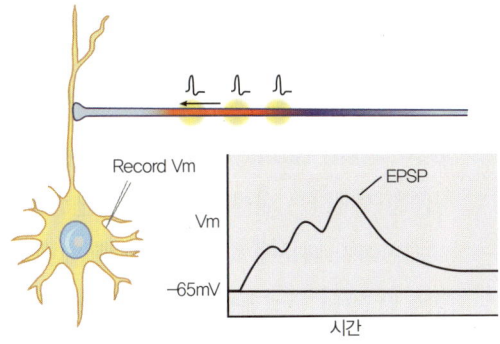

그림 3-20. 뉴런의 통합형태

4장 신경계의 운동기능 조절

 학습목표
- 인체 움직임과 신경조절에 대하여 살펴본다.
- 중추신경계와 운동기능 조절에 대하여 알아본다.
- 말초신경계와 운동기능 조절에 대하여 이해한다.

신경계는 다양한 정보를 통해 우리 몸의 항상성을 유지하고 운동기능을 조절하는 역할을 한다. 수의적인 운동기능 조절은 매우 복잡하며 몇 개의 피질하 영역뿐만 아니라 뇌의 다른 영역의 협조가 필요하다. 예를 들어 테니스 선수가 서브를 넣을 때 정확한 타이밍과 동작은 뇌의 중추와 척수 반사의 상호 협조하에 이루어지는 것이다.

1. 인체 움직임과 신경조절

인체의 움직임은 근육의 수축과 조절을 통해 일어나며, 근수축을 위한 일차 명령은 대뇌 전두엽의 운동피질에서부터 시작된다. 운동피질에서 내려진 명령은 뇌줄기를 따라 척수의 알파운동신경(alpha motor neuron)세포를 통해 근섬유로 전달되어 근수축이 발생한다. 알파운동신경세포는 축삭을 통해 여러 근섬유를 지배하는데, 하나의 알파운동신경섬유가 지배하는 모든 근섬유는 동시에 수축하게 되며 이를 '운동단위(motor unit)'라 한다. 골격근을 지배하는 신경섬유의 수는 근섬유 수보다 적기 때문에 각각의 신경섬유인 뉴런은 몇 개의 근섬유를 지배하기 위해 가지를 쳐야 하고 정해진 뉴런을 통해 전달된 신경 자극은 뉴런이 지배하는 모든 근섬유에 도달하게 된다. 눈동자의 움직임 같은 미세하고 정교한 운동에는 뉴런 한 개에

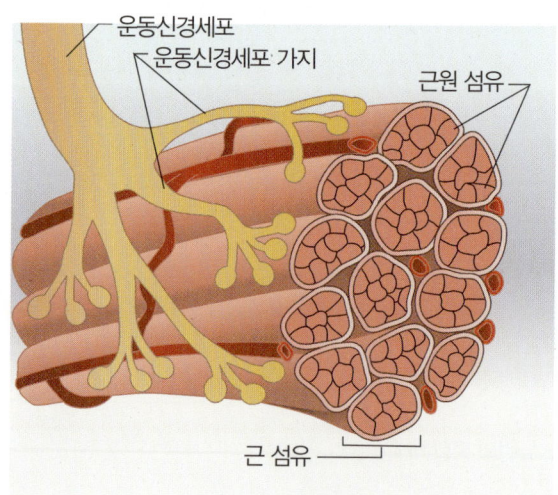

그림 3-21. 운동단위

몇 개의 근육만 지배하고, 대퇴 근육 같은 정교함이 덜 요구되는 움직임은 뉴런 한 개가 수백 개에서 수천 개의 근섬유를 지배하게 된다. 한 개의 뉴런이 지배하는 근섬유의 비율이 커질수록 수축력도 커지게 된다.

하지만 대뇌 운동피질에서 내려진 일차 명령으로는 불완전하기 때문에 정교한 움직임을 조절해야 할 경우에는 완벽하지가 않다. 물체를 들어야 하는 경우 일차 명령 후 물체의 무게, 크기 등의 정보와 일차 근수축 강도에 대한 정보를 감각 신경계를 통해 대뇌로 전달하고, 대뇌는 입력된 정보를 파악한 후 다시 운동피질

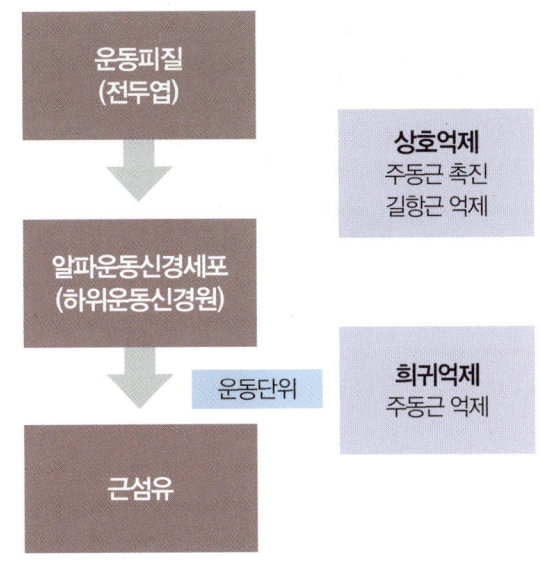

그림 3-22. 인체 움직임과 신경조절

에서 시작되는 이차 명령을 통해 적당한 근수축 강도로 물체를 들게 되는 것이다. 물체를 들기 위해 주동근과 길항근을 선택해야 하며, 주동근은 촉진시키고 길항근은 억제해야 한다. 이러한 과정은 상호억제(reciprocal inhibition)를 통해 일어나며, 운동조절을 위한 상호신경지배 등 많은 상호작용을 해야 한다.

2. 중추신경계의 운동기능 조절

중추신경계에는 인체 전반의 감각정보를 통합하고 명령을 지시하여 다양한 운동 반응을 일으키는 뇌와 척수가 있으며, 뇌에는 운동영역과 감각영역을 포함하는 대뇌피질, 연수, 교뇌, 중뇌로 구성되어 있는 뇌간, 소뇌, 바탕핵 등이 운동기능을 조절한다. 척수도 정보와 명령을 전달받는 중추신경계의 일부로서 다양한 기능을 가진 신경세포들이 운동기능을 조절한다.

가. 대뇌피질 기능영역

대뇌피질은 인체 전반의 감각과 운동을 담당하는 대뇌의 여러 부위 중에서도 가장 상위에 위치하며, 특정 부위의 피질에서 특정 기능을 수행하기 때문에 '기능영역'이라고 한다. 기능영역은 우리 인체의 움직임을 주관하는 운동영역과 체성 및 감각을 감지하는 감각영역·언어·기억·학습·이성 등의 고등 정신기능과 관련된 연합영역으로 구분한다. 또한 대뇌피질의 여러 중추 간

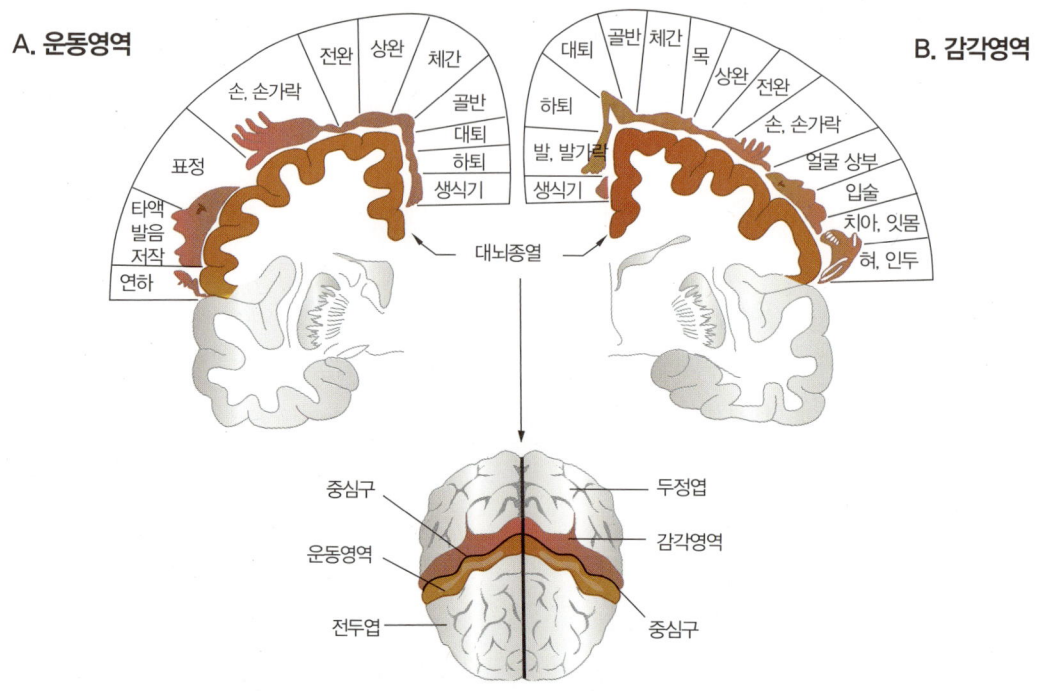

그림 3-23. 운동영역과 감각영역의 신체 각부 중추 표시도

    의 소통으로 각종 기능을 종합하는 연합영역에 비교하여 말초부에 직접 전달되는 대뇌피질을 '일차 영역'이라고 한다. 독일의 대뇌생리학자인 브로드만(Korbinian Brodmann)에 의해 브로드만(Brodmann) 영역을 정의하고, 대뇌의 기능적 차이와 세포의 구조적 차이를 고려하여 대뇌피질은 47개 영역, 대뇌피질은 5개 영역으로 나누고 영역별로 브로드만(Brodmann) 번호를 사용한다.

    대뇌피질 가운데 운동피질은 골격근을 지배하는 세포들이 많이 존재하며, 미세한 전류자극으로도 골격근을 수축할 수 있다. 기능에 따라 일차운동피질, 전운동피질, 보조운동영역이라는 3개의 영역으로 구분한다. 일차운동피질은 주로 글쓰기 동작 같은 인체 원위관절의 정교한 움직임을 조절하고, 전운동피질은 일차운동피질보다 팔이나 어깨 같은 큰 움직임에 관여하며, 운동에 관한 명령을 통합하여 전체적인 운동 이미지를 계획하고 결정한다. 보조운동영역은 좌우 대칭적인 움직임 조절에 관여하며 이 부위 역시 운동에 직접 관여하지 않는 통합조절 부위로서, 이 부위를 자극하면 하품, 발성, 머리와 눈의 협동운동 등 양측성 운동이 유발된다. 운동피질의 각 영역에서 형성된 명령은 피질척수로를 따라 내려가며, 이와 함께 내려가는 또 다른 신경로가 적핵척수로이다. 적핵척수로는 피질척수로를 보조하여 척수에 정확한 운동정보를 전달하거나 피질척수로가 손상되었을 경우에 역할을 대신하게 된다.

나. 뇌간과 신경로

뇌간은 호흡, 혈압, 위장관과 심폐기능 등 생명에 필수적으로 요구되는 기능을 조절한다. 운동 기능에서는 운동피질의 명령이 근육에 도달하기 전에 거쳐야 하는 경유지로서 전신운동과 평형조절에 관여하며, 직립자세를 유지시킴과 동시에 인체 근육들이 비정상적으로 긴장되거나 수축되지 않도록 근육의 수축과 이완을 적절히 조절한다.

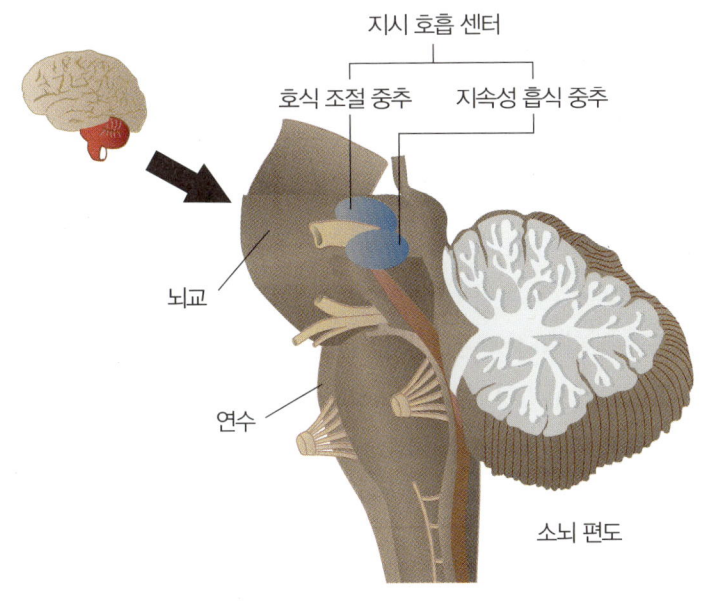

그림 3-24. 뇌간

다. 소뇌와 신경로

소뇌는 근육과 관절에 분포되어 있는 고유감각수용기에서 들어오는 정보를 받아 처리하기 때문에 모든 하행신경로로 연결되는 경로가 있으며 이를 이용한다. 적색척수로의 기원부위인 적색핵, 전정소뇌로와 내측세로다발을 내는 전정핵, 그물척수로를 형성하는 그물형성체는 모두 소뇌로부터 입력정보를 받는다. 소뇌는 모든 근육과 신경의 조화를 유지하면서 우리가 의식하지 못하는 미세한 조정을 하게 된다. 소뇌 작용을 검토하는 자체 조절기가 있는데, 뇌 중앙 근처에 있는 바탕핵으로 동작조절에 기여한다. 바탕핵의 도움으로 소뇌는 피질이 원하는 대로 명령하며 인체가 움직일 때 균형을 잘 유지하도록 한다. 수의적인 운동을 수행할 때 피질하와 피질 정보 영역에서 발생하여 움직임에 대한 계획을 설정한다. 입력된 정보는 연합피질을 거쳐 소뇌와 바탕핵으로 전달된다. 소뇌는 빠른 움직임을 만드는 데 중요한 역할을 하고, 바탕핵은 느리고 정교한 움직임에 중요한 역할을 한다. 소뇌와 바탕핵으로부터 정확한 동작에 대한 명령은 시상을 통해 운동피질로 전달되며 척수에서 조율과정을 거쳐 골격근에 전달되어 계획된 동작을 수행하게 된다.

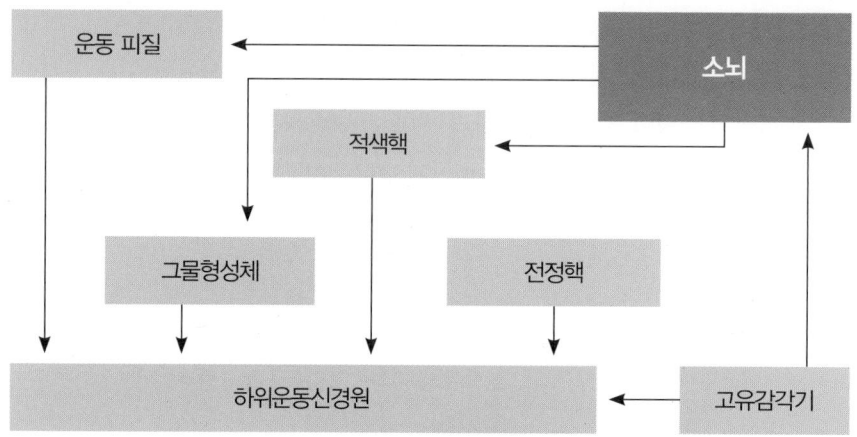

그림 3-25. 소뇌와 하행신경로

라. 바탕핵과 신경로

바탕핵은 대뇌피질로부터 가장 많은 신호를 전달받는 동시에 가장 많은 신호를 전달하는 부위로 대뇌피질과 매우 밀접한 관련이 있다. 소뇌와 같이 보조적인 운동신경계통이지만 소뇌보다 좀 더 복잡하고 세밀한 동작을 만드는 데 기여한다. 예를 들면 글을 쓰거나 못을 박거나 농구경기 시 슛 동작 등은 바탕핵을 통해 만들어진다. 바탕핵 가운데 운동신경섬유와 감각신경섬유가 꼬리핵과 조가비핵을 거쳐 대뇌피질과 척수를 연결한다. 조가비핵 회로는 대뇌의 피질척수로와 연합하여 학습된 복잡한 운동패턴을 무의식적으로 수행할 수 있으며 반복하여 실행할 수 있다. 꼬리핵 회로는 주로 운동패턴의 순서에 대한 인지기능을 조절하는 역할로 숙련된 운동패턴의 순서를 결정한다. 위급한 상황에서 학습된 동작을 본능적으로 순서에 맞게 실행하는 것은 꼬리핵 회로의 인지 조절 기능으로 인한 것이다. 바탕핵은 운동의 빠르기나 동작의 크기 등을 결정하는 역할을 하며 운동 강도와도 밀접한 관련이 있기 때문에 운동 강도를 결정하는 데 매우 중요한 부위라 할 수 있다.

마. 척수

척수는 중추신경계의 최종 말단부위로, 운동과 관련해서 대뇌와 말초기관 간의 정보와 명령을 전달하는 통로로서의 중요한 기능을 한다. 말초로부터 받은 감각정보를 중추신경계에 전달하는 상행운동신경로와 말초에 전달하는 하행운동신경로가 있다. 하행운동신경로는 5가지가 있으며 그물척수로, 전정척수로, 시개척수로(덮개척수로), 적핵척수로, 피질척수로로 구분된다.

척수에 존재하는 신경세포는 운동신경세포, 사이신경세포, 척수고유신경세포, 렌쇼(Renshaw) 신경세포가 있다. 대뇌의 근수축 명령을 근육에 전달하여 조절하는 운동신경세포는 알파운동신경세포와 감마운동신경세포로 구분된다. 알파운동신경세포는 운동 시 근육에 근수축 명령을 전달하고 감

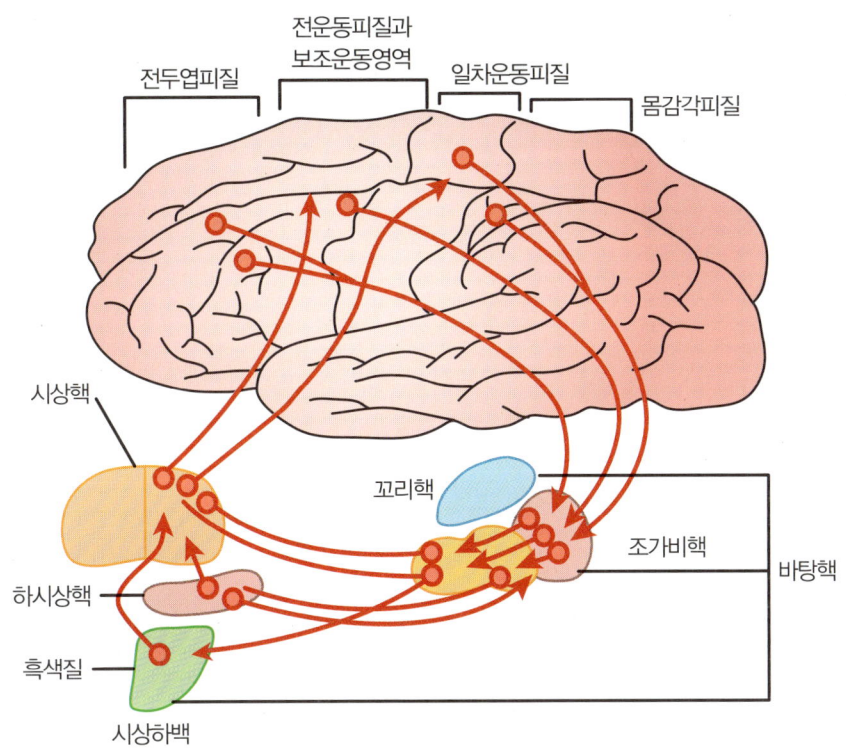

그림 3-26. 바탕핵과 신경로

마운동신경세포는 운동 시 근육의 신장 정도를 감지하는 근방추를 조절한다. 사이신경세포는 동일한 척수 분절 내에서 좌우나 전후를 연결하는 세포로, 운동 시 굽힘근과 폄근의 조화를 유지시킨다. 척수고유신경세포는 서로 다른 척수 분절인 인체의 위아래를 연결하는데, 운동 시 팔다리가 자연스럽게 움직이는 것은 척수고유신경세포가 팔과 다리 부위를 위아래로 연결하기 때문이다. 렌쇼신경세포는 알파운동신경세포가 지배하는 많은 운동단위 중에서 불필요하게 자극받는 운동단위를 억제하기 때문에 '억제신경세포'라고도 한다. 인체가 운동할 때 보다 정확한 동작을 만들도록 한다. 중추신경계의 조절을 통해 이루어지는 자극과 반응은 중추에서 대뇌가 관여하는가에 따라 의식적인 반응과 무의식적인 반사로 나누어지며, 척수는 반응과 반사작용의 중추센터로서 기능한다.

1) 의식적인 반응

의식적인 반응은 대뇌의 작용과 명령에 의해 발생하는 움직임을 말한다. 예를 들면 눈앞에 떨어진 야구공을 보고 들어 원하는 방향으로 던지려고 할 때 시각신경을 통해 들어온 공을 대뇌로 전달하고, 대뇌에서는 공을 집어서 던지라는 명령을 척수를 통해 운동신경을 따라 내보내게 된다.

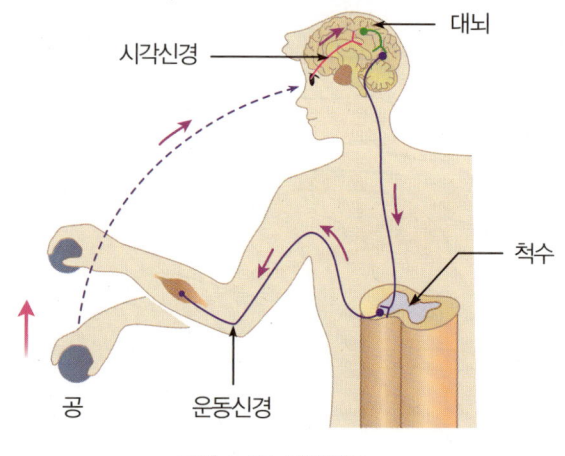

그림 3-27. 반응활동

2) 무의식적인 반사

반사는 자극을 받았을 때 발생한 흥분이 의지와 상관없이 척수를 경유하여 근육이나 분비샘 등에 일정한 반응을 일으키는 현상이다. 무의식적인 반사는 대뇌의 명령을 받지 않고 의식적인 반응 결정을 할 시간도 필요 없이 매우 빠르게 작용하는 형태이다. 예를 들어 뜨거운 난로에 손을 올려 놓았다면 손에 분포되어 있는 온도수용기와 통각수용기에 의해 감각자극은 척수로 전달된다. 척수에서 받은 자극은 감각 및 운동신경을 연결시키는 사이신경세포 신경원에 의해 통합되고 운동신경으로 이동하여 효과기에 전달되어 손을 뗄 수 있게 근육을 제어한다. 운동반사는 감각신경이 특정 자극을 전달하는 어느 때라도 우리 몸이 즉각적으로 반응한다.

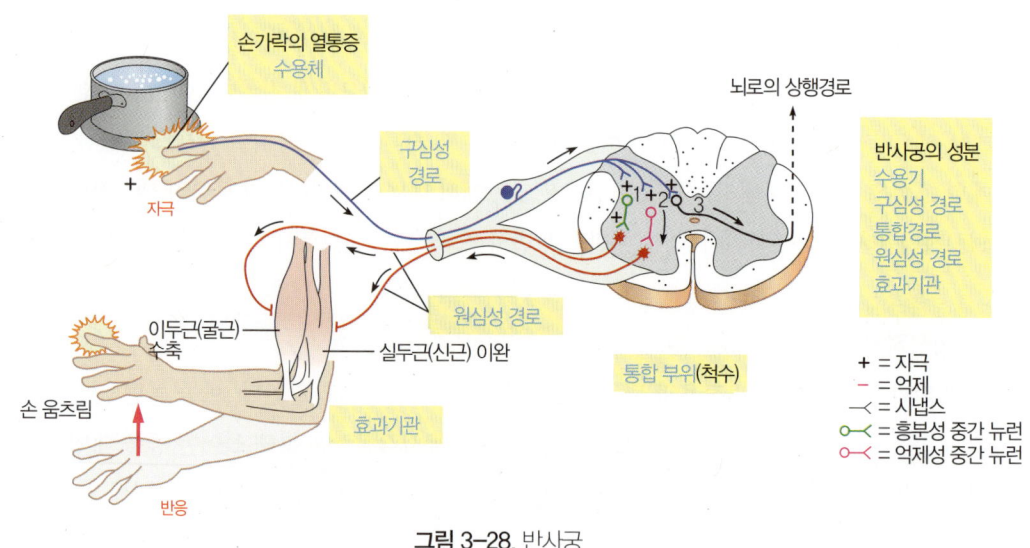

그림 3-28. 반사궁

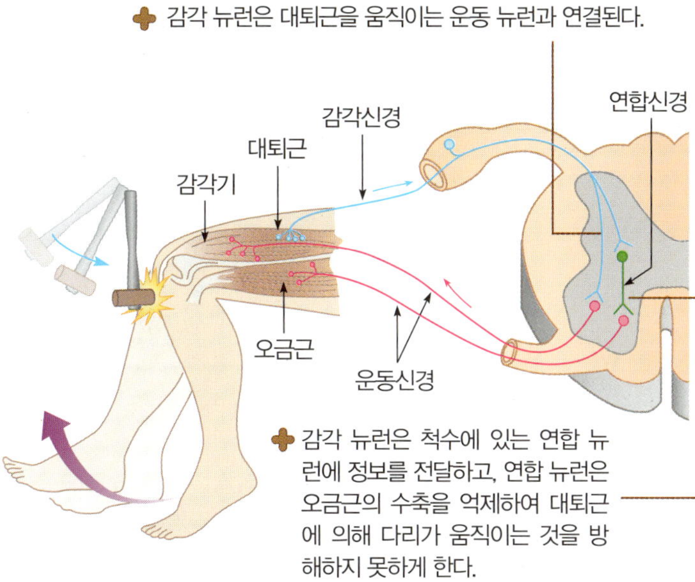

4장 신경계의 운동기능 조절

➕ 감각 뉴런은 대퇴근을 움직이는 운동 뉴런과 연결된다.

➕ 감각 뉴런은 척수에 있는 연합 뉴런에 정보를 전달하고, 연합 뉴런은 오금근의 수축을 억제하여 대퇴근에 의해 다리가 움직이는 것을 방해하지 못하게 한다.

그림 3-29. 무릎반사

척수에서 일어나는 가장 중요한 반사 중 하나는 신전반사(stretch reflex)이다. 신전반사는 근육이 신장되는 것을 자극으로 받아들여 반사적으로 근육을 수축시키는 반응으로, 근육이 과도하게 늘어나면서 발생하는 근육 손상을 방지하게 된다. 무릎반사의 경우에는 무릎뼈 아래쪽 인대를 자극하면 감각신경이 척수를 통해 대퇴를 움직이는 운동신경을 자극하여 대퇴근을 신전시키도록 하는 대표적인 신전반사 작용이라 할 수 있다. 이러한 신전반사는 우리 몸의 유일한 단일 시냅스 반사로, 척수에서 하나의 시냅스만을 거쳐 근육에 도달하기 때문에 즉각적으로 반응하게 된다.

대표적인 척수반사의 다른 예로 굴곡반사가 있는데, 이러한 경우는 자극으로부터 즉각적으로 방어하기 위해 발생하는 현상으로 대부분의 경우 근육을 수축시키기 때문에 '도피반사'라고도 한다. 굴곡반사가 발생한 팔다리의 반대쪽은 반대작용으로 신전반사가 발생하데 되는데 예를 들면, 뾰족한 물체가 발바닥을 찌를 경우 찔린 발은 수축하지만 반대쪽 발은 이완하게 된다. 이는 기능적으로 한쪽 다리를 움츠리게 되면 반대로 다리는 몸의 균형을 유지하기 위해 다른 발 쪽으로 체중을 이동시켜 다리를 펴게 되는 것이다. 이러한 신전반사를 '교차신전반사(crossed extensor reflex)'라고 한다. 교차신전반사는 기본적인 운동 형태와 위험으로부터 보호하기 위한 작용으로 발생하게 된다.

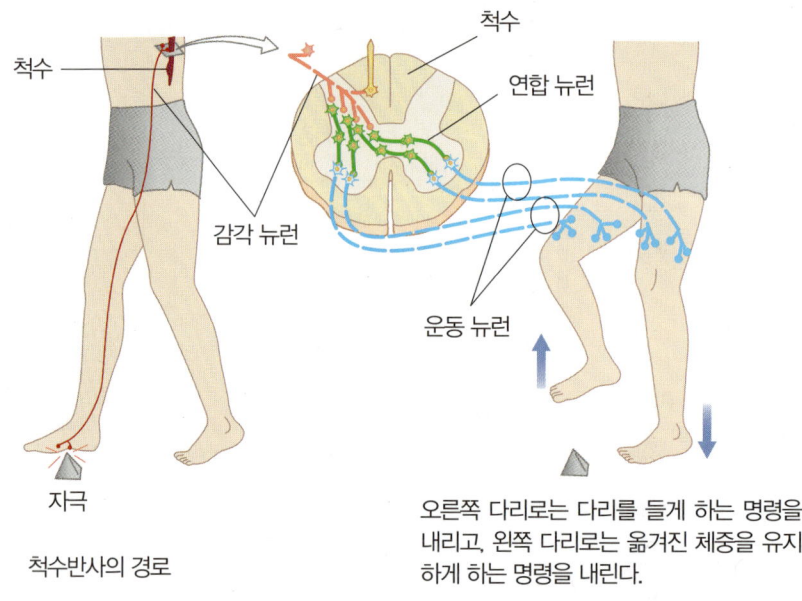

그림 3-30. 굴곡반사와 교차신전반사

3. 말초신경계의 운동기능 조절

인체가 운동을 하기 위해서는 인체 각 부위로부터 근육과 관절의 변화를 포함한 다양한 정보를 받아들여야 하고, 이러한 외부자극을 인지하고 받아들이는 역할을 하는 신경계 부위를 '감각수용기(sensory receptor)'라 한다. 감각수용기의 종류로는 주변 조직의 기계적인 압박이나 신장을 감지하는 기계수용기, 인체의 온도 변화를 감지하는 온도수용기, 손상된 조직의 통증을 감지하는 통각수용기, 안구의 망막에서 빛을 감지하는 전자수용기, 맛과 냄새를 포함한 인체 내 다양한 화학적 변화를 감지하는 화학수용기가 있다.

운동과 관련해서 인체 각 부위의 움직임과 위치에 대한 정보를 받아들이는 수용기에는 기계수용기의 일종인 고유수용기와 화학수용기의 일종인 근화학수용기가 있다. 고유수용기는 관절과 그 주변에 존재하면서 운동 시 관절의 변화를 감지하고, 근화학수용기는 근육에 존재하면서 근육의 화학적 변화를 감지하여 받은 정보를 중추신경계로 전달한다. 이러한 고유수용기들은 근육의 길이, 관절의 위치, 움직임 등에 대한 정보를 수용하기 때문에 중요하며, 특히 운동과 스포츠 수행에 중요한 2개의 고유수용기는 근방추(muscle spindle)와 골지힘줄기관(Golgi tendon organ)이다.

인체의 움직임과 조절을 위해 인체에는 여러 가지 수용기가 있는데, 수용기 중에는 운동이나 스포츠에 있어서 중요한 역할을 하는 것이 있다. 근방추와 골지힘줄기관은 근육의 신전과 수축에 대한 정보를 제공하여 감지하도록 한다.

가. 근방추

우리 몸이 움직이거나 근육의 길이가 변화할 때 골격근 내에서 이를 감지하는 고유수용기로서 근섬유라 불리는 추외근섬유와 평행하게 존재하며 골격근 섬유 사이에 놓여 있다. 특수화된 추내근섬유는 4~20개로 구성되어 있으며 감각 및 운동신경의 말단이 연결되어 있다. 결합조직 수초는 근방추에 둘러싸여 있으며, 추외근섬유의 근내막과 결합되어 있다. 근방추는 특정 운동신경인 감마운동신경과 접속되어 있고 이 운동신경에 의해 조절된다. 추내근섬유는 액틴과 미오신세사가 거의 없거나 아예 없기 때문에 추내근섬유의 중심부는 수축할 수 없고 이완만 가능하다.

근방추 중심을 둘러싸고 있는 감각신경은 이 부분이 이완되었을 때의 정보를 척수로 전달하여 근 길이 변화에 대한 정보를 중추신경계로 전달한다. 감각신경정보 중 동적인 정보는 type Ia 섬유를 통해 매우 빠르게 중추신경계로 전달되고, 정적인 정보는 typeⅡ 섬유를 통해 중추신경계로 전달된다. 근방추는 미세한 운동을 하는 근육으로 밀도가 높으며, 우리 몸 전체에 약 2만 개 정도가 분포되어 있다. 근방추는 운동을 할 때 근육의 길이 변화에 대한 정보를 제공함으로써 자세를 유지하고 정교한 움직임을 하는 데 중요한 역할을 한다.

예를 들어 팔꿈치를 구부리고 손바닥을 위로 한 상태에서 누군가가 손바닥에 무거운 물건을 올려놓으면 팔 근육이 신전되면서 아래로 떨어질 것이다. 이는 근방추가 이완된 것을 의미한다. 이완되는 것에 대한 반응으로 감각신경은 척수로 자극을 보내고 알파운동신경을 흥분시켜 팔 근육을 수축하여 팔이 떨어지는 것을 막게 된다. 감마운동신경은 추내근섬유를 흥분시켜 짧은 시간에 사

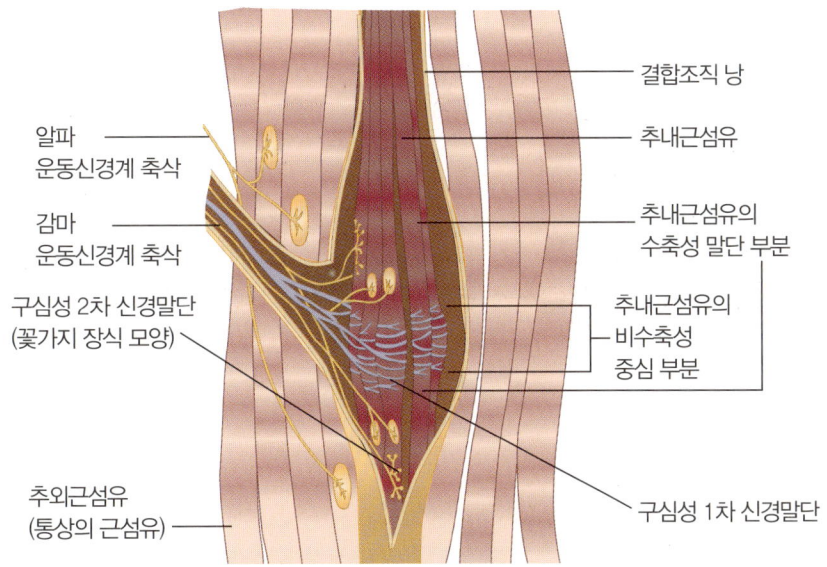

그림 3-31. 근방추

전 이완이 발생하게 된다. 추내근섬유의 중심 부분은 수축하지 않더라도 말단 부분의 수축이 가능하다. 감마운동신경은 섬유 말단 부분에 약간의 수축 현상이 발생하면서 중심 부분을 약하게 이완시키는 작용을 하게 되는데, 사전 이완은 약한 강도의 이완에서도 근방추가 매우 민감하게 반응하도록 한다.

근방추는 정상적인 근육 작용을 도와주며, 이는 알파운동신경이 추외근섬유를 수축하기 위해 자극했을 때 일어남으로써 감마운동신경 역시 활성화하고 추내근섬유의 말단부를 수축시키게 된다. 근방추 중심 부분을 이완시켜 척수로 전달된 후 운동신경으로 전해지는 감각적 자극을 일으켜 근육이 수축하게 된다. 신경계의 근수축은 근방추의 기능을 통해 활성화되는데 정확한 길이에 대한 정보, 근육의 수축 상태, 수축 상태의 변화율 등의 정보를 뇌에 공급한다. 이러한 정보는 근육의 장력 및 신체자세를 유지시켜주고 정교한 움직임을 가능하게 한다.

나. 골지힘줄기관

골지힘줄기관은 근육과 힘줄의 접합부에 위치하며, 근육의 길이에 반응하는 근방추와 달리 근육의 긴장에 반응하는 고유수용기이다. 근수축 시 발생하는 장력에 이완반사를 하기 때문에 반사수축을 하는 근방추와 반대작용을 한다. 근섬유의 힘줄 이행부에 위치한 골지힘줄기관은 근방추외 섬유와 연결되어 있으므로 근 길이 변화를 감지하지만, 근육 신장에 상대적으로 둔감하다. 근육 길이보다는 발휘된 근 장력에 민감해서 하나의 근섬유 수축에도 중추신경계에 전달하여 근육의 과다

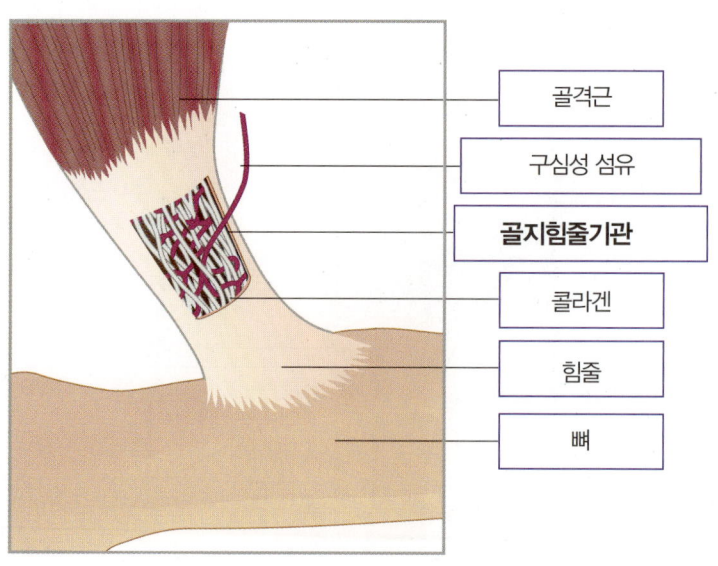

그림 3-32. 골지힘줄기관

한 수축으로 인한 손상을 예방하고 움직임을 조절한다. 보통 근섬유 10~15개에 하나가 직렬로 배열되어 작은 근섬유 다발에서 발생되는 장력에도 자극을 받고 작용을 한다.

주동근에 대해서는 억제성 역할을 하지만 길항근에 대해서는 촉진성 역할을 하여 과도하게 펴거나 굽힘으로써 발생하는 관절의 손상에 작용한다. 예를 들면 팔 근육에 무거운 물건이 놓이면 골지힘줄기관을 신장시켜 손상되기 전에 근육을 이완시켜 팔을 아래로 떨어뜨리고 근육을 보호하게 된다. 장력에 과도한 힘이 발생되면 척수에 정보를 보내 근수축을 억제하도록 하여 부상을 방지한다.

경기 수행력을 높이기 위하여 골지힘줄기관 부근에 국소마취제를 주사하는 역도선수들이 있는데, 이렇게 하면 골지힘줄기관에서 중추신경계로 전달되는 정보가 차단된다. 그러면 너무 강한 근수축을 방지하는 골지힘줄기관의 억제하는 기능이 사라져 훨씬 더 무거운 중량을 들어 올릴 수 있게 된다. 하지만 통제가 되지 않기 때문에 힘줄이 뼈에서 떨어져 나가거나 뼈 조각이 떨어져 나가는 부상을 일으킬 수 있다.

Ⅳ부
골격근과 운동

　움직임은 인간의 가장 기본적인 욕구이면서 삶의 질을 결정하는 필수조건이다. 일상생활에서 몸을 움직일 수 능력은 삶의 질을 결정하는 필수조건이다. 근육이 움직여야 음식을 만들 수 있고, 노동을 할 수 있으며, 운동을 할 수 있다. 근육이 정상적으로 기능해야 움직임과 이동이 가능하다. 이러한 신체활동 유형은 골격근 섬유의 특성, 섬유들이 작용하는 관절들, 그리고 근육조직의 운동단위 동원 형태의 조화와 결합에 의해 발생한다.

　운동선수들은 좀 더 나은 운동수행능력을 위해 근육의 기능을 발달시킨다. 근육의 구조나 기능의 개선을 통해 아름다운 몸을 만드는 데 도움을 주거나, 근력과 근지구력을 향상시켜 경기력의 향상을 도모하는 트레이너들은 근육 내 다양한 구성요소들이 어떻게 상호작용하여 힘을 만들어내는지를 잘 알아야 한다. 운동 부족으로 인해 근 손실을 입은 사람, 운동 손상이나 장기간의 침상생활로 인해 근위축이 발생한 사람을 치료할 때도 근육의 기능적 지식이 필요하며 운동선수들에게도 반드시 필요하다. 근육에 대한 지식은 운동선수, 트레이너, 보디빌더, 운동생리학자들이 반드시 습득해야 할 지식이다. 이 단원에서는 근육의 구조와 기능 그리고 골격근과 운동에 대한 기초적인 지식에 대해 알아본다.

1장 골격근의 구조와 기능

 학습목표

- 골격근의 구조와 기능을 이해한다.
- 골격의 구조, 근육의 수축·이완 기전을 이해한다.
- 근섬유의 형태와 기능을 이해한다.

인체의 골격근은 약 660개 이상으로 구성되어 있다. 심장을 포함한 내장근이 전체 체중의 약 10%를 차지하고 있는 반면에 이들 근육들은 여자의 경우 전체 체중의 약 32%, 남자의 경우 전체 체중의 약 40%를 차지하고 있다. 상대적으로 큰 질량을 가지고 있으며, 인체에서 가장 큰 신체구성 기관이다. 골격근은 휴식과 운동 시 생체에너지 항상성을 위한 중요한 조직이며, 에너지 변환과 저장을 하는 중요한 장소이기도 하다.

1. 근섬유

가. 근섬유의 구조

인체 내의 근육은 얼핏 하나의 단위로 구성되었다고 생각할 수 있지만, 실제로는 매우 복잡한 구조로 되어 있다. 근육에는 개별 근섬유를 둘러싸고 있는 조직과 전체 근육을 둘러싸고 있는 조직 등이 모여 여러 층의 결합조직을 이루고 있다. 전체 근육은 근외막(epimysium)에 의해 둘러싸여 있고, 근육의 양끝에는 근외막의 근초(sheath)가 가늘어지면서 건(tendon)과 이어진다. 근외막 안쪽으로는 근주막(perimysium, 근다발막)이라는 결합조직이 있는데, 근섬유속(fascicle)이라고 하는 근섬유 뭉치를 감싸고 있다. 근섬유 안쪽에는 근섬유가 있으며 결합조직인 근내막(endomysium)이 감싸고 있다. 각 근육의 근섬유는 수백 개(예: 고막에 부착된 장근)에서부터 100만 개 이상(예: 안쪽장딴지근) 존재하는 것도 있다.

하나의 근육 세포는 하나의 근섬유를 말하며 다른 세포들처럼 세포막과 미토콘드리아, 리소좀 등과 같은 동일한 세포소기관을 가지고 있으며 많은 핵을 가지고 있다. 근섬유는 길이 방향으로 늘어지는 실린더와 같다. 근내막 바로 아래에는 근형질막(sarcolemma)이 있는데, 근섬유를 덮고 있다. 근섬유의 내용물 혹은 구조물은 액체성 근질에 담겨 있으며, 다른 세포의 세포질(cytoplasm)

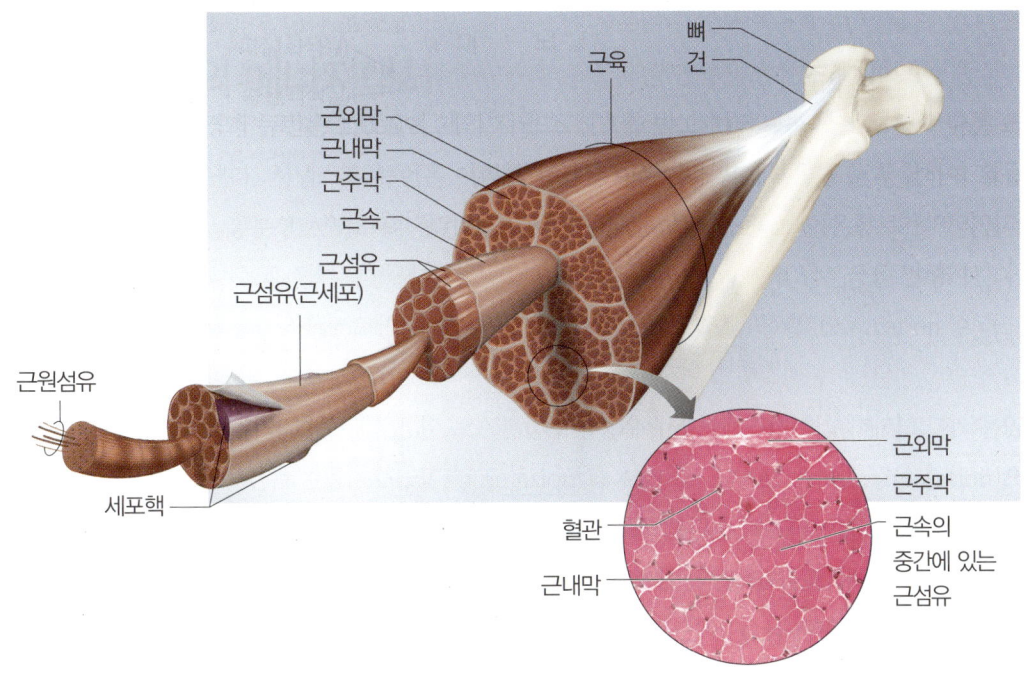

그림 4-1. 근섬유 수축을 위한 기본 구조

과 유사하다. 근형질에는 효소, 핵, 미토콘드리아 등이 포함되어 있다. 근섬유의 길이는 겨우 몇 밀리미터인 눈의 안내(intraoular)근육에서부터 45㎝ 이상 되는 봉공근에 이르기까지 매우 다양하다.

1) 원형질막

원형질막은 근형질막(sarcolemma, 근초)이라 불리는 큰 단일체의 일부로, 지질과 단백질로 구성된다. 각 근섬유의 끝부분에서 근형질막은 건과 융합하여 뼈에 부착된다. 건은 결합조직의 섬유 끈으로 이루어져 근섬유에 의해 생성된 힘을 뼈에 전달해줌으로써 움직이게 된다. 전형적으로 개개의 근섬유는 건에 의해 뼈에 부착된다.

2) 근형질

근원섬유 사이의 공간은 젤라틴 같은 물질로 채워져 있다. 이것이 근형질(sarcoplasm)이다. 이는 근섬유의 액체 부분으로서 세포질에 해당된다. 근형질은 주로 용해된 단백질, 미네랄, 글리코겐, 지방 및 필수 세포소기관을 포함한다. 근형질은 대부분의 세포질과는 차이가 있는데, 왜냐하면 많은 양의 글리코겐이 저장되어 있을 뿐만 아니라 헤모글로빈과 아주 비슷한 산소-결합 합성물질인 미오글로빈도 포함되어 있기 때문이다. 모로(Alexander Mauro)에 의해 발견된 위성세포는 역학적 스트레스나 운동으로 유발된 외상에 의한 부상으로부터 회복하거나 근육이 성장하고 발달하는 데 기여한다. 또한 최근 연구에서 근섬유가 비대해질 때 활성화되는 것으로 보아 근육 성장의 주요 기전의 하나로 받아들여지고 있다.

3) 가로세관

근형질에는 'T세관'이라고도 불리는 광범위한 연결망인 가로세관(transverse tubule)이 포함되어 있다. 이것은 근형질막의 연장이며, 근섬유 안을 옆으로 지나간다. 이 세관들은 근원섬유 사이를 지나가면서 상호 연결되어 있으며, 방대한 관으로 된 망상구조물을 이룬다. 이것은 원형질막에 전달된 신경 자극이 개개의 근원섬유로 신속하게 전달되도록 해주며, 근수축 기전에 매우 중요한 역할을 담당한다. 가로세관은 막으로 된 통로의 다른 형태로서 근형질 세망 아래에 있고 근섬유를 가로지른다. 이러한 구조는 근섬유의 외부에서 내부로 향하는 통로가 되면서 세포 내로 물질이 운반되는 경로가 되며, 근섬유로부터 부산물들이 방출되는 통로가 된다.

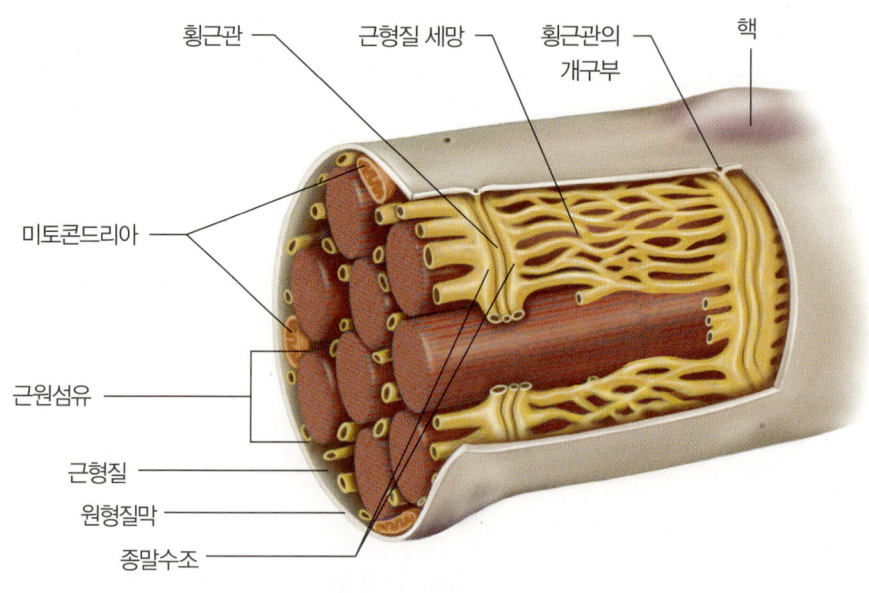

그림 4-2. 단일 근섬유의 구조

표 4-1. 근섬유의 구조와 기능

기관구조	기능
원형질막	• 운동신경에서 근섬유로 활동전압의 전도를 도와준다. • 산-염기 평형 유지를 도와준다. • 모세혈관의 혈액에서 근섬유 안으로 대사물질이 운반되도록 해준다.
위성세포(satellite cells)	원형질막과 기저막 사이에 존재하며 골격근의 성장과 발달, 근육의 손상, 비활동 훈련 등의 과정에서 근육의 적응에 영향을 준다.
근형질	• 글리코겐을 저장한다. • 미오글로빈이 저장되어 있어 산소의 운반을 돕는다.
T세관(가로세관)	개개의 근원섬유로 신경자극을 신속하게 전달한다.
근형질 세망	• 칼슘을 저장한다. • 근수축 시 칼슘 방출과 근이완 시 칼슘의 재흡수를 담당한다.

4) 근형질 세망

근형질에는 근형질 세망(sarcoplasmic reticulum)이라는 막으로 된 통로로 구성된 망상조직이 있다. 이 통로체계는 매우 잘 만들어져 있으며, 근수축에 필요한 칼슘을 저장하고 있다. 근형질 세망은 근수축 시 칼슘 방출과 근이완 시 칼슘의 재흡수를 담당한다.

2. 근원섬유

가. 근원섬유의 구조

각각의 근섬유는 수백 개에서 수천 개의 근원섬유로 이루어져 있다. 이러한 작은 섬유들은 골격근의 기본적인 수축 단위인 근절로 구성되어 있다.

1) 근절

근절(sarcomere)은 근원섬유의 기본적인 기능적 단위이며, 근수축의 기본 단위이다. 근원섬유를 구성하는 단백질은 액틴과 미오신인데, 미오신이 약간 더 두껍고(thick filament) 액틴은 얇다(thin filament). 각 근원섬유는 Z원판 끝에서 끝으로 연결되는 수많은 근절로 이루어져 있다. 광학현미경으로 골격근 섬유를 관찰하면 독특한 줄무늬를 발견할 수 있다. 이러한 모양의 근육을 '가로무늬근'이라고 하며, 골격근과 심장근에서 볼 수 있다.

가로무늬는 근절 때문에 생기는데, 근절은 양쪽 끝에 있는 두 Z원판 사이를 의미한다. 그리고

표 4-2. 근절의 구성

구조	위치
A대(band)	미오신 세사로 이루어진 어두운 부분
I대(band)	액틴 세사로 이루어진 밝은 부분
H영역(zone)	액틴 세사와 미오신 세사가 겹치지 않은 근절의 중앙 부위
M선(line)	근절의 정중앙선
Z원판(disk)	근절의 양쪽 끝

미오신 세사로 된 근절부는 어두운 색을 띠는 'A대(band)'라고 한다. 액틴 세사 부위는 밝은 색을 띠며 'I대(band)'라고 한다. I대를 둘로 나누는 선을 'Z원판'이라고 한다. 근절 가운데에는 액틴과 미오신 세사로 서로 겹치지 않는 부분이 있는데, 이 구역을 'H영역(zone)'이라고 한다. H영역을 둘로 나누는 M선은 근절의 중심선이다.

액틴과 미오신, 트로포닌, 트로포미오신 외에도 액틴과 미오신 단백질을 돕는 단백질들이 많은데, 근절과 근절을 연결시키기도 하고 근수축에 의해 생긴 힘을 측면으로 전달한다.

표 4-3. 골격근 섬유를 구성하는 단백질

구조	단백질	기능
가는 세사	액틴	주된 단백질로, 흥분-수축 결합 시 미오신과 상호작용한다.
	트로포미오신(tropomyosin)	액틴에 대해 트로포닌 복합체의 구조적 변화가 일어난다.
	트로포닌(troponin)	칼슘과 결합하여 트로포미오신에 영향을 준다. 칼슘 신호를 분자 신호로 변환하여 십자형교와의 결합을 유도한다.
	네불린(Nebulin)	액틴과 결합하여 액틴 세사 각각을 결합시키는 많은 액틴 단위체(monomer)를 조절한다.
굵은 세사	미오신	ATP를 분해하여 미오신 머리를 운동시킨다(power stroke).
Z선	α-액틴	공간적으로 액틴 세사를 고정시킨다.
	데스민(desmin)	각기 다른 근원 세사로부터 인접한 Z선을 연결하여 근절의 가로무늬가 유지되도록 한다.

2) 굵은 세사(thick filament)

모든 골격근 단백질의 약 2/3는 굵은 세사의 주된 단백질인 미오신 세사이다. 미오신의 각 끝은 안으로 구부러진 공 모양으로 되어 있는 '십자형교(가교)'라고도 불리는 교차다리(cross bridge)가 일정한 간격으로 배열되어 있다. 교차다리는 수축과정에서 가는 세사의 특정한 부위와 결합하여 수축을 일으킨다.

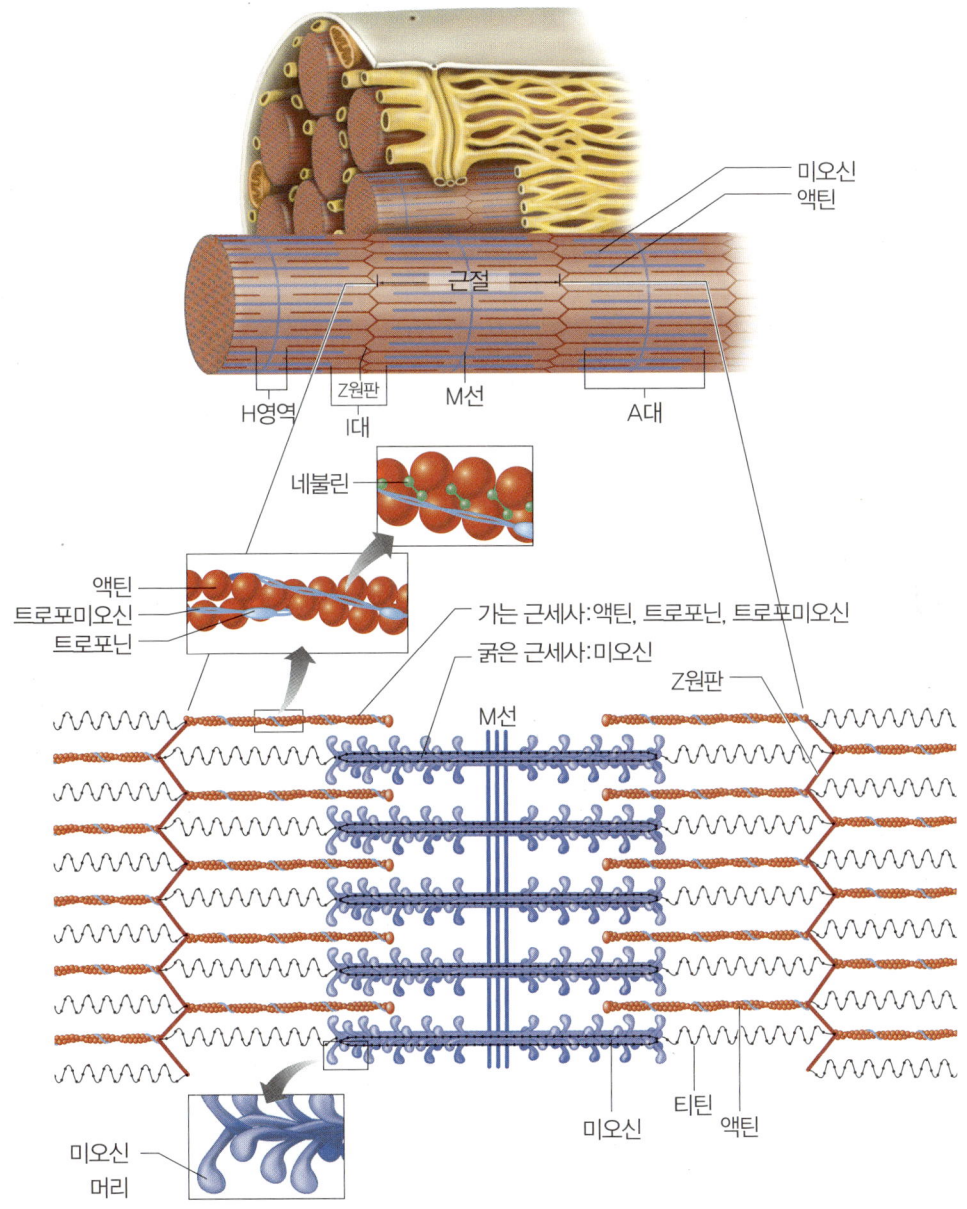

그림 4-3. 근절의 구조

3) 가는 세사(thin filament)

'액틴'이라고도 불리며 액틴, 트로포미오신(tropomyosin), 트로포닌(troponin)으로 구성되어 있다. 각각의 가는 세사에는 미오신 머리와 결합할 수 있는 부위(binding site)를 가지고 있다. 트로포미오신은 관 모양의 단백질이며, 액틴 가닥 주위에 꼬여 있다. 트로포닌은 더 복합적인 단백질이며, 액틴 가닥과 트로포미오신 두 가지 모두에서 일정한 간격으로 부착되어 있다. 트로포미오신과 트로포닌은 칼슘과 함께 복잡한 방법으로 상호 작용하면서 근원섬유의 수축을 일으키고 이완상태를 유지한다.

나. 근수축 기전

1954년, Husley와 Hason은 "근수축은 하나의 근세사가 다른 근세사 위로 미끄러져 들어가면서 근육을 짧게 한다"는 '근세사 활주설(sliding filament theory)'을 제시하였다. 즉 근수축 시 액틴이나 미오신 근세사의 길이는 변하지 않고, 액틴이 미오신 위의 근절 중심 쪽으로 미끄러져 들어가면서 근수축이 이루어진다. 미오신의 십자형교(십자가교)가 액틴 부위와 일종의 화학 결속을 이루어 혼합 단백질인 액토미오신을 형성한다. 활주설의 전 과정을 안정(rest), 자극-결합(excitation coupling), 수축(contraction), 재충전(recharging), 이완(relaxation)의 5단계로 나눌 수 있다.

1) 안정단계

안정 상태에서는 미오신 세사의 십자형교가 액틴 세사와는 상호작용하지 않고, 액틴 세사 쪽으로 향한다. 이때 ATP 분자가 십자형교의 끝에 뭉쳐 있다. 안정 시에는 이 복합체가 충전되지 않은 ATP-십자형교 복합체로 나타나며, 근형질 세망에는 많은 양의 칼슘(Ca^{2+})이 저장되어 있다. 유리된 칼슘이 부족할 때는 액틴 세사의 트로포닌이 액틴의 활성부위(active site)를 막고 있는 트로포미오신의 위치를 변화시키는 것을 억제하여 액틴과 미오신의 십자형교가 결합하지 않는다.

2) 자극-결합단계

자극이 운동신경에서 운동말판의 끝에 이르렀을 때 근섬유의 근초(sarcolemma)에서 자극을 생성하면서 아세틸콜린(acetylcholine)이 분비된다. 이 자극은 가로세관(T-tubules)을 통해 근섬유 전체로 신속하게 퍼지고, 근형질 세망의 소포로부터 칼슘 방출을 자극한다. 그러면 칼슘은 즉각 액틴을 둘러싸고 있는 트로포닌(troponin)에 부착된다. 트로포닌은 액틴 세사 위의 활성부위(active site)를 막고 있는 트로포미오신(tropomiosin)의 위치를 변화시켜 십자형교가 활성부위와 결합할 수 있게 하여 액토미오신 복합체를 형성하게 된다. 동시에 충전되지 않은 ATP 십자형교 복합체가 충전된 ATP 십자형교 복합체로 바뀌게 되어 액틴 세사 위의 칼슘 이온에 의한 활성부위의 자극과 십자형교 복합체의 충전으로 두 단백질이 서로 부착하게 된다. 이것은 액틴과 미오신의 물리-화학적 결합으로 인한 것이며, 이와 같은 복합체가 힘을 생성해낸다.

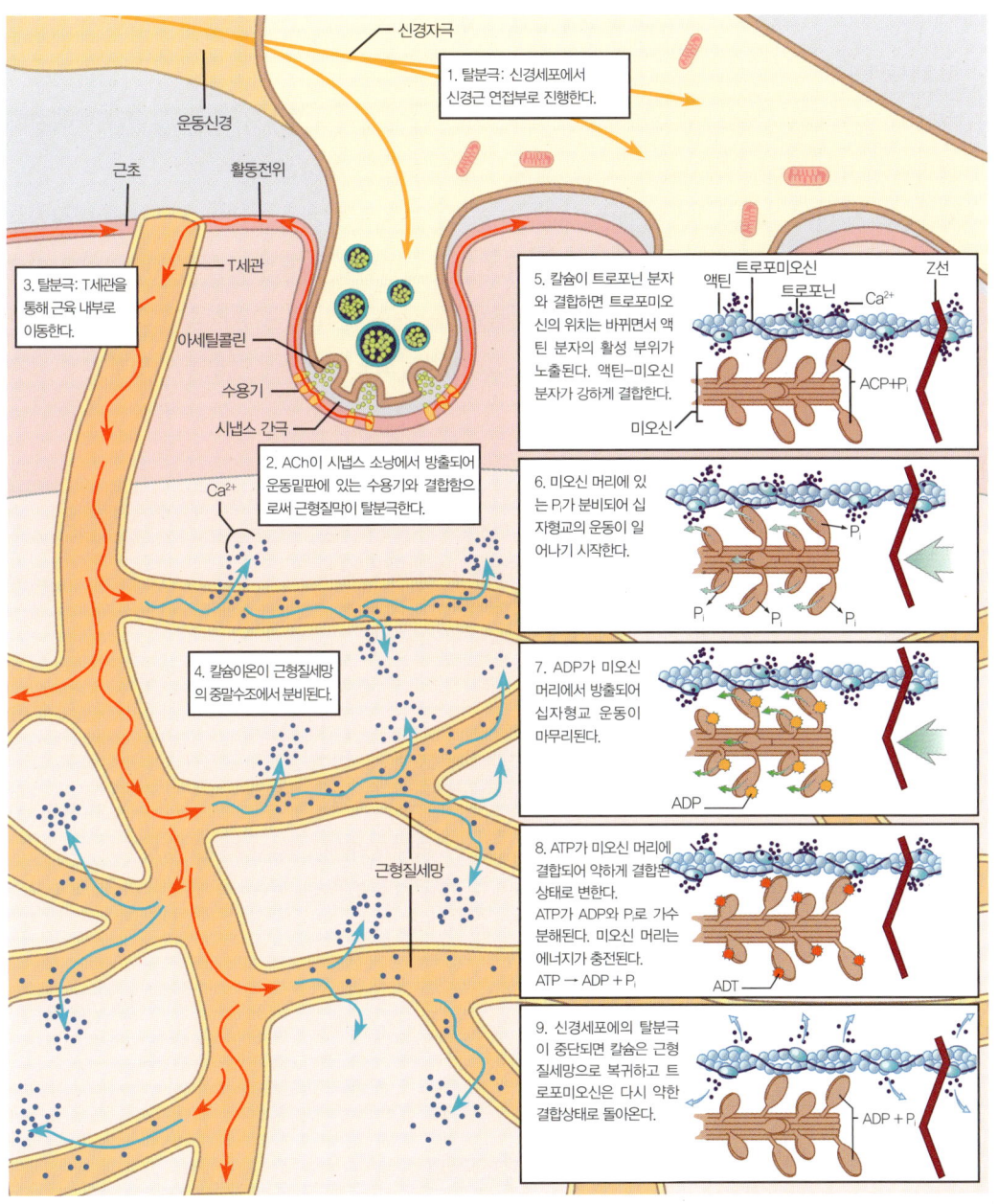

그림 4-4. 근수축 단계

3) 수축단계

액토미오신의 형성은 ATPase라는 효소를 활성화시킨다. 이 효소는 ATP를 ADP+Pi로 분해시켜 많은 에너지를 방출하도록 한다. 방출된 에너지는 십자형교를 근절의 중심을 향하여 부착되어 있는 액틴이 미오신 위로 미끄러져 들어가는 방법으로 붕괴시키거나 새로운 각도로 전환시킬 수 있게 한다. 따라서 근절이 짧아지면서 근육이 장력을 발생한다.

4) 재충전단계

하나의 십자형교는 1초의 수축 동안에도 액틴 세사 위의 활성부위에 수백 번 붙었다 떨어졌다를 반복한다. 이렇게 하기 위해서는 미오신 십자형교가 재충전되어야 한다.

재충전의 첫 번째 단계는 이전의 액틴과 미오신 십자형교 사이의 결속을 깨뜨리는 것이다. 이것은 새로운 ATP 분자로 미오신 십자형교가 재충전되기 위해 일어난다. 새로운 ATP가 재충전되기 위해서는 미오신 십자형교와 액틴 활성부위 사이의 결속이 깨어져야 하기 때문이다. 즉, ATP 십자형교가 액틴으로부터 떨어져 나온다. 활성부위와 마찬가지로 십자형교도 재순환에 이용될 수 있다.

표 4-4. 근수축 단계 요약

단계	수축 시 현상
안정	• 충전되지 않은 ATP 십자형교가 확장되어 있다. • 액틴과 미오신의 결합이 일어나지 않는다. • 칼슘이 근형질 세망에 저장되어 있다.
자극-결합	• 신경자극이 발생한다. • 칼슘이 소포로부터 방출된다. • 칼슘이 트로포닌으로부터 스며들어 액틴을 변화시킨다. • 액틴과 미오신이 결합하여 액토미오신이 형성된다.
수축	• ATP가 ATPase에 의해 ADP + Pi로 분해되면서 에너지를 방출한다. • 방출된 에너지를 이용하여 십자형교가 활성부위에 부착되고, 액틴이 미오신으로 미끄러져 들어가면서 근육이 짧아진다. • 힘이 발생한다.
재충전	• ATP가 재충전된다. • 액토미오신이 액틴과 미오신으로 분해된다. • 액틴과 미오신이 재순환된다.
이완	• 신경 자극이 중지된다. • 칼슘 펌프에 의해 칼슘이 제거된다. • 근육이 안정 상태로 돌아간다.

5) 이완단계

근육을 지배하는 신경자극의 흐름이 끊어지면 칼슘은 트로포닌에 부착되어 있다가 다시금 근형질 세망의 저장소 안으로 이동하여 세망에 축적된다. 트로포닌으로부터 칼슘의 제거는 미오신의 십자형교가 더 이상 액틴의 활성부위에 결속할 수 없도록 만드는 원인으로 작용한다. 결국 칼슘의 제거는 트로포미오신이 액틴의 활성부위를 다시 막아 십자형교 복합체가 더 이상 활성 부위에 결속할 수 없도록 만든다. 미오신 ATP 효소 활동도 멈추고, 더 이상 ATP의 분해가 일어나지 않는다. 근육 세사들이 원래의 위치로 돌아오고 근육은 이완된다.

2장 골격근의 섬유 형태와 운동

📖 **학습목표**
- 근섬유의 형태와 그 특징을 이해한다.
- 근섬유 동원의 기전을 이해한다.
- 근섬유 형태와 경기력과의 관계를 이해한다.
- 근육의 수축 형태와 그 기능을 이해한다.

인체 내의 골격근은 운동기능, 호흡기능, 자세 유지, 체온 유지 등의 기능을 수행하고 있다. 결체조직인 건(tendon)에 의해 뼈에 부착되어 있는 골격근의 가장 기본적이며 핵심적인 기능의 하나는 관절 운동범위(range of motion: ROM)의 변화를 유발하는 것이다. 즉, 근육의 수축과 이완작용을 통하여 뼈 사이의 거리와 각도를 변화시켜 인체의 움직임을 발생시키는 일이다. 폄근(extensor, 신근)은 인체가 동작을 수행할 때 관절의 각을 크게 하는 데 사용되며, 굽힘근(flexor, 굴근)은 관절의 각도를 작게 하는 데 사용된다. 인체의 근육은 구조와 기능적 특징에 따라 골격근,

표 4-5. 골격근, 심장근, 내장근의 비교

특징	골격근	심장근	내장근
부착 위치	뼈나 피부	심장 벽	내장기관의 벽
세포의 형상			
핵세포	많은 핵을 가짐	한두 개의 핵을 가짐	하나의 핵을 가짐
근형질 세망	있음	골격근보다 적음	골격근보다 적음
수축 리듬	느리거나 빠름	느림	매우 느림
수축조절	수의적	불수의적	불수의적

내장근(평활근, 민무늬근), 심장근으로 나누고, 조직학적 특징인 가로무늬가 있는 경우는 가로무늬근, 가로무늬가 없는 경우는 민무늬근 혹은 내장근이라 부른다. 또한 체성신경계의 지배를 받아 수의적 운동을 수행하는 근을 수의근(예: 골격근)이라 부르고, 자율신경계의 지배를 받아 불수의적으로 운동하는 근을 불수의근(예: 심장근, 내장근)이라 부른다.

1. 근섬유의 형태

사람의 골격근은 다양한 기능이 가능하도록 다양한 근섬유 형태로 구성되어 있다. 다양한 섬유 형태가 존재하는 것은 각각의 섬유가 수축성, 생화학적·대사적 특성에 차이를 가지고 있기 때문이다. 골격근은 일반적으로 다양한 섬유 형태가 혼재되어 있지만, 가자미근(soleus) 같은 지근은 대부분 type I (red muscle fiber, slow twitch fiber: ST) 섬유로 분류한다. 한편 긴발가락폄근(extensor digitorum longus, 장지신근) 같은 속근은 대부분 type II (white muscle fiber, fast twitch fiber: FT) 섬유로 분류한다. 속근섬유는 좀 더 세분화해서 type IIa와 type IIx 섬유로 나눌 수 있다. 과거에는 type IIb라고 불린 섬유는 연구들을 통해 인간의 속근섬유가 동물, 특히 쥐 같은 설치류의 근섬유 type IIb와는 다르며 오히려 설치류의 type IIx와 염기서열이 유사한 것으로 밝혀져 과거의 type IIb 섬유를 type IIx 섬유로 명명하는 것으로 점차 일반화되어가고 있다.

섬유 형태의 구성은 부분적으로 근육이 가지는 다른 기능에 의해 영향을 준다. type I 섬유가 많은 근육은 주로 자세유지와 관련된 근육이 많고, type II 섬유가 많은 근육은 주로 스피드, 즉 단거리 달리기 같은 운동 시 빠른 출발이 필요할 때 사용된다. 또한 특정 섬유 형태의 생리적 특성을 규정하기 어려운 경우가 있는데, 그것은 전체 근육이 여러 섬유 형태로 구성된 경우이다. 따라서 섬유 형태의 독특한 특징을 단정 짓기 위해 섬유 형태를 확인하는 것이 필요하다.

개인의 골격근 섬유 구성 비율은 유전적 요인이 지배적이지만, 호르몬 수준 또는 운동 형태에 의해 영향을 받을 수 있다. 골격근을 구성하는 섬유 비율은 파워나 근지구력을 요구하는 경기에서 운동능력을 좌우하는 중요한 요소가 된다. 하지만 근섬유의 구성이 신체활동을 성공적으로 수행하기 위한 유일한 또는 절대적인 변인은 될 수 없다. 왜냐하면 동일 종목에서 거의 동일한 수준의 기량을 가지고 있는 운동선수들도 근섬유의 비율에서 차이를 보이고 있기 때문이다.

가. 최고 장력 발생

장력 발생의 차이를 비교할 때 중요한 것은 단위면적당 근육에 의해 만들어지는 힘을 표준화하는 것이다. 단일 섬유에서 type II 섬유는 type I 섬유보다 더 큰 힘을 발생시킨다. 일반적으로 type II 섬유로 구성된 근육은 type I 섬유로 구성된 근육보다 특수 장력이 더 크다.

나. 최대 단축 속도

최대 단축 속도는 근육이 가장 빨리 짧아지는 속도를 의미한다. 짧아지는 속도는 수축하는 동안 미오신의 십자형교가 얼마나 빨리 움직이는가에 의해 결정된다. 즉, 미오신 머리에 있는 ATPase의 활동에 의해 결정된다. 하나의 섬유에서 단축 속도를 측정함으로써 type Ⅱb 섬유의 가장 빠른 단축 속도를 결정해왔다. 사실 속도는 type Ⅱb > Ⅱa > Ⅰ 섬유의 순서로 빠르다. 속근섬유 간에는 단축 속도의 차이는 거의 없지만 속근과 지근섬유 간의 단축 속도 차이는 매우 크다.

단축 속도 외에 ATPase 활동은 섬유의 효율을 결정하는 데 사용될 수 있다. ATPase 활동은 type Ⅱb에서 가장 높기 때문에 이들 섬유에 대한 에너지 값은 type Ⅱa 혹은 type Ⅰ 섬유보다 높다. 효율 면에서 type Ⅱb 섬유는 최소 효율을 보이고, type Ⅰ 섬유가 가장 높으며, type Ⅱa는 중간 수준이다.

type Ⅰ과 type Ⅱ 섬유의 형태는 수축 속도에 따른 차이로부터 명명된다. 이러한 차이는 주로 미오신 ATPase의 서로 다른 형태 때문이다. 미오신 ATPase는 수축이나 이완에 필요한 에너지를 방출하기 위하여 ATP를 분리하는 효소라는 것을 기억해야 한다. type Ⅰ 섬유는 미오신 ATPase의 느린 형태를 가지고 있는 반면에, type Ⅱ 섬유는 빠른 형태의 ATPase를 가지고 있다. 신경자극의 반응에 있어서 ATP는 type Ⅰ 섬유보다 type Ⅱ 섬유에서 더 빠르게 분리된다. 결과적으로 type Ⅱ 섬유는 type Ⅰ 섬유보다 더 빠르게 수축할 수 있다.

운동단위(motor unit)는 하나의 알파운동신경세포와 이 세포가 자극하는 근섬유의 단위를 말한다. α-운동뉴런이 근섬유가 type Ⅰ 인지 type Ⅱ 인지를 결정한다. type Ⅰ 섬유 운동단위의 α-운동뉴런은 작은 세포체이고, 300개 이하의 근섬유들을 지배하여 활성화시킨다. 이와는 대조적으로 type Ⅱ 운동단위는 더 큰 세포체이며 더 많은 축삭이 있고, 300개 이상의 근섬유를 지배하여 활성화시킨다. 운동단위의 이와 같은 배치는 하나의 type Ⅱ 운동뉴런이 자신의 섬유를 자극할 때보다 한 개의 type Ⅰ 운동뉴런이 자신의 섬유를 자극할 때 더 적은 근섬유를 수축시킨다는 것을 의미한다. 결과적으로 type Ⅱ 운동단위의 근섬유는 더 빠르게 최대 긴장에 이르고, 상대적으로 type Ⅰ 섬유보다 더 큰 힘을 발생시킨다는 것이다.

다. 대사 및 생화학적 차이

섬유들 간에 확실한 대사적 차이도 있다. type Ⅱb 섬유는 다른 형태의 섬유들보다 보다 많은 해당효소가 세포질에 존재한다. 산화효소에 관해서는 반대 현상을 보인다. 기억할 것은 산화적 인산화 반응이 일어나는 장소는 미토콘드리아이며, type Ⅰ 섬유에는 미토콘드리아가 많이 있기 때문에 이 반응이 훨씬 많이 일어난다는 사실이다. type Ⅱb 섬유는 산화적 인산화 반응이 거의 일어나지 않으며, type Ⅱa는 type Ⅰ과 Ⅱb의 중간 수준을 보인다.

이외에도 다른 많은 차이가 서로 다른 형태의 섬유들 간에 있지만, 이용 가능한 기질에도 차이를 보인다. 지근은 중성지방이 특히 많고 산화과정을 거치는데, 산화과정을 많이 진행시키기 위해 서라도 중성지방을 많이 저장하게 된다. 이런 차이점으로 인해 속근은 지근보다 더 많이 해당과정에 의존하여 에너지를 생성하기 때문에 섬유 형태는 각각의 대사적 특성을 가진다.

대사적 차이의 의미는 typeⅠ 섬유는 피로에 잘 견디는 것으로 볼 수 있고, typeⅡb는 피로가 빨리 오는 것으로, typeⅡa 섬유는 중간 수준이다.

라. 구조적 차이

지근은 typeⅡ 섬유보다 미오글로빈과 미토콘드리아, 모세혈관 밀도가 훨씬 우수하다. 지근은 산화효소능력이 우수하여 에너지를 많이 생성할 수 있다. typeⅡa 섬유는 산화 및 해당과정 둘 다 우수할 수 있는 구조적 차이를 가지고 있다. typeⅡa 섬유는 typeⅠ과 Ⅱb 섬유의 중간 형태로, 미오글로빈과 모세혈관 밀도 수준도 그렇다. 또한 typeⅡa 섬유는 산화 및 해당과정을 통한 에너지 생성 능력이 크기 때문에 미토콘드리아도 풍부하다.

typeⅡ 섬유는 typeⅠ 섬유보다 더욱 고도로 발달된 근형질 세망을 가지고 있다. 따라서 typeⅡ 섬유는 자극이 주어졌을 때 근육세포에 칼슘을 더 많이 제공할 수 있다. 이러한 능력은 typeⅡ 섬유의 활동이 더 빠르게 일어날 수 있도록 공헌한다. 평균적으로 인간의 경우 typeⅡ 섬유는 typeⅠ 섬유보다 5~6배 빠른 수축 속도를 나타낸다. 동일한 지름의 typeⅡ 및 typeⅠ 섬유가 생성하는 힘은 비슷하지만, typeⅡ 섬유에서 산출된 파워는 더욱 빠른 수축 속도 때문에 typeⅠ 섬유의 3~5배가 된다. 이것이 하지근육에서 typeⅡ 섬유의 높은 비율을 가진 선수가 typeⅠ 섬유의 높은 비율을 가진 사람보다 우수한 스프린터가 될 수 있는지를 부분적으로 설명해준다.

근육이 특정 수축운동을 할 때 이를 '주동근(agonist)'이라 하고, 이와 반대의 움직임에 영향을 주는 근육을 '길항근(antagonist)'이라 한다. 예를 들어, 턱걸이를 할 때 위팔두갈래근(biceps brachii muscle, 상완이두근)은 주동근 역할을 하게 되고, 위팔세갈래근(triceps brachii muscle, 상완삼두근)이 길항근 역할을 수행하게 된다. 그러나 반대로 벽을 미는 동작을 할 때는 위팔세갈래근이 주동근 역할을 수행하게 되고, 위팔두갈래근은 길항근 역할을 수행하게 된다. 구부리거나 펴는 동작을 실시할 때, 정상적인 움직임을 위해 길항근은 주동근이 구부리거나 펴는 동작이 일어날 수 있도록 어느 정도 휴식을 취해야 한다. 하지만 등척성 운동을 수행할 때는 주동근과 길항근이 동시에 같은 힘을 발휘한다. 길항근의 수축운동은 관절을 안정화시키고, 주동근의 움직임을 자제시키거나 관절의 부상을 줄이는 데 있어 아주 중요한 역할을 수행한다. 주동근을 도와 원하지 않은 동작을 예방하는 근육을 '협력근(synergist)'이라고 한다. 예를 들어, 덤벨을 이용한 컬(curl) 운동을 할 때, 팔꿈치가 굽혀지는 과정에서 아래팔이 뒤틀리게 되는데 이러한 움직임을 방지하기 위해 주동근인 위팔두갈래근 이외의 여러 근육이 작용하여 뒤틀림을 방지해준다. 또는 주동근이 더 큰 힘을 발현할 수 있도록 도와주는 역할을 수행한다.

표 4-6. 골격근 섬유의 특성

특성	type I	type II a	type II b
운동신경의 크기	작다	크다	크다
신경 동원 역치	낮다	높다	높다
운동신경 전도 속도	느리다	빠르다	빠르다
수축 시간	느리다	빠르다	빠르다
이완 시간	느리다	빠르다	빠르다
힘 생성	낮다	높다	높다
근육 효율	높다	낮다	낮다
피로 내성	높다	낮다	낮다
탄성	낮다	높다	높다
섬유 지름	작다	크다	크다
Z-선 두께	넓다	중간	좁다
트레이닝 시 비대반응	작다	크다	크다
주 에너지 시스템	유산소	유산소/무산소	무산소
미토콘드리아 밀도	높다	높다	낮다
모세혈관 밀도	높다	중간	낮다
미오글로빈 함량	높다	중간	낮다
미오신 ATPase 활동	낮다	높다	높다
미오신 유형	느리다	빠르다	빠르다
무산소성 효소 활동	낮다	높다	높다
유산소성 효소 활동	높다	높다	낮다
PC 저장량	낮다	높다	높다
글리코겐 저장량	낮다	높다	높다
TG 저장량	높다	중간	낮다
근형질 세망 발달	미발달	발달	발달

표 4-7. 주동근, 길항근, 협력근의 비교

분류	정의
주동근(agonist)	수축운동을 통해 관절의 움직임에 직접적으로 영향을 주는 근육
길항근(antagonist)	주동근의 반대 작용에 영향을 주는 근육
협력근(synergist)	특정 움직임이 완성될 수 있도록 주동근을 도와주는 근육

2. 근섬유의 동원

모든 근섬유에는 운동신경이 분포되어 있으며, 운동신경과 근섬유 수의 비율은 근육마다 다르다. 운동신경이 여러 개의 근섬유를 지배하고 있기 때문에 근섬유의 수가 더 많다. 근섬유의 수는 250만 개 정도로, 약 40만 개 정도인 운동신경의 수보다 훨씬 많다. 이와 같이 하나의 운동신경에 의해 지배받는 모든 근섬유를 '운동단위(motor unit)'라고 한다.

알파운동뉴런이 운동단위를 구성하고 있는 근섬유에 활동전위를 전달하면 그 운동단위에 연결된 모든 근섬유는 힘을 발휘한다. 한 개의 근육에는 5~1,500여 개의 운동단위가 있다. 활성화된 운동단위가 많을수록 정확하고 미세한 움직임을 조절하지는 못하지만 큰 힘을 발휘한다. 반대로 활성화된 운동단위가 적을수록 큰 힘을 만들지는 못하지만 정확하고 세밀한 움직임을 조절할 수 있다. 근섬유는 운동 강도나 신체활동 수준의 요구량에 따라 동원되는 순서가 다르다. typeⅡa와 typeⅡb 운동단위는 typeⅠ 운동단위보다 더욱 많은 근섬유를 포함하고 있다. 하나의 운동단위에서 typeⅠ 섬유는 약 100개의 근섬유를 지배하고, typeⅡ 섬유는 약 1만 개의 근섬유를 지배하고 있다. 따라서 골격근이 수축할 때는 typeⅠ이 먼저 동원되고 점차적으로 typeⅡ 섬유가 동원된다. 일반적으로 처음에는 적은 힘이 필요하지만, 운동 강도가 점점 강해짐에 따라 더 많은 힘이 요구되는 양상을 띠고 있다. 활동의 강도가 높아질수록 동원되는 근섬유의 형태는 typeⅠ → typeⅡa → typeⅡb 같은 양상을 띠게 된다. 운동단위들은 일반적으로 정해진 근섬유의 동원 법칙에 의해 활성화된다. 이것은 순차적인 동원의 원리(principle of orderly recruitment)로 알려져 있으며, 주어진 근육 내의 운동단위는 일정한 순서를 가지고 있는 듯하다. 예를 들어 위팔세갈래근을 살펴보자.

전체 200개의 운동단위가 있다고 가정한다면 운동단위는 1번에서 200번까지의 순서를 가진다. 아주 적은 힘을 요구하는 매우 정교한 동작에서는 1번 운동단위가 동원된다. 힘의 발휘를 증가시키기 위해서는 2, 3, 4번의 운동단위가 계속해서 동원되어야 하며, 최대 힘을 발휘하기 위해서는 전체 운동단위의 거의 대부분이 동원된다. 요구되는 힘을 발휘하기 위해서는 동일한 운동단위가 동일한 순서에 의해 동원된다.

규칙적인 근섬유 동원을 부분적으로 설명할 수 있는 기전은 크기의 원리(size principle)로서, 운동단위 동원의 규칙은 직접적으로 운동단위 크기와 관련되어 있다. 작은 운동뉴런의 운동단위가 가장 우선적으로 동원된다. 왜냐하면 type I 운동단위는 작은 크기의 운동뉴런을 가지며, 이것들은 점증적인 운동(매우 낮은 단계의 힘의 발휘에서 매우 높은 비율의 힘의 발휘 단계)에서 가장 우선적으로 동원된다. 운동을 수행하기 위해 요구되는 힘이 증가됨에 따라 type II 운동단위가 동원된다. 장시간의 운동을 지속하려면 최대하(submaximal)운동 강도에서 운동해야 하며, 근육 내의 장력은 다소 낮은 상태를 유지해야 한다. 따라서 최대하운동의 지구성 활동에서는 type I 섬유가 동원되도록 해야 한다. 운동이 계속됨에 따라 이들 근섬유는 1차적인 연료 공급(글리코겐, glycogen)을 고갈시키게 되고, 신경계는 근장력을 유지하기 위하여 더 많은 type IIa 섬유를 동원해야 한다. 마지막으로 type I 과 type IIa 섬유가 지치게 될 때 운동을 계속하기 위해 type IIb 섬유가 동원된다. 이러한 지식은 42.195km를 달리는 마라톤 같은 운동 중에 왜 피로가 단계적으로 발생하는지를 설명해주고 있다.

3. 근섬유 형태와 경기력

type I 과 type II 섬유의 차이를 다양한 방법으로 살펴보았다. 인간의 근섬유 분포는 성별이나 연령에 따라 그 차이가 분명하게 나타나지 않는다. 일반적으로 일반인들은 약 50% 전후의 지근섬유를 가지고 있으며, 스프린터와 같이 우수한 파워 스타일의 운동선수들은 속근섬유의 비율이 더 높은 반면 중·장거리 선수 같은 지구력 운동선수들은 지근섬유의 비율이 더 높다. 이러한 차이는 신체활동 시 섬유 형태에 따라 섬유들이 각각 다른 기능을 가지고 있음을 알 수 있다.

type I 섬유의 비율이 높은 선수는 지구성 능력 발휘에 장점을 가지는 데 반해 type II 섬유가 많은 선수는 짧은 시간과 순발력을 요구하는 운동에 더 적합하다고 할 수 있다. 따라서 근섬유 형태의 구성 비율은 운동선수의 경기력에 영향을 미칠 수 있다.

여러 경기 종목의 엘리트 선수들뿐만 아니라 일반인들의 근섬유 형태의 구성 비율은 각각 다르다. 예를 들면 지구력에 의존하는 장거리 선수의 다리 근육은 type I 섬유의 구성 비율이 높은 것을 알 수 있다. 남녀 엘리트 장거리 선수에 대한 연구에서 나타난 것을 보면 장딴지근(gastrocnemius muscle, 비복근)은 type I 섬유가 90% 이상 포함되어 있었다. 또한 근섬유 횡단면적은 엘리트 장거리 선수 사이에서 다양한 차이를 나타내지만, 그들의 다리 근육에서 type I 섬유는 type II 섬유의 단면적보다 평균 약 22% 정도 더 컸다.

이와 대조적으로 속도와 근력에 의존하는 단거리 선수들에게서는 장딴지근이 주로 type II 섬

표 4-8. 종목별·성별에 따른 근섬유 형태 분포

운동선수	성별	근육	type I (%)	type II (%)
단거리 달리기	남자	장딴지근	24	76
	여자	장딴지근	27	73
장거리 달리기	남자	장딴지근	79	21
	여자	장딴지근	69	31
사이클	남자	가쪽넓은근	57	43
	여자	가쪽넓은근	51	49
수영	남자	뒤쪽어깨세모근	67	33
역도	남자	장딴지근	44	56
	남자	어깨세모근	53	47
3종 경기	남자	뒤쪽어깨세모근	60	40
	남자	가쪽넓은근	63	37
	남자	장딴지근	59	41
카누	남자	뒤쪽어깨세모근	71	29
투포환	남자	장딴지근	38	62
일반인	남자	가쪽넓은근	47	53
	여자	장딴지근	52	48

※ 장딴지근(gastrocnemius muscle), 가쪽넓은근(vastus lateralis), 뒤쪽어깨세모근(posterior deltoid muscle), 어깨세모근(deltoid muscle)

유로 구성되어 있다. 수영선수의 팔 근육을 기준으로 할 경우 훈련되지 않은 피험자(45~55%)보다 엘리트 선수의 type I 섬유(60~65%) 비율이 높은 경향이 있는데, 우수 수영선수와 대표급 수영선수 사이의 근섬유 형태의 차이는 명백하지 않다. 지구력운동을 하는 선수(예: 장거리 또는 중거리 달리기 선수, 사이클 선수 등)들은 주로 type I (ST) 섬유를 더 많이 가지고 있고, 힘을 주로 사용하는 선수(예: 단거리 선수, 던지기 선수, 역도 선수, 멀리뛰기 선수 등)들은 훨씬 더 많은 비율의 type II (FT) 섬유를 지니고 있다.

장거리 선수와 단거리 선수의 근육에서 근섬유 구성은 현저히 다르다. 그러나 근섬유 구성 비율의 결과만을 기초로 하여 장거리 및 단거리 종목의 우수 선수를 선택하는 것은 조심스럽게 접근해야 한다. 왜냐하면 심혈관계 기능, 동기유발, 트레이닝 및 근육의 크기 같은 다른 요인들 또한 속도, 지구력, 근력의 활동을 성공적으로 수행하는 데 중요한 영향을 미치기 때문이다. 따라서 근섬유 구성만으로 경기력을 예상하는 것은 위험하다.

가. type I 섬유

일반적으로 type I 섬유는 높은 수준의 유산소성 지구력을 지니고 있다. type I 섬유는 탄수화물과 지방의 산화로부터 ATP 생성을 매우 효과적으로 수행한다. ATP는 근섬유의 수축과 이완에 필요한 에너지를 생성하는 데 필요하다. 산화과정이 지속되는 동안 type I 섬유는 ATP의 생성을 계속적으로 수행하며 근육 활동이 지속적으로 일어날 수 있게 한다. 오랜 시간 동안 근 활동이 유지되도록 하는 능력은 근지구력으로 알려져 있다. 따라서 type I 섬유는 높은 유산소성 지구력을 지니고 있다. 이러한 이유로 마라톤 같은 저강도에서 실시하는 지구성 운동이나 걷기 같이 낮은 수준의 근력 발휘가 요구되는 대부분의 일상적인 활동에서 가장 빈번하게 동원된다. type I 섬유는 속근섬유들보다 미오글로빈의 농도가 더 높으므로 유산소성 대사능력이 높아서 피로에 대한 저항성 역시 높다. 지근섬유는 속근섬유에 비해 수축 속도가 느리며 장력이 낮으나, 에너지 효율성이 더 높다.

나. type II 섬유

반대로 type II 섬유는 type I 섬유보다 낮은 수준의 유산소성 지구력을 지니고 있다. 따라서 무산소성 운동 시에 더 적합하다. 이것은 충분한 산소가 없을 때에는 산화과정이 아니라 무산소성 과정을 통해 ATP가 생성된다는 것을 의미한다. type IIa 운동단위는 type I 운동단위보다 더 강한 힘이 발생하지만, 지구력의 제한성 때문에 피로가 더 쉽게 발생한다. type IIa 섬유는 중간섬유(intermediate fiber)로 유산소성 속근섬유이다. 이 섬유는 type I 과 type IIb 섬유의 기능이 혼재되어 있는 수축 특성을 갖는다. 따라서 type IIa 섬유는 1마일(1.6km) 달리기나 400m 수영과 같이 짧은 시간 동안 고강도에서 실시하는 지구성 종목에서 이용된다.

type IIb 섬유의 중요성은 완전히 밝혀지지 않았지만 신경계에 의하여 쉽게 활성화되지 않는 것은 분명하다. 이러한 이유로 일상적인 저강도 활동에서 사용되기보다는 100m 달리기와 50m 경영 같은 높은 폭발력을 발휘하는 운동에서 우선적으로 이용된다. type IIb 섬유는 상대적으로 미토콘드리아 농도가 낮고 유산소성 대사능력이 낮기 때문에 지근섬유보다 피로에 대한 저항이 낮다. 그러나 글리코겐 저장과 해당작용 효소가 풍부하여 무산소성 에너지 생산능력이 높다. type IIb 섬유는 다른 섬유보다 ATPase 활성이 높기 때문에 수축 속도가 가장 빠른 반면, 운동 중 수행한 일에 대한 에너지 소비율이 높으므로 다른 섬유 유형에 비해 효율성이 낮다.

4. 근육의 수축 형태와 기능

자극이 주어졌을 때 운동단위 내의 모든 근섬유는 동시에 작용하고, 활동을 수행하는 데 요구되는 힘에 따라 서로 다른 근섬유 형태가 단계적으로 동원된다. 이제 총괄적인 수준으로 돌아가서 전체 근육이 움직임을 생성하기 위하여 어떻게 작용하는가에 주의를 기울여보자.

가. 근수축의 형태

근육의 움직임은 수축되는 형태에 따라 구분될 수 있다. 일정한 무게가 가해진 상태에서 근육이 단축되는 수축을 '등장성 수축(isotonic contraction)'이라 하고, 길이의 단축 없이 장력이 발생하는 수축을 '등척성 수축(isometric contraction)'이라 한다.

등장성 수축은 신장성 수축(eccentric contraction)과 단축성 수축(concentric contraction)으로 구분할 수 있다. 신장성 수축은 근육이 장력을 발휘하는 동안에 근의 길이가 길어지는 근활동을 말한다. 팔씨름 중에 상대방의 힘이 더 강하여 팔이 넘어가는 과정에서 버티는 동작이 신장성 수축에 해당된다. 힘이 부족해 넘어가는 도중에는 위팔두갈래근이 수축하고 있지만, 근육의 길이는 점점 늘어나고 있다. 턱걸이를 하고 내려오는 과정에서 위팔두갈래근이 중력에 저항하면서 천천히 내려온다면 이때도 신장성 수축이 일어난다. 단축성 수축은 신장성 수축과 반대로 근육이 장력을 발휘하는 동안에 근의 길이가 짧아지는 근 활동을 말한다. 팔씨름 중에 상대방보다 나의 힘이 강하여 상대방의 팔을 넘기는 과정에서의 동작이 단축성 수축에 해당된다. 나의 힘이 강하여 넘기는 도중에는 위팔두갈래근이 수축하면서 근육의 길이가 점점 짧아진다. 턱걸이 동작으로 설명하면, 턱걸이를 하기 위해 팔을 굽히는 동작에서 위팔두갈래근이 점점 짧아지면서 근육의 장력이 발휘될 때도 단축성 수축이 일어난다.

등척성 수축처럼 관절의 변화와 근의 길이 변화가 없는 수축을 '정적 수축'이라고도 하며, 등장성 수축과 같이 관절의 변화가 일어나면서 근의 길이가 신장되거나 단축되는 수축을 '동적 수축'이라고 한다. 달리기, 점프 같은 여러 신체활동에서 부드럽고 협응된 동작이 이루어지는 동안에는 3가지 형태의 근수축 활동이 모두 일어날 수 있다. 근육의 기본적인 작용인 짧아짐은 '단축성 수축'으로 불린다. 우리는 이러한 형태의 수축과 가장 친숙하다. 근육의 짧아짐은 액틴과 미오신 근세사가 각각 교차하여 짧아지는 것을 의미한다. 단축성 운동 시에는 액틴 근세사가 서로 가까워지도록 당겨지게 된다. 단축성 수축은 관절의 움직임이 일어나기 때문에 동적 운동에 해당된다.

근육은 움직임 없이 작용할 수 있다. 이러한 경우 근육은 힘을 발휘하지만 그 길이는 변화하지 않는다. 이것을 '정적 운동(static action)'이라고 하는데, 그 이유는 관절의 각이 변하지 않기 때문이다. 예를 들어, 자신의 근육에 의해 발휘되는 힘보다 무거운 물체를 들어 올리려고 하거나 팔

표 4-9. 운동과 근수축 형태의 분류

운동 형태	근수축	근 길이 변화	예(턱걸이)
동적 수축	단축성	짧아짐	위팔두갈래근을 이용하여 올라가는 과정
	신장성	늘어남	위팔두갈래근을 이용하여 내려오는 과정
정적 수축	등척성	변화 없음	올라가거나 내려오는 도중에 정지된 경우

꿈치를 굽힌 채 물체를 안정적으로 잡고서 물체의 무게를 지탱할 때는 정적 수축이 일어나게 된다.
  두 가지 경우 모두 근육은 장력을 느끼지만 무게를 움직일 수 없기 때문에 근육의 길이는 줄어들지 않는다. 이러한 정적 수축에 있어 미오신의 십자형교가 액틴의 활성부위와 결합하게 되어 힘이 발휘되지만, 외적인 힘이 너무 크기 때문에 액틴 근세사가 움직일 수 없다. 액틴 근세사의 위치는 그대로이기 때문에 근육은 짧아지지 않는다. 만일 충분한 운동단위가 동원되면서 저항을 극복할 수 있을 정도의 충분한 힘이 발휘되거나 운동단위가 충분히 동원되지 못하여 저항을 극복하지 못하고 굴복하게 되면 정적인 운동은 동적인 운동으로 바뀌게 된다.
  근육은 길어지면서도 힘을 발휘할 수 있다. 이러한 움직임을 '신장성 운동(eccentric action)'이라고 한다. 관절의 움직임이 발생하기 때문에 이는 동적인 운동에 포함된다. 신장성 운동의 예는 무거운 물체를 내리기 위해 팔꿈치를 펼 때의 주동근인 위팔두갈래근의 작용에서 볼 수 있다. 이 경우 액틴 근세사는 근절(sarcomere)의 중심으로부터 멀어지게 되며, 본질적으로 근절은 신전된다.

나. 힘의 생성

하나의 근섬유 내에서 발휘되는 힘의 양은 액틴과 접촉하는 미오신 십자형교의 숫자와 관련이 있다. 근육이 수축하는 동안 발휘되는 힘의 양은 여러 가지 요인에 의해 영향을 받는다. 근육은 수축되는 형태에 따라 움직이면서 요구되는 일과 활동에 맞는 힘을 발휘한다. 운동 현장에서 일어날 수 있는 상황을 예로 들면, 사격을 할 때 방아쇠를 당기는 동작의 힘과 역도선수가 역기를 들어 올릴 때의 힘은 많은 차이가 있다. 이러한 이유는 근육이 생성하는 힘의 크기가 동원되는 운동단위의 개수와 유형, 각 운동단위의 자극 빈도, 근육의 크기, 근섬유와 근절의 길이, 근육의 수축 속도 등에 좌우되기 때문이다.

1) 운동단위와 근육의 크기

더 강한 힘은 보다 많은 운동단위가 작용할 때 발휘한다. 근육 내에서의 수축력의 변화는 수축할 때 자극을 받게 되는 근섬유 숫자에 의존한다. 오직 몇 개의 운동단위가 동원된다면 그 힘은 작을 것이고, 좀 더 많은 운동단위가 동원된다면 그 힘은 커질 것이다. 자극이 증가하면 수축하는 힘은 추가적인 운동단위의 동원 때문에 증가한다.

섬유의 형태에 따른 힘의 크기를 살펴보면, type Ⅱ 섬유의 운동단위는 type Ⅰ 섬유의 운동단위보다 더 많은 근섬유를 가졌기 때문에 type Ⅰ 섬유의 운동단위보다 더 강한 힘을 발휘하게 된다. 이와 비슷하게, 큰 근육은 상대적으로 작은 근육보다 더 많은 근섬유를 가지고 있기 때문에 더 강한 힘을 발휘할 수 있다.

2) 운동단위의 자극빈도

하나의 운동단위는 그것이 자극되는 빈도에 따라 힘의 차이를 나타낸다. 하나의 전기 자극에 대해 근섬유 혹은 운동단위의 가장 작은 수축 반응을 '연축(twitch)'이라고 한다. 첫 번째 자극으로부터 완전히 이완되기 전에 빠른 속도로 연속적인 자극이 추가되면 더욱 증가된 힘 혹은 긴장상태를 나타낼 수 있는데, 이것을 '가중(summation)'이라고 한다. 왜냐하면 연속적인 자극이 근육에 적용되면 근육은 추가적으로 나타나는 자극과 힘 사이에서 이완하기 위한 시간을 갖지 못하고 계속 긴장하기 때문이다. 만약 자극빈도가 더 증가하고 더욱이 개개의 수축들이 일련의 수축을 하며 중첩되어 나타나면 힘이 가중되어 더욱 강한 힘을 발휘하게 되는 '강축(tetanus)'이라는 수축이 일어난다. 이 상태에서는 근섬유, 운동단위의 힘 혹은 긴장 상태가 최고점에 도달했음을 나타낸다. 이러한 강축성 수축은 자극이 멈추거나 근육이 피로할 때까지 지속된다. 일반적인 신체의 움직임은 이러한 강축성 수축에 의해 일어난다. 이런 지속적인 수축은 관련된 운동단위의 운동신경을 통

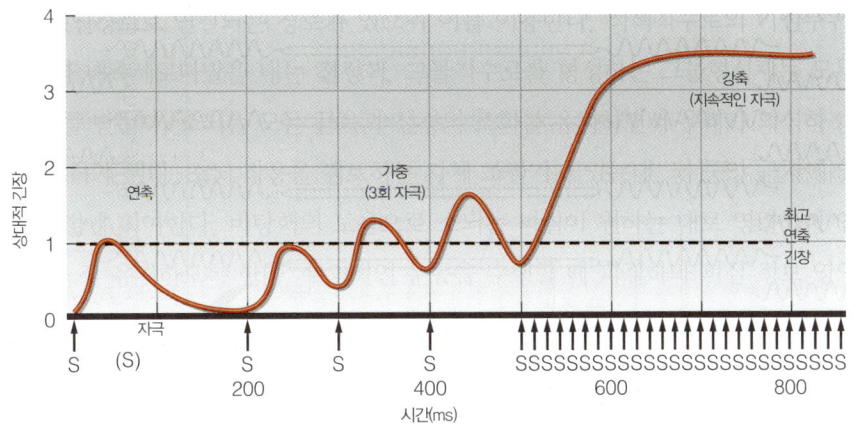

그림 4-5. 자극빈도에 따른 힘의 생성

해 발생하는 신경자극이 지속적으로 빠르게 반복되어야 가능하다. 운동단위의 자극 비율, 즉 운동단위의 자극빈도 증가에 의해 연축으로부터 강축으로 변화하면서 주어진 운동단위의 긴장 상태는 변화되고 힘의 발현은 달라진다.

3) 근섬유와 근절의 길이

근육에서 발휘되는 힘은 수축 시간과 근육의 초기 길이와 관련이 있다. 이것은 각각의 근섬유는 힘을 생성하기 위해 이상적인 적정 길이가 존재한다는 것이다. 주어진 근섬유는 끝과 끝부분이 서로 연결된 근절로 구성되어 있으며, 근절은 굵은 세사와 가는 세사로 구성된다. 이상적인 적정 길이는 굵은 세사인 액틴과 가는 세사인 미오신 간에 서로 겹쳐지는 것과 관련이 있으며, 적정하게 겹쳐지는 길이에서 상대적으로 가장 큰 장력이 발생한다. 휴식 시에 근육의 길이가 적정 길이보다 더 길 때는 액틴과 미오신이 겹쳐지는 부분이 적어서 적은 수의 십자형교가 액틴에 부착되어 많은 힘을 발휘할 수 없게 된다. 극단적으로 근육의 길이가 너무 길어져서 액틴과 미오신이 겹쳐지는 부분이 없다면 미오신의 십자형교가 액틴에 부착할 수 없어 힘의 발현은 없게 된다. 반대로 근육의 길이가 너무 가까워서 액틴과 미오신이 겹쳐지는 부분이 너무 많아지면 액틴과 액틴 사이인 H대의 간격이 너무 좁아지기 때문에 추가적으로 십자형교가 더 잡아당길 공간이 부족하여 추가적인 수축에 의한 힘의 발현이 어려워질 수 있다. 결국 근절이 지나치게 신전되어 액틴과 미오신이 겹쳐지는 부분이 너무 적거나 혹은 지나치게 단축되어 액틴과 액틴 사이의 거리가 너무 짧으면 십자형교의 상호작용이 부족하여 많은 힘을 발휘할 수 없게 된다.

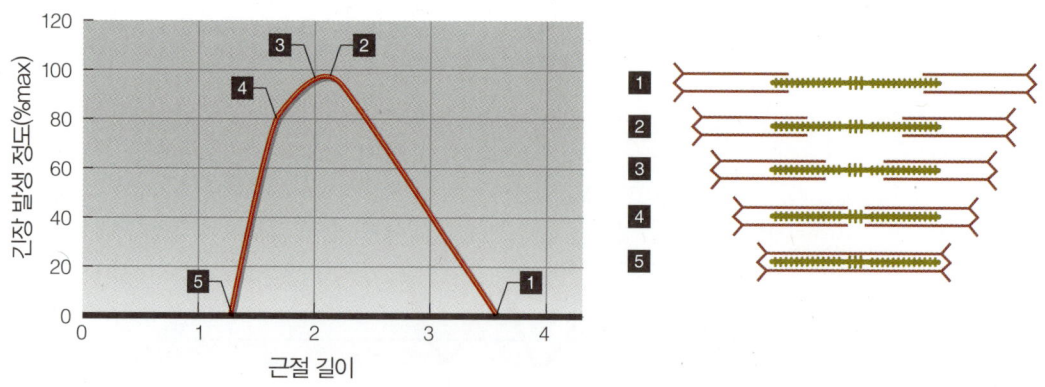

그림 4-6. 힘의 생성과 근절 길이 변화

4) 수축 속도

힘을 발휘하기 위한 능력은 근육의 수축 속도에 의존한다. 단축성 운동 중에는 수축 속도가 빨라질수록 힘의 생성은 작아지고, 반대로 수축 속도가 느려질수록 힘의 생성은 커진다. 만약 최대의 힘을 발휘하여 무거운 물건을 잡고서 재빨리 들어 올리려고 하는 경우 실패하거나 아니면 상해를 입게 될 수 있다. 그러나 신장성 운동은 반대가 된다. 신장성 운동은 신장의 속도를 빠르게 할수록 힘의 생성은 커진다. 빠른 신장성 운동은 느린 신장성 운동에 비해 더 많은 힘을 생성할 수 있다. 느린 신장성 운동이라 할지라도 단축성 운동에 의한 힘의 발현보다 더 큰 힘을 발휘할 수 있다. 〈그림 4-7〉의 왼쪽 그림은 신장성 수축을, 오른쪽 그림은 단축성 수축을 보여주고 있다. 이해하기 쉬운 예를 들면, 스쿼트 운동을 할 때는 빠르게 일어나는 것이 더 많은 힘을 발현할 수 있고, 위팔두갈래근을 이용하여 턱을 철봉 바에 갖다 댈 때는 느리게 하는 것이 더 많은 힘을 발현할 수 있다는 것이다.

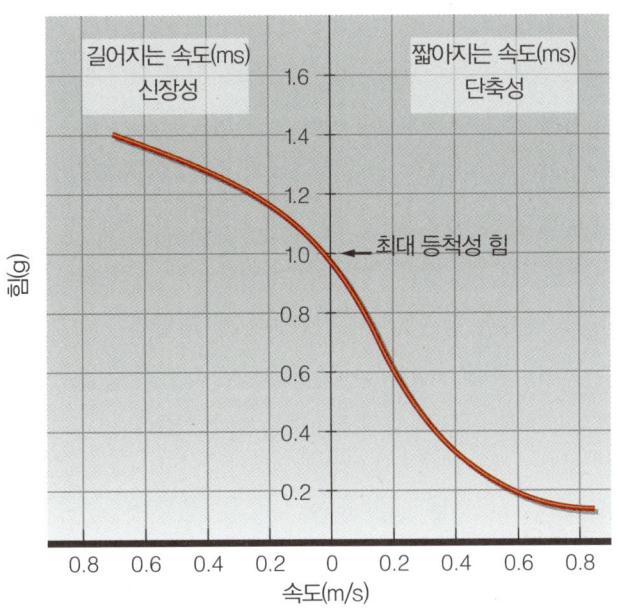

그림 4-7. 근수축 속도와 힘 생성 관계

3장 훈련에 의한 골격근의 적응

 학습목표

- 훈련에 의한 건강체력 요소의 향상을 이해한다.
- 훈련에 의한 운동기능체력 요소의 향상을 이해한다.
- 훈련에 의한 근력 향상 기전을 이해한다.
- 근비대와 근력 향상과의 관계를 이해한다.
- 유산소 훈련에 의한 근육의 적응을 이해한다.

중량 훈련에 대한 중요성이 새롭게 부각되면서 운동선수뿐만 아니라 여성, 노인들도 중량 훈련에 참여하고 있다. 중량 훈련이 혈압과 혈중지질을 낮추고, 당분 내성과 인슐린 감수성을 향상시키며, 심박수를 감소시키는 등 건강 증진에 많은 이점이 있는 것으로 알려지고 있다. 건강 증진은 남녀노소 모두에게 건강과 삶의 질을 향상시킨다는 긍정적인 효과 때문에 미국스포츠의학회(ACSM)는 중량 훈련을 추천하고 있다. 중량 훈련에 의한 근력의 발달은 모든 개인의 일상생활 활동을 더 효과적으로 수행할 수 있게 해준다. 제지방의 증가는 평형성과 조정력을 향상시켜 낙상의 위험을 감소시키고 노화의 진행을 늦추는 등 운동선수뿐만 아니라 일반인, 어린이, 노인에게도 안전하고 많은 이점을 주고 있다. 특히, 근력 훈련은 운동선수들에게 있어서 운동수행능력을 극대화하기 위해서나 손상 방지 등의 목적으로 반드시 수행해야 하는 필수요소이다.

1. 건강체력 요소의 향상

가. 근력

근력은 "정해진 특정 수축 속도에서 정해진 움직임 동안에 유발할 수 있는 최대의 힘"으로 정의할 수 있다. 근력은 근육의 움직임(단축성, 신장성, 등척성), 수축 속도, 근육 그룹과 길이, 관절각 그리고 근, 신경, 대사, 호르몬, 뼈대에 관계된 생리적·생체역학적 변인 같은 다차원적인 여러 요소와 관련이 있다. 인간은 성장과 더불어 근력도 발달해야 하는데, 움직임과 건강에 매우 중요하다.

동적인 근육 움직임에서는 주어진 운동에 대한 1RM(한 번 들어 올릴 수 있는 최대한의 중량)을 측정함으로써 근력을 평가할 수 있다. 다른 방법으로는 최대하 근력 수행을 통해 예측할 수 있다. 최대로 동원된 힘은 절대적 근력으로 정의하고, 주어진 운동에 대한 개인의 최고 신체적 능력을 말한다. 최대 근력은 상대적으로 체중이나 제지방 체중(지방을 제외한 질량. 예를 들어 근육, 뼈, 수분 등)으로 표현될 수 있고, 이것을 '상대적인 근력'이라고 한다. 상대적인 근력은 체급 경기를 하는 운동선수들에게 매우 중요한데, 상대적인 근력의 비율이 높은 선수가 유리하기 때문이다.

나. 근지구력

근지구력은 운동수행을 계속할 수 있고 운동피로를 견뎌내는 능력으로, 근수축의 강도가 중요한 역할을 한다. 최대하 근지구력은 낮은 강도의 근수축을 정해진 시간 동안 지속하는 능력으로 규정된다. 우수한 근지구력을 갖고 있는 것은 올바른 자세, 건강, 부상 예방 등과 스포츠 수행을 적정화하는 데 중요하다.

다. 유연성

유연성은 "관절이 동작의 가동범위 내에서 자유롭게 움직일 수 있는 능력"으로 정의된다. 관절의 유연성이 증가하면 손상의 위험을 낮출 수 있고, 근육의 균형과 기능을 향상시키고, 수행력을 증가시키고, 자세를 향상시키며, 요통의 위험을 감소시킨다. 유연성을 증가시킬 수 있는 가장 중요한 방법은 최대 가동범위에서 운동을 수행하면서 적절한 스트레칭을 실시하는 것이다.

라. 신체구성

신체구성은 신체의 지방과 제지방량의 비율을 말한다. 제지방량은 뼈대, 근육, 물 그리고 다른 지방이 없는 조직들로 구성된다. 건강한 신체 조성은 지방 요소를 최소화하고 제지방 요소를 유지하거나 증가시키는 것이다.

근력 훈련이나 다른 형태의 무산소성 훈련은 제지방량(근육과 뼈의 구성요소)을 증가시키고 지방량을 감소시켜 신체구성을 긍정적인 방향으로 개선하는 데 효과적이다.

신체구성은 체급경기(레슬링, 역도)를 하는 스포츠, 자신의 체중을 극복해야 하는 스포츠(높이뛰기, 체조, 지구성 스포츠), 그리고 신체 외형과 체격이 중요한 스포츠(보디빌딩)에서 중요한 역할을 한다.

2. 운동기능체력 요소의 향상

가. 파워

파워는 일을 수행하는 속도에 대한 비율이다. 근파워는 중량 훈련, 스피드, 민첩성 그리고 플라이오메트릭 훈련, 스포츠, 특히 연습/컨디셔닝에 의해 향상될 수 있다.

나. 스피드

스피드는 운동기술을 최대한 빨리 수행할 수 있는 능력이다. 스피드는 스포츠에서 필수요소이다. 스피드는 보조를 받지 않거나 보조를 받는 전력달리기 훈련, 근력과 파워 훈련, 플라이오메트릭 훈련, 기술 훈련 그리고 스포츠, 특히 연습 같은 여러 가지 훈련법들의 조합에 의해 향상될 수 있다.

다. 민첩성

민첩성은 스피드, 균형, 신체조절에 의미 있는 감소 없이 방향을 신속히 전환할 수 있는 능력이다. 민첩해지기 위해서는 파워, 근력, 균형성, 조정력, 재빠름, 속도, 예측력, 근신경적인 조절 등

표 4-10. 중량 훈련의 이점

건강상의 이점	운동수행상의 이점
질환에 대한 위험요인 감소	동적 · 등척성 · 등속성 근력 증가
체지방률 감소	근지구력 증가
혈압 감소	유연성 증가
혈중지질, LDL콜레스테롤 감소	근파워, 스피드 증가
안정 시 심박수 감소	균형감과 조정력 증가
운동에 의한 심혈관계의 요구량($M\dot{V}O_2$) 감소	수직 점프 능력 증가
대장암과 골다공증의 위험 감소	공 던지기 속도(구속) 증가
요통의 위험과 증상 감소	발차기 속도 증가
기초대사량 증가	달리기 효율 증가
최대산소섭취량 증가	야구 배트 스윙 속도 증가
뼈의 무기질 밀도 증가	자전거 파워 또는 수행력 증가
당 내성과 인슐린 감수성 증가	

이 필요하다. 민첩성은 방향, 감속, 가속 등의 변화를 빠르게 필요로 하는 어떤 스포츠에서도 중요하다. 민첩성 역시 플라이오메트릭 훈련, 다방향의 민첩성 그리고 반응연습, 근력과 파워 훈련, 균형성 훈련 그리고 스포츠, 특히 연습에 의해 향상될 수 있다.

라. 평형성

평형성(균형성)은 평형을 유지하는 능력이다. 평형성은 운동선수가 중심을 유지하고 복잡한 운동기술 수행 중에 자세가 흐트러지지 않도록 유지해준다. 평형성은 근력과 파워 훈련, 플라이오메트릭 훈련, 전력질주와 민첩성 훈련, 특수 평형성 훈련(불안정을 유도하는 장비와 함께) 그리고 스포츠, 특히 연습과 더불어 향상시킬 수 있다.

3. 근력 향상 기전

가. 근육의 크기 증가

오랫동안 근력 증가는 근육 크기의 증가(근비대)에 의해 초래된다고 생각해왔다. 그 이유는 규칙적인 근력 훈련을 수행한 대부분의 사람들에게서 근비대가 일어났고, 그 결과 근력의 증가가 이루어졌기 때문이다. 반대로 손상이나 침상생활로 인해 오랜 기간 동안 부동화(예: 깁스)를 경험하게 되면 근육의 크기가 감소(근위축)되고, 그 결과 근력의 감소가 있었기 때문이다.

이와 같이 근육 크기와 근력 사이에 인과관계가 존재한다는 것은 틀림없는 사실이다. 근육 크기와 근력 사이에 관련성이 존재하지만 근력에는 단순히 근육 크기뿐만 아니라 더 많은 요인이 관련되어 있다. 이것은 근육의 크기가 근육의 궁극적인 근력 잠재력에 있어서 중요하지 않다는 의미는 아니다. 근육의 크기는 근력의 증가에 절대적인 영향을 미친다. 역도경기의 기록을 살펴보면 체급이 증가(근육량의 증가를 의미)하면 들어 올리는 전체 중량도 증가한다.

그렇지만 근력의 증가와 관련된 기전은 매우 복잡하여 현재로서는 완전하게 이해할 수 없다. 근육 크기의 증가가 중요하다는 것은 분명하지만, 훈련된 근육의 신경조절 또한 매우 중요한 변수 중의 하나이다. 근육을 지배하는 신경조절 능력에 따라 근육으로부터의 힘의 발현이 달라지기 때문이다.

나. 신경조절에 의한 운동단위 조절

Enoka는 근력 증가가 근육의 구조적 변화 없이도 이루어질 수 있으나 신경계의 적응 없이는 이루어질 수 없다는 설득력 있는 주장을 했다. 이는 신경조절 요인이 저항성 훈련으로부터 나타나는 근력의 증가에 조금이나마 영향을 미친다는 의미이다. 근력은 단순한 근육계의 속성이 아니라 운동계의 속성이다. 운동단위 동원, 자극빈도 및 다른 신경요인들도 근력 향상을 위해 매우 중요하다. 신경조절 요소는 초인적인 근력 발휘 사례뿐만 아니라 근비대 없이 근력 향상이 나타나는 이유를 설명해준다.

운동단위는 일반적으로 비동시적으로 동원된다. 즉, 동시에 모두 동원되는 것이 아니다. 운동단위는 흥분이나 억제의 자극을 전달할 수 있는 많은 신경세포에 의해 통제된다. 근섬유가 수축하거나 이완된 상태를 유지하는 것은 어느 순간이라도 운동단위에 전달되는 많은 자극들의 가중(summation)에 의해 좌우되기 때문이다. 운동단위는 전달되는 흥분자극이 억제자극을 초과하고 역치에 도달했을 때에만 활성화되면서 운동단위 근섬유가 수축된다. 근력의 증가는 척수에 위치하는 운동신경세포 사이의 연결 변화로부터 초래될 수 있다. 이것은 운동단위가 동시에 작용하도록 하며, 수축을 촉진하고, 힘을 발휘하는 근력의 능력을 증가시키는 결과를 가져온다. 운동단위 동시 동원 현상(synchronization)은 저항성 훈련에 의해 증가할 수도 있지만, 운동단위 동시 활성화가 더 강력한 수축 현상을 가져오는지는 확실히 밝혀지지 않았다. 그러나 동시 동원 현상이 힘 발달 속도 비율(rate of force development: RFD)을 향상시키고, 일정한 수준의 힘을 안정적으로 발휘하는 능력을 향상시킨다. 힘의 발현 크기를 증가시키기 위해서는 운동단위가 동시에 작용하거나 아니면 단순하게 더 많은 운동단위가 동원되어야 한다.

운동단위 동원 측면에서 힘의 발현이 증가하기 위해서는 최대 수축을 하는 동안 알파운동뉴런으로의 신경적 자극이 증가해야 한다. 신경자극의 이러한 증가는 운동단위의 동원 비율을 증가시킬 수 있다. 반대로 동원 억제자극이 감소하면 더 많은 운동단위가 활성화되거나 높은 빈도에서 활성화된다.

4. 근비대

근비대(muscle hypertrophy)에는 두 가지 형태가 있다. 바로 일시적 비대와 만성적 비대이다. 일시적 비대(transient hypertrophy)는 한 번의 단일한 운동에 의한 근육의 세포 내와 세포 간의 체액 축적(edema: 부종)에 의한 것이다. 이러한 체액은 혈장에서 나온다. 일시적 비대는 그 용어에서 나타난 바와 같이 짧은 기간 지속될 뿐이다. 이 체액은 운동 후 1시간 이내에 혈액으로 다시 되돌아간다.

만성적 비대(chronic hypertrophy)는 장기간의 저항성 훈련에 의해 나타난 근육 크기의 증가를 의미한다. 이러한 반응은 근섬유의 수적 증가(hyperplasia)나 기존의 근섬유 크기 증가(hypertrophy) 등에 의한 근육의 구조적 변화이다. 근섬유의 횡단면적을 증가시키기 위해서는 신장성 수축을 이용한 훈련이 가장 효과적이다. 또한 근비대와 근력 증가를 위해서도 단축성 수축 또는

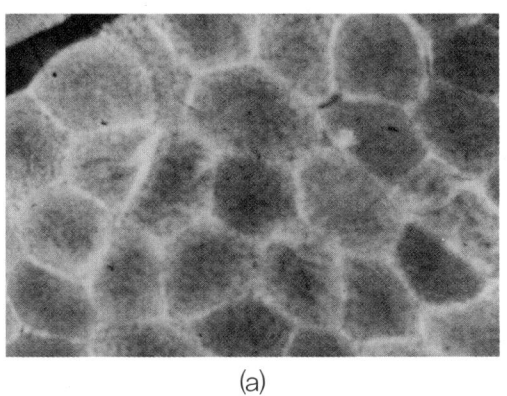 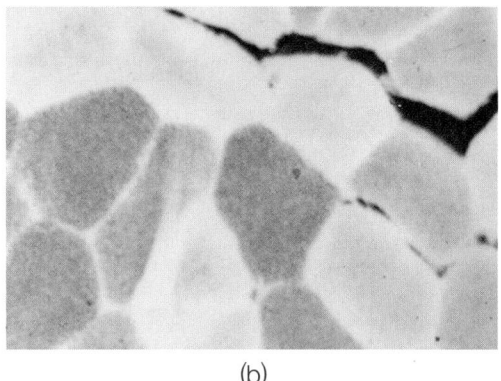
(a) (b)

그림 4-8. (a) 최근 2년 동안 훈련의 경험이 없는 남성의 하지 근육의 횡단면에 대한 현미경적 구조 (b) 6개월의 동적 근력 트레이닝 후의 모습. 트레이닝 후에 현저하게 굵어진 근섬유들(근비대)을 볼 수 있다.

신장성 수축과 단축성 수축을 결합한 복합 훈련방법보다 신장성 수축에 의한 훈련방법이 더 효과적이다. 더욱이 느린 훈련 속도보다 빠른 훈련 속도의 신장성 훈련이 근비대와 근력 향상에 더 효과적이다. 단축성 수축만을 이용한 훈련은 근비대와 근력 증가를 제한할 수 있다.

저항성 훈련에 의한 근육의 크기 증가는 근섬유 비대와 증식에 의해 이루어진다.

가. 근섬유 비대/증식

각 근육의 근섬유 수는 출생 또는 직후에 바로 결정되고, 죽을 때까지 그 수가 변하지 않고 유지된다. 근육의 비대는 오직 개별적인 근섬유의 비대에 의해서만 이루어진다. 근섬유의 비대는 ① 근원섬유의 증가, ② 액틴과 미오신 세사의 증가, ③ 근형질의 증가, ④ 결합조직의 증가 같은 구조적인 변화가 있어야 한다.

고강도의 저항성 훈련은 근섬유의 단면적을 현저하게 증가시키는데, 이는 근원섬유 그리고 액틴과 미오신 세사의 숫자가 증가했기 때문이다. 이러한 결과는 최대 수축 시 더 많은 십자형교(cross-bridge)를 동원하여 더 큰 힘을 발현하게 한다.

그러나 근섬유의 크기가 현저하게 증가한다고 하여 항상 근육의 비대가 이루어지는 것은 아니다. 저항성 훈련에 의해 나타나는 개별 근섬유 비대 현상은 근육 단백질의 합성이 증가했기 때문이다. 근육 내의 단백질 함량은 계속해서 변화한다. 인체의 요구수준에 따라 단백질은 합성과 분해를 반복하게 된다. 운동 시나 굶주림과 같이 단백질이 합성되는 양보다 더 많은 양을 소비하게 되면 근육 내의 단백질 양은 감소되고, 회복 시나 영양섭취 시에는 단백질의 순합성(net synthesis)이 이루어져 그 양은 증가하게 된다. 특히, 저항 훈련 직후에 섭취하는 탄수화물과 단백질 섭취는 단백질 합성을 더욱 활성화하여 저항 훈련에 의한 골격근의 적응이 원활하게 이루어지도록 한다.

남자들은 사춘기에 현저하게 많은 근육성장을 경험하게 되는데, 그것은 테스토스테론(testosterone)의 분비가 약 10배 정도 증가하기 때문이다. 이러한 결과로 볼 때 남성호르몬인 테스토스테론은 근육량의 증가와 밀접한 관계가 있음을 알 수 있다. 단거리 선수나 역도 선수와 같이 근육량이 운동수행능력에 절대적인 영향을 미치는 선수들은 아나볼릭 기능을 가진 스테로이드성 호르몬인 테스토스테론의 유혹에 항상 노출되어 있다. 왜냐하면 저항성 훈련과 함께 아나볼릭 스테로이드(IOC 금지약물)의 다량 섭취는 근육량과 근력을 현저하게 증가시키기 때문이다.

나. 근력 향상에 대한 근비대와 신경계 작용

저항 훈련에 따른 적응 현상은 초기와 후기에 뚜렷한 차이를 보이고 있다. 저항 훈련 초기에는 근력의 현저한 향상에도 불구하고 근섬유의 단면적은 거의 차이가 없는 것으로 볼 때 저항 훈련 초기의 근력 향상은 신경작용에 의한 결과라는 것이다. 이러한 결과는 저항 훈련 초기의 수의적 근력 혹은 최대 근력의 증가가 근육의 수의적 활동의 증가에 의한 신경 적응 현상이라는 것을 말해주고 있다. 다시 말하면, 저항 훈련 후 초기의 근력 향상은 신경이 근섬유를 활성화시키는 패턴의 변화에 의해 이루어진다는 것이다.

반대로 장기간에 걸친 근력 증가는 일반적으로 근육의 근비대와 관련이 있다. 즉, 저항 훈련에 따른 적응 현상은 후기에는 신경 적응 현상에 의해 근력이 증가하기보다는 근육의 비대에 의해 이루어진다는 것이다. 그 이유는 근비대를 위한 단백질 분해의 감소와 단백질 합성의 증가 또는 이 두 가지에 의한 단백질 구축이 이루어지기 위해서는 상당한 시간이 요구되기 때문이다. 훈련 초기의 근력 증가에는 근비대가 거의 공헌하지 않지만 점차적으로 그 공헌도가 증가하여 훈련 후반부에는 주요 공헌 요인으로 작용한다는 것이다. 하지만 이러한 사실을 받아들이기에는 시기상조로 보인다. 아무튼 저항 훈련에 의한 근력 향상의 주원인이 전적으로 근비대에 의해서만 이루어지지 않는다는 사실과 저항 훈련 후 근력 증가에 신경계의 활성화 또는 적응 현상이 매우 깊게 관여하고 있는 것만은 사실이다.

5. 유산소 훈련에 의한 근육의 적응

유산소성 지구력 훈련 동안의 반복적인 근섬유 흥분과 수축은 근섬유의 구조와 기능에 변화를 가져온다. 저항 훈련과 달리 유산소 훈련에 의해서도 근섬유 형태, 미토콘드리아 기능, 산화적 효소 등 많은 변화가 나타난다.

가. 근섬유 형태의 적응

근섬유의 단면적은 훈련 방법, 훈련 기간, 운동 강도에 의해 그 변화 정도가 각각 다르게 나타난다. 일반적으로 지근섬유인 type Ⅰ 섬유는 저강도에서 중강도의 유산소운동에 주로 이용된다. 유산소 훈련 후의 적응 현상으로 type Ⅰ 섬유의 증가가 나타난다. 유산소성 훈련 후에 type Ⅰ 섬유 단면적이 25%까지 증가되었다는 보고도 있다. 반면 속근섬유인 type Ⅱ 섬유의 단면적은 증가하지 않는데, 그 이유는 유산소성·지구성 운동 중에 type Ⅱ 섬유가 동원되지 않았기 때문이다.

나. 모세혈관

지구성 훈련에 의한 가장 뚜렷한 적응 현상 중 하나는 각 근섬유를 둘러싸고 있는 모세혈관의 숫자가 증가한다는 것이다. 지구성 훈련으로 단련된 사람들의 다리 근육에서 그렇지 않은 사람들보다 더 많은 모세혈관이 있음을 알 수 있다. 일반적으로 지구성 훈련을 오랜 기간 동안 실시할 경우 모세혈관의 숫자가 약 15% 이상 증가하는 것으로 알려져 있다. 모세혈관은 인체에서 혈관과 조직 사이에서 산소, 영양분, 호르몬, 이산화탄소와 노폐물을 운반한다. 모세혈관이 상대적으로 더 많다는 것은 운동하는 근육과 혈액 사이에서 산소의 운반, 영양소 운반, 노폐물 제거, 체온조절 등 여러 가지 많은 이점을 갖게 된다. 훈련에 의한 모세혈관의 밀도 증가는 훈련에 따른 적응 현상 중 가장 뚜렷한 변화 중 하나이다. 모세혈관의 증가는 결국 유산소성 능력을 좌우하는 최대산소섭취량의 증가를 가져오며, 최종적으로 유산소성 운동수행능력을 결정한다. 최대산소섭취량에 결정적인 역할을 하는 것은 동정맥 산소차이다. 이 동정맥 산소차는 모세혈관으로부터 미토콘드리아로의 산소의 확산능력에 좌우된다. 즉, 모세혈관과 미토콘드리아 사이의 산소 확산능력이 최대산소섭취량을 좌우한다. 모세혈관 밀도의 증가는 산소를 이용한 에너지 생산 측면에서 가장 중요한 요소로 작용한다.

모세혈관으로부터 미토콘드리아로의 산소 확산이 근육에 의한 산소섭취의 최대 속도를 제한하는 하나의 주요 요인이라는 것은 분명한 사실이다. 모세혈관 밀도의 증가는 이러한 확산을 촉진시키기 때문에 에너지 생산과 반복적인 근육 수축에 아주 적합한 환경을 유지한다.

다. 미오글로빈 함유량

산소가 근섬유 내로 들어가기 위해서는 일단 헤모글로빈에 의해 근섬유 막까지 산소가 운반되어야 하며, 그 이후에 근섬유 안으로 산소가 들어가야 한다. 이는 스스로 들어가는 것이 아니라 근육 내에 있는 미오글로빈(myoglobin)이 헤모글로빈으로부터 산소를 빼앗아 자신과 결합한 후 이를 미토콘드리아에 전달하는 것이다. 요약하면, 산소가 근섬유 내로 들어가면 산소는 헤모글로빈과 비슷한 화합물인 미오글로빈과 결합한 후 근막에서 미토콘드리아로 운반되는 것이다. 미오글로빈은 산소와 결합하면 적색을 띠게 되는데, typeⅠ 섬유에는 많은 양의 미오글로빈이 함유되어 있어 이 때문에 typeⅠ 섬유는 적색을 띤다. 그와는 달리, typeⅡ 섬유는 미오글로빈이 그리 많지 않아서 흰색을 띠게 된다. 더욱 중요한 것은 이러한 제한된 미오글로빈의 양은 산화능력을 제한하므로 이들 근섬유의 유산소 능력은 typeⅠ 섬유에 비해 매우 낮다.

지구성 훈련은 근육의 미오글로빈 함유량을 75~80% 증가시킨다고 알려져 있다. 이러한 적응 현상에 의해 훈련 후 근육의 유산소 대사 능력은 향상된다.

라. 미토콘드리아의 기능

미토콘드리아는 에너지인 ATP를 만들어내는 발전소이다. 산화적 에너지 생산도 미토콘드리아 내에서 일어난다. 유산소 훈련은 근섬유의 ATP 생산능력을 향상시키는 미토콘드리아의 기능을 변화시킨다. 인체에서 ATP를 생산하는 능력은 근육 미토콘드리아의 숫자와 크기에 좌우된다. 유산소 훈련의 강도나 기간에 따라 다소 차이는 있지만, 두 가지 모두 지구력 훈련에 의해 증가한다.

마. 산화 효소

규칙적인 지구성 운동은 근육 내의 미토콘드리아의 숫자와 크기 증가를 포함한 여러 가지 변화를 가져온다. ATP 생산능력은 영양소 분해를 촉진하여 ATP를 생성하는 미토콘드리아 산화 효소의 활동에 좌우된다. 유산소 훈련은 이러한 산화 효소의 활성도를 증가시킨다. 산화 효소의 활성도는 유산소 훈련 기간 동안 최대산소섭취량의 증가와 함께 지속적으로 증가한다. 미토콘드리아와 마찬가지로 산화 효소 역시 훈련의 강도나 시간에 따라 2~3배 증가한다.

6. 활동 제한에 의한 근위축과 근력 감소

정상적으로 활동적인 또는 아주 잘 단련된 사람이 자신의 신체활동 수준을 감소시키거나 훈련을 중단하면 근육의 구조와 기능의 변화가 나타난다.

가. 부동화

훈련된 근육 부동화(immobilization)로 인해 갑자기 비활동적이 되었을 때 근육 내에서의 변화는 몇 시간 이내부터 시작된다. 부동화가 시작된 후 처음 6시간 동안에는 단백질 합성의 감소가 시작되고, 이러한 감소는 근육 조직의 손실 또는 근육 조직의 크기가 감소하는 근위축이 시작되도록 만든다. 근위축은 근육 사용이 제한을 받거나 그 사용이 부족하게 되면 발생하기 시작하고, 비활동에 따른 근육 단백질 감소의 결과로 발생한다. 근력의 감소는 부동화가 일어나는 첫 주 동안 가장

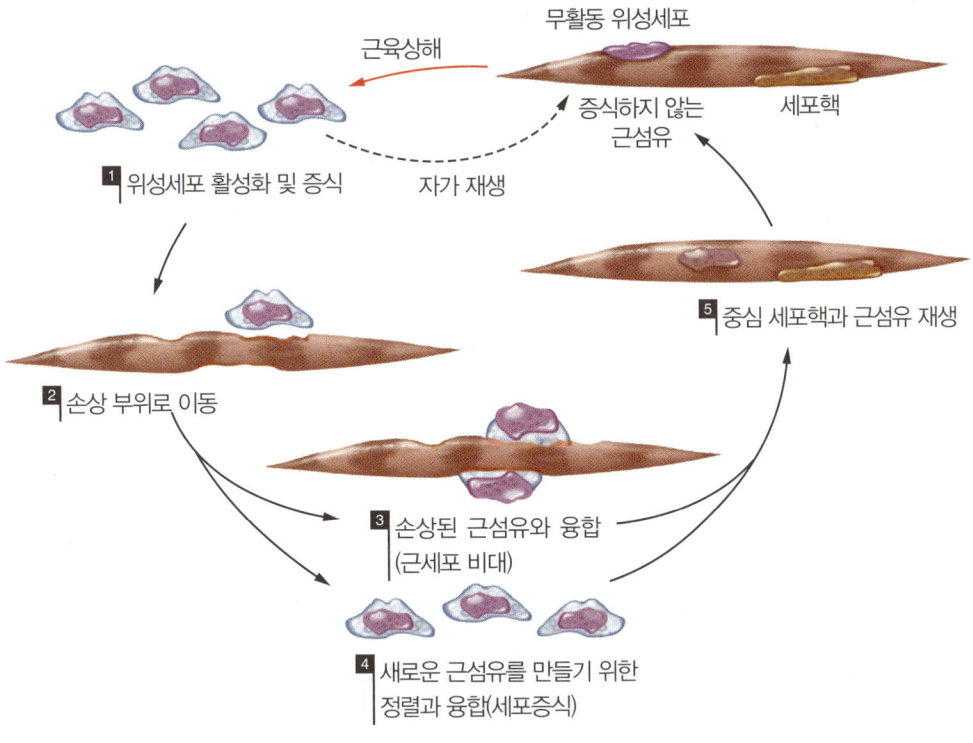

그림 4-9. 근육 손상에 의한 위성세포의 반응

급격하게 이루어지며, 하루 평균 3~4%가 감소한다. 위에서 설명한 바와 같이 근력의 증가는 근비대와 신경 적응에 의한 신경계의 활성화와 깊은 관계가 있다고 하였다. 반대로 근력의 감소는 근섬유 단면적의 감소를 초래하는 근위축과 깊은 관계가 있으며, 또한 부동화된 근육에서의 신경계 활성화 감소가 많은 영향을 미치는 것으로 보인다.

부동화된 근육에서 근원섬유, 미토콘드리아의 손상 등이 관찰되는 것으로 볼 때, 부동화는 type Ⅰ 섬유와 type Ⅱ 섬유 모두에 영향을 미치는 것으로 보인다. 부동화에 의한 근육 내의 변화는 type Ⅱ 섬유보다 type Ⅰ 섬유에서 더 크다.

나. 훈련 중단

부동화에 의한 근육의 감소와 함께 근력의 감소가 나타난다. 하지만 활동이 다시 시작되면 근육은 부동화로부터 회복을 시작한다. 회복 기간이 부동화 기간보다 상당히 길 수 있다는 것이 마음 아프지만 훈련을 다시 하면 회복되는 것은 틀림없는 사실이다.

한 연구에서 여성 피험자들은 20주 동안 저항성 트레이닝을 실시한 다음 30~32주 동안 트레이닝을 중단하였다. 그런 다음 다시 6주 동안 트레이닝을 했다. 트레이닝 프로그램은 하지 운동에 초점을 맞추면서 풀스쿼트(full squat), 레그 프레스(leg press), 레그 익스텐션(leg extention)을 실시하였다. 그러자 〈그림 4-10〉과 같이 근력 증가가 극적으로 나타난다. 최초 트레이닝을 실시한 후(후-20)와 트레이닝을 중단한 후(전-6)의 여성의 근력을 비교해보면 트레이닝 중단에 의한 피험자들의 근력 손실을 알 수 있다. 트레이닝을 실시한 두 기간 동안 근력의 증가는 모든 근섬유 형태의 단면적 증가 그리고 typeⅡb 섬유 비율의 감소를 동반하였다. 비록 typeⅡ 섬유의 면적이 감소하는 경향이 있었지만, 트레이닝 중단은 근섬유의 단면적에 비교적 적은 영향을 미쳤다.

저항성 훈련을 통해 얻은 근력의 손실을 방지하려면 일단 근력 발달의 목표가 달성된 다음에는 기본적인 유지 프로그램이 실행되어야 한다. 유지 훈련 프로그램은 트레이닝의 강도, 지속시간 혹은 빈도의 감소를 허용하면서도 기존의 근력 수준을 유지할 수 있을 정도의 충분한 자극으로 수행한다.

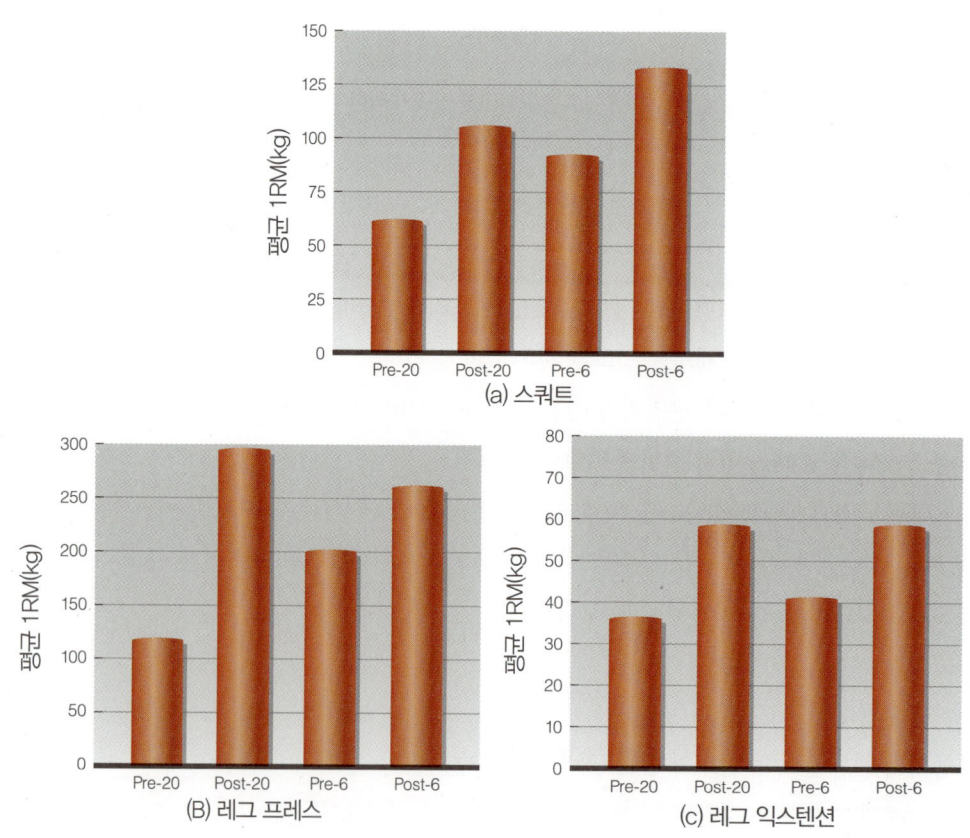

그림 4-10. 저항성 트레이닝에 따른 여성의 근력 변화. Pre-20은 트레이닝을 시작하기 전의 근력; Post-20은 20주 트레이닝 후의 근력; Pre-6은 훈련 중단 후의 근력 변화; Post-6은 다시 6주간 트레이닝 후의 근력을 나타낸 것이다.

4장 근 손상과 근 통증

📖 **학습목표**
- 근 통증의 원인을 이해한다.
- 근 손상의 종류와 원인을 이해한다.

1. 근 통증

심한 근육운동으로 과도한 힘을 사용하게 되면 종종 근 통증(muscle soreness)을 야기한다. 근 통증은 일반적으로 고강도 운동 후 나타난다. 근 통증은 일반적으로 근섬유와 원형질막 같은 근육 자체의 상처나 손상으로부터 초래된다. 이것은 사람들이 특정한 운동을 처음으로 실행할 때 특히 더 자주 발생한다. 근 통증은 어느 때라도 느낄 수 있지만 일반적으로 운동을 하는 동안 그리고 운동 직후에 가볍게 느낄 수 있으며, 그런 다음 하루 또는 이틀 후에 좀 더 심한 통증을 경험한다. 나이가 들면 들수록 더욱 쉽게 근 통증이 발생한다.

가. 급성 근 통증

피로를 수반하는 급성 근 통증(acute muscle soreness)은 운동 중이나 운동 직후에 발생한다. 이러한 통증은 혈장으로부터 조직으로의 체액 이동에 의한 조직부종(edema)이나 수소이온 같은 운동 부산물이 원인으로 지적되고 있다. 강도 높은 지구력 훈련이나 근력 훈련 후에 사람들이 느끼는 부푼(pumped-up) 느낌은 대부분 부종 때문이다. 이러한 통증은 일반적으로 운동 후 몇 분에서 몇 시간 이내에 사라지기 때문에 흔히 '급성 근 통증'이라고 말한다.

나. 지연성 근 통증과 손상

힘든 운동 후 하루 또는 이틀 뒤에 나타나는 근 통증의 원인에 대해서는 지금까지 명확하게 알려진 바가 없다. 이 통증은 즉시 발생하지 않기 때문에 '지연성 근 통증' 또는 'DOMS(delayed-onset muscle soreness)'로 불린다. 지연성 근 통증은 24시간 이후부터 48시간까지 가장 심하게 나타나며, 그다음 점차적으로 가라앉아 3~4일 후에는 근육에서 통증이 사라진다. DOMS는 증가된 근육 장력, 부종 그리고 경직과 신전에 대해 저항을 일으키는 지연된 근 통증의 한 증상으로 정의된다. DOMS는 여러 가지 원인에 의해 발생한다. 원심성 혹은 등척성 수축보다는 신장성 수축에 의해 더 잘 발생하며, 근육 조직의 아주 작은 찢어짐으로 발생하기도 한다. 또한 근육의 건 섬유를 잇는 결체조직의 파열로 인해 생기기도 한다. 근육 통증은 적절한 수준으로 운동을 시작하고, 운동 시간 내내 점차적으로 강도를 높여감으로써 예방할 수도 있다. DOMS는 정적 스트레칭으로 예방 및 치료할 수 있다.

1) 구조적 손상

격렬한 운동 후 혈액 내에 근육 효소가 나타나는 현상은 근육 세포막에 약간의 구조적 손상이 발생했다는 것을 의미한다(그림 4-11). 이러한 효소는 고강도 훈련 후에 안정 시 수준의 2배에서 10배까지 증가하는 것으로 알려지고 있다. 마라톤 선수의 다리 근육 조직검사 결과를 보면 마라톤경기 후 근섬유에 주목할 만한 손상이 나타난다는 것을 볼 수 있다. 이러한 근육 변화의 시작과 진행 시점이 선수가 경험하는 근 통증의 정도와 일치하는 것으로 볼 때 근육 내에서의 이러한 변화는 근육조직 손상과 상당한 연관이 있음을 알 수 있다.

〈그림 4-12〉의 전자현미경 사진에서는 마라톤경기에 따른 근섬유 손상을 보여주고 있다. 세포막(cell membrane) 파열로 인해 다른 정상적인 근섬유 사이로 세포의 내용물이 떠돌아다니고 있음을 볼 수 있다.

근육 손상이 경기력에 어떤 영향을 미치는지는 확실히 알 수 없지만 근육 조직의 손상이 지연성 근 통증과 관련된 국소 부위의 긴장, 통증, 부종에 대한 부분적인 원인으로 지적되고 있다. 그렇지만 근 통증을 발생시키지 않는 일상적인 운동을 하는 동안에도 혈중 효소 농도가 증가하고 근섬유가 자주 손상되는 것으로 볼 때 근육 손상이 근비대의 유발 인자로도 생각되고 있다.

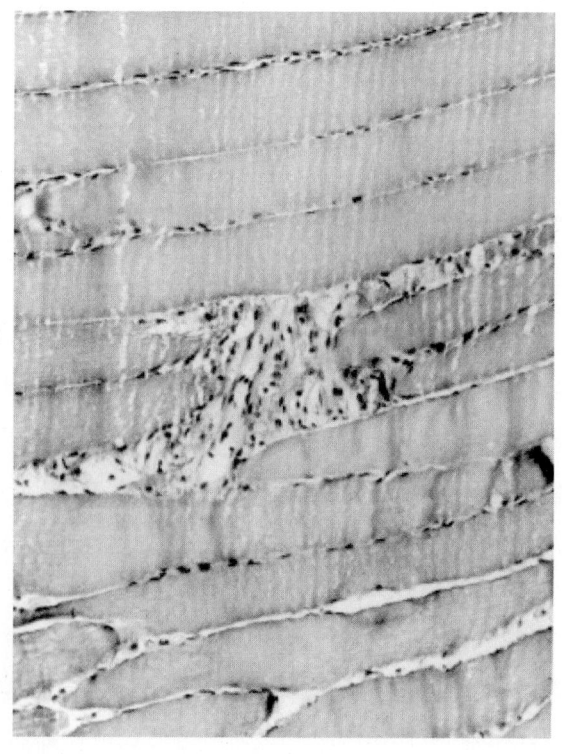

그림 4-11. 마라톤경기 직후에 채취한 근육 조직의 전자현미경 사진으로, 근섬유막의 손상 상태를 보여줌.

그림 4-12. (a) 마라톤경기 전의 근육 조직으로 액틴, 미오신 세사섬유 및 Z원판의 정상적인 정렬 상태 (b) 마라톤경기 직후 채취한 근육 조직으로 러닝 과정의 신장성 동작에 의한 Z원판과 세사의 손상

2) 염증성 손상

백혈구는 신체에 유입된 이물질에 대해 또는 조직의 정상적인 기능을 위협하는 상황에 대해 방어 작용을 한다. 백혈구의 숫자는 근 통증을 유발하는 신체활동 후에 증가하는 경향을 보인다. 이러한 현상은 근육 내의 염증 반응(inflammatory reaction)을 근 통증의 원인으로 생각하게 한다. 상해가 발생한 근육에서 분비된 물질이 염증 과정을 일으키는 것으로 인식되고 있다. 근육의 단핵구 세포는 상해에 의해 활성화되며, 순환하는 염증세포에게 화학적 신호를 제공한다. 호중성 백혈구(neutrophils: 백혈구의 한 유형)가 상해 부위에 침투하여 사이토카인(cytokines: 면역조절 물질)을 분비하며, 이것은 염증세포를 추가적으로 끌어들이고 활성화시킨다. 또한 호중성 백혈구는 세포막을 손상시킬 수 있는 산소유리기(oxygen free radical)를 분비하기도 한다. 이러한 염증세포의 침투는 통증 발생과도 연관이 있으며, 염증세포로부터 분비된 물질이 통증에 민감한 신경종말을 자극함으로써 통증이 발생한다.

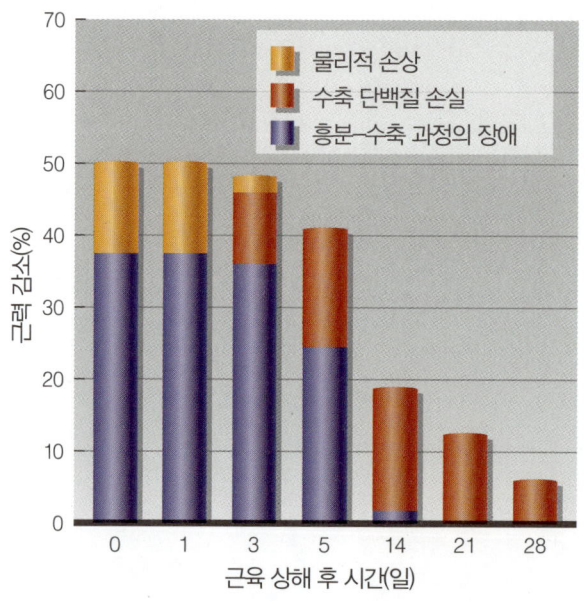

그림 4-13. 근육 손상에 따른 근력 감소에 대한 흥분-수축 과정의 장애

3) DOMS와 경기력

DOMS는 근육에 영향을 미치면서 힘의 생성능력을 감소시킨다. DOMS가 근육 상해의 결과이든 근육 상해와는 무관한 부종 현상의 결과이든 간에 근육은 1RM 근력 테스트에서처럼 최대 힘을 발휘하도록 요구될 때에는 최대의 힘을 발휘할 수 없게 된다. 최대 힘의 생성능력은 며칠 혹은 몇 주 내에 점차적으로 회복된다. 근력의 이러한 손실은 ① 근육의 물리적 파괴, ② 흥분-수축 과정에서의 어려움, ③ 수축 단백질의 손실 같은 3가지 요인에 의해 나타난다.

2. 기타 근 손상

가. 근육 좌상

근육은 중추신경계로부터 자극을 받았을 때 동시에 수축할 수 있는 개별 섬유들로 구성되어 있다. 각 근육은 관절을 교차하는 강하지만 비교적 탄성이 없는 힘줄에 의해 양쪽의 뼈에 부착되어 있다. 만약 하나의 근육이 너무 큰 저항에 대항하여 수축해야 하는 장력 또는 힘에 의해 과신전 되면, 그 근섬유는 분리되거나 찢어진다. 이러한 손상을 '좌상(strain)'이라 한다. 좌상은 3단계로 구분된다.

표 4-11. 좌상의 분류

정도	상태
1도 좌상	약간의 근섬유들만 손상되고, 근력의 손실은 없다. 국소적 통증은 있다.
2도 좌상	많은 근섬유가 파열된 상태로 통증과 부종을 동반한다. 통증은 근육이 수축할 때 나타나며, 통증에 의해 근력이 감소되고 움직임이 제한된다.
3도 좌상	근육이 완전히 파열된 상태다. 근육과 건의 연결부에서 가장 흔하게 나타난다. 현저한 손상 또는 전체적인 움직임 손실이 생긴다.

나. 근 경직

경직은 근골격계의 외상에 의해 발생된 반사 반응이다. 경직의 두 형태는 간대성과 강직성이다. 간대성(clonic)은 연속적으로 빠르게 불수의적으로 근수축과 근이완이 교대로 일어나는 것을 말하며, 강직성(tonic)은 일정 기간 동안 지속하는 단단한 근수축이다. 근육 경직은 근육 좌상을 유발할 수도 있다.

다. 타박상

외부 대상물로부터의 가격은 연부 조직(근육, 힘줄, 피부, 지방)이 단단한 뼈 밑에서 압박을 받게 한다. 만약 외부 가격이 단단하면 모세혈관이 찢어져 조직 속으로 피가 흐르게 한다. 가벼운 출혈은 종종 여러 날 동안 지속하는 피부가 엷은 남색, 자줏빛으로 변색하는 반상출혈(ecchymosis)을 유발한다. 타박상은 매우 고통스럽고, 만약 손상이 근육에서 발생되었다면 통증은 활동적인 움직임에서 나타난다. 대부분의 경우, 통증은 며칠 내에 멈추고 피부 변색도 몇 주 내에 사라진다.

V부
내분비계와 운동

 운동 시 인체 내에서 일어나는 변화를 감지하여 신속한 반응으로 인체 항상성을 유지하는 역할을 하는 내분비기관과 각 내분비샘에서 분비되는 주요 호르몬에 대하여 학습한다. 특히 신체 내 호르몬의 작용 기전과 운동 중 호르몬의 효과에 영향을 미치는 요인들에 대해 이해한다.
 에너지 대사작용에서 인슐린과 글루카곤의 상호 길항적인 작용이 혈당조절과 지질대사에 영향을 미치는 것을 알고, 운동에 대한 반응과 적응을 이해한다. 또한 인체의 수분 및 전해질 조절에 관여하는 항이뇨호르몬(ADH)의 작용과 레닌–앤지오텐신–알도스테론계의 작용을 이해한다. 아울러 스트레스반응으로서 시상하부–뇌하수체–부신피질 축의 기능과 교감신경–부신호르몬(sympathetic adrenal hormone)의 작용을 이해한다.

1장 내분비계

 학습목표
- 인체 내분비기관과 각 내분비샘에서 분비되는 주요 호르몬을 알아본다.
- 호르몬의 분비 조절 기전에 대해 이해한다.
- 호르몬의 작용 기전과 호르몬의 효과에 대해 이해한다.

1. 호르몬의 특성

호르몬은 내분비계의 내분비세포에서 분비되는 물질이며, 신경계와 내분비계의 세포 간의 이동으로 신진대사를 조절한다. 내분비샘은 호르몬을 분비하는 곳이며 뇌하수체, 갑상샘, 부갑상샘, 부신, 생식샘(성선), 이자 등이 주요 내분비샘이다.

가. 1차 내분비기관(primary endocrine organ)
- 호르몬 분비의 기능
- 시상하부, 뇌하수체, 솔방울샘을 포함하며 1차 내분비기관은 뇌 안에 있다.

나. 2차 내분비기관(secondary endocrine organ)
- 부수적인 기능
- 심장, 간, 위, 소장, 콩팥(신장) 및 피부 등의 기관이다.

호르몬은 서로 협동하거나 길항작용을 하여 신체의 전반적인 기능을 최상의 상태로 만든다. 호르몬은 운반 경로에 따라 자가분비(autocrine) 호르몬, 주변분비(paracrine) 호르몬, 내분비(endocrine) 호르몬으로 분류된다. 또한 호르몬은 여러 내분비샘에서 분비되고, 각기 표적기관이 다르며, 수행하는 역할도 다르다.

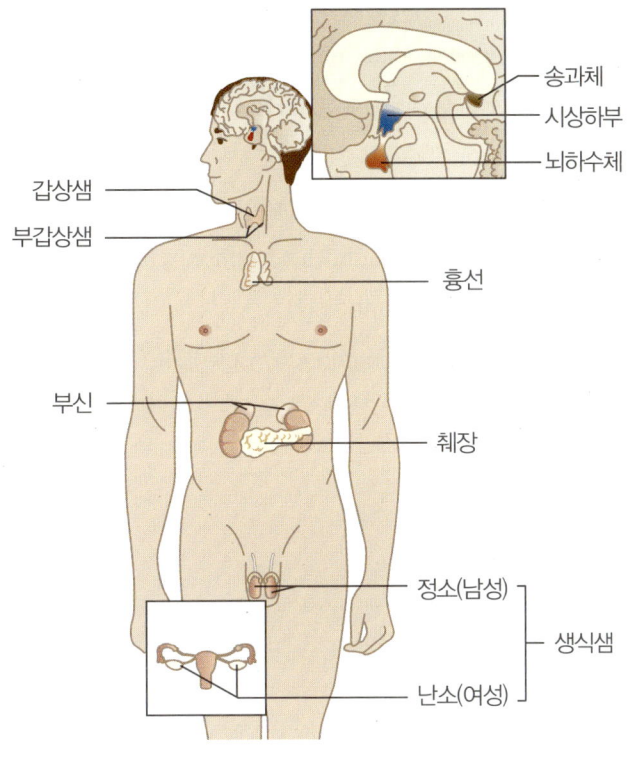

그림 5-1. 내분비기관의 위치

2. 호르몬의 작용

가. 호르몬의 종류 및 저장

호르몬은 아미노산유도체, 펩티드나 단백질, 스테로이드(steroid) 계통의 3가지로 분류되며, 세포 내 고형의 과립 형태로 존재하거나 액상의 소포로 저장되어 있다.

1) 아미노산유도체
- 티록신(thyroxine), 에피네프린(epinephrin), 멜라토닌(melatonin) 등이 있다.
- 티록신과 에피네프린은 티록신으로부터, 멜라토닌은 트립토판(tryptophan)으로부터 유도된 물질이다.

2) 펩티드나 단백질
- 갑상샘자극호르몬분비호르몬(thyrotropin releasing hormone: TRH)과 같이 3개의 아미

노산으로 된 아주 작은 펩티드 호르몬
- 부신피질자극호르몬(adrenocorticotropic hormone: ACTH)
- 부갑상샘호르몬(parathyroid hormone: PTH)
- 성장호르몬(growth hormone: GH)
- 난포자극호르몬(follicle stimulating hormone: FSH)
- 갑상샘자극호르몬(thyrotropin stimulating hormone: TSH)
- 황체형성호르몬(luteinizing hormone: LH)
- 생식샘자극호르몬(human chorionic gonadotropin: HCG)
- 세포막의 투과도가 없고 작용기간도 상대적으로 짧은 펩티드 호르몬은 합성 이후 세포 내 과립 형태로 저장된다.

3) 스테로이드 계통
- 당질 코르티코이드(glucocorticoid)
- 무기질 코르티코이드(mineralocorticoid)
- 안드로겐(androgen)
- 에스트로겐(estrogen)
- 프로게스테론(progesterone)
- 콜레스테롤로부터 부신피질, 난소, 정낭, 태반에서 합성되는 지용성 물질이기 때문에 저장 과정 없이 세포 밖으로 유리되므로 호르몬의 합성 속도가 곧 분비 속도가 된다.
- 스테로이드호르몬은 작용시간이 긴 호르몬들로 세포에 자극이 올 때만 합성되고, 일단 합성이 이루어지면 세포막을 통해 쉽게 확산되므로 저장되지 않고 바로 혈액으로 나간다.

3. 호르몬의 조절

대부분의 호르몬은 항상 일정한 혈당 농도를 유지하거나 혈장 이온 농도를 조절하는 등 내적 환경의 일정한 상태를 유지하기 위해 작용한다. 또한 호르몬의 분비는 음성되먹이기 기전(negative feedback mechanism)과 양성되먹이기 기전(positive feedback mechanism) 등 여러 기전으로 적절히 조절되고 있다.

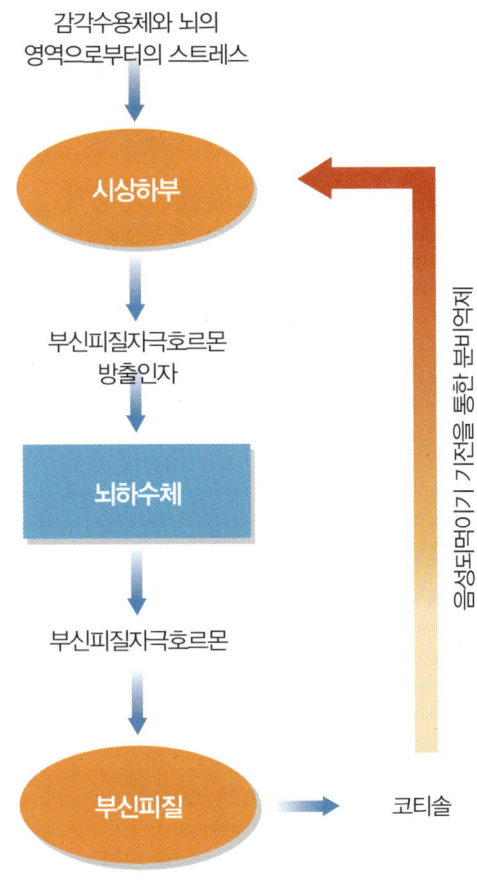

그림 5-2. 호르몬 분비 기전

4. 내분비선과 호르몬

호르몬은 표적세포 내에 있는 호르몬 수용체(hormone receptor)와 결합함으로써 그 호르몬에 특이적인 수용체를 가진 세포만이 생물학적 반응을 유발한다. 호르몬 수용체는 단백질이거나 일부는 당단백이며, 고정되어 있는 것이 아니라 세포막을 따라 이동(lateral mobility)하여 특정 호르몬을 특이적으로 인식하여 결합하는 특성이 있다. 호르몬의 농도가 지속적으로 증가해 있으면 표적세포는 수용체의 수를 감소시켜 호르몬의 감수성이 감소하는데, 이를 '하향조절(down regulation)'이라 한다.

표 5-1. 내분비샘, 호르몬, 표적기관, 조절 요인 및 기능

내분비샘	호르몬	표적기관	조절 요인	주요 기능
뇌하수체 전엽	성장호르몬(GH)	인체의 모든 세포	성장호르몬 방출호르몬 성장호르몬 억제호르몬 (somatostatin)	• 성숙할 때까지 인체 모든 조직의 발달과 크기 증가를 촉진시킨다. • 단백질 합성 속도 증가 • 지방 동원 및 지방 에너지 사용 증가 • 탄수화물 사용 속도 감소
	갑상샘자극 호르몬	갑상샘	갑상샘자극호르몬 방출호르몬	갑상샘으로부터 생산되고 분비되는 티록신과 트리요오드타이로닌의 양 조절
	부신피질자극 호르몬(ACTH)	부신피질	부신피질자극호르몬 방출호르몬	부신피질의 호르몬 분비 조절
	프로락틴	유방	프로락틴 방출호르몬 프로락틴 억제호르몬	유방의 모유 생산 촉진
	난포자극 호르몬(FSH)	난소, 고환	성선자극호르몬 방출호르몬	• 난소의 난포 성장을 시작시키고 난소로부터 에스트로겐 분비 촉진 • 고환의 정자 발달 촉진
	황체형성 호르몬(LH)	난소, 고환	생식샘자극호르몬 방출호르몬	• 에스트로겐과 프로게스테론 분비 촉진, 난포가 파열되도록 만들어 난자의 방출을 가져온다. • 고환의 테스토스테론 분비 촉진
뇌하수체 후엽	항이뇨 호르몬(ADH)	신장	시상하부 분비신경세포	• 신장의 수분 배설 조절을 돕는다. • 혈관을 수축시킴으로써 혈압 상승
	옥시토신	자궁, 유방	시상하부 분비신경세포	자궁 수축 조절, 모유 분비
갑상샘	티록신(T4)과 트리요오드 타이로닌(T3)	인체의 모든 세포	TSH 그리고 T3 및 T4의 농도	세포의 대사 속도 증가; 심박수와 심장 수축력 증가
	칼시토닌	뼈	혈장 칼슘 농도	혈액의 칼슘이온 농도 조절
부갑상샘	부갑상샘 호르몬(PTH)	뼈, 소장, 신장	혈장 칼슘 농도	뼈, 소장, 신장에 작용하여 세포외액의 칼슘이온 농도 조절

내분비샘	호르몬	표적기관	조절 요인	주요 기능
부신속질	에피네프린	인체의 대부분 세포	압력수용체, 글루코오스수용체, 두뇌와 척수의 센터	• 간과 근육의 글리코겐 분해 촉진 및 지방조직과 근육의 지방분해 촉진 • 골격근으로의 혈액 흐름 증가 • 심박수와 심장 수축력 증가 • 산소 소비량 증가
	노르에피네프린	인체의 대부분 세포	압력수용체, 글루오코스수용체, 두뇌와 척수의 센터	• 지방조직과 근육의 지방분해 촉진 (에피네프린보다는 정도가 약함) • 세동맥과 세정맥을 수축시켜 혈압 상승
부신피질	전해질 코르티코이드(알도스테론)	신장	앤지오텐신과 혈장 칼륨 농도; 레닌	신장을 통한 나트륨 보유와 칼륨 배설 증가
	글루코코르티코이드(코티솔)	인체의 대부분 세포	ACTH	• 탄수화물, 지방, 단백질 대사 조절 • 항염증 작용
췌장	안드로겐과 에스트로겐	난소, 유방, 고환	ACTH	남녀 성징의 발달을 돕는다.
	인슐린	인체의 모든 세포	혈장 글루코오스와 아미노산 농도	글루코오스 수준을 감소시킴으로써 혈당 수준 조절
	글루카곤	인체의 모든 세포	혈장 글루코오스와 아미노산 농도	• 혈액 글루코오스 증가 • 단백질과 지방 분해 촉진
	소마토스타틴	랑게르한스 섬과 장 (intestines)	혈장 글루코오스, 인슐린, 글루카곤 농도	인슐린과 글루카곤 분비 억제
신장	레닌	부신피질	혈장 나트륨 농도	혈압 조절을 돕는다.
	에리스로포이에틴 (EPO)	뼈 골수	조직의 낮은 산소 농도	적혈구 생산 촉진
고환	테스토스테론	성기관, 근육	FSH와 LH	• 고환, 음낭, 음경, 수염의 성장과 음성의 변화를 포함해서 남성의 성징 발달 촉진 • 근육 성장 촉진
난소	에스트로겐과 프로게스테론	성기관과 지방조직	FSH와 LH	• 여성 생식기관과 성징 발달 촉진 • 지방 저장 증가 • 월경 주기의 조절을 돕는다.

2장 운동과 호르몬 조절

📖 **학습목표**
- 운동 시 대사 및 에너지 조절에 미치는 호르몬의 영향을 이해한다.
- 운동 시 수분 및 전해질 조절에 미치는 호르몬의 영향을 이해한다.
- 운동에 대한 호르몬의 반응을 이해한다.

1. 대사와 에너지에 미치는 호르몬의 영향

운동을 통한 혈중의 호르몬 수준은 안정 시보다 증가하거나 감소하는 것으로 알려지고 있다. 이러한 호르몬들의 혈액 수준 감소 또는 증가는 내분비샘에서 혈중으로 분비된 호르몬이 표적기관에 어느 정도의 효과를 미치는가에 있다. 이는 호르몬과 결합하는 수용체의 수 또는 활성도에 의해 결정된다.

가. 운동 시 근육 글루코오스 대사

운동 시 혈장 글루코오스 농도는 근육에서 글루코오스 흡수와 간으로부터의 글루코오스 방출 사이의 균형에 좌우된다. 여기에는 글루카곤, 에피네프린, 노르에피네프린, 코티솔의 4가지 호르몬이 혈장 글루코오스의 양을 증가시킨다. 휴식 시의 글루코오스 방출은 글루카곤에 의해 간에서 글리코겐의 분해가 일어나며, 아미노산으로부터의 글루코오스 형성을 촉진시켜 증가된다.

다음 그림은 자전거 운동을 하는 3시간 동안 에피네프린, 노르에피네프린, 코티솔, 글루코오스의 혈장 농도 변화를 보여주고 있다. 운동하는 동안 간의 글리코겐 공급이 한정적일 수 있으며, 간의 글루코오스 방출 속도는 근육의 글루코오스 흡수 속도를 더 이상 따라갈 수 없게 될 수도 있다. 이러한 상황에서는 호르몬의 강력한 자극에도 불구하고 혈장 글루코오스 수준은 감소한다. 운동하는 동안의 글루코오스 섭취는 혈장 글루코오스 수준을 유지하는 데 중요한 역할을 할 수 있다.

글루코오스가 방출된 다음 세포로 운반되어야 할 뿐만 아니라 세포에 의해 흡수되어야 하는데, 인슐린은 세포막을 통과해서 근육세포 내부로 글루코오스를 운반하는 것을 조절하는 호르몬이며, 근섬유 내부로의 글루코오스 이동을 촉진시킨다.

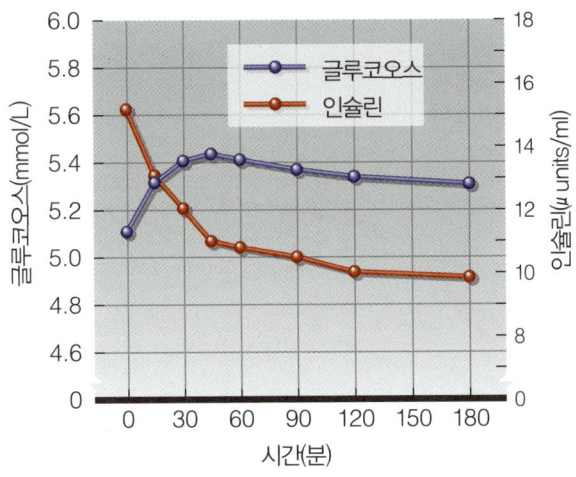

그림 5-3. 운동 시 글루코오스와 인슐린의 변화

그러나 오랜 시간의 최대하(submax)운동 동안 혈장 인슐린 수준은 혈장 글루코오스 농도의 증가와 근육에 의한 글루코오스 흡수의 증가에도 불구하고 감소하는 경향이 있다. 혈장 인슐린 농도와 근육의 글루코오스 요구량 사이의 이러한 모순적인 관계는 호르몬 작용이 항상 혈액 속의 호르몬 농도에 의해 결정되는 것이 아니라 주어진 호르몬에 대한 세포의 민감도(sensitivity)에 의해 결정된다. 인슐린 민감도(insulin sensitivity)는 혈액 속에서 순환되고 있는 호르몬의 양만큼이나 중요하며 운동하는 동안 글루카곤, 에피네프린, 노르에피네프린, 코티솔 등의 호르몬은 글루코오스를 글루코오스 저장 장소로부터 방출하고 글루코오스를 생산하려고 하기 때문에 이러한 변화는 중요하다. 인슐린의 높은 농도는 이러한 호르몬들의 작용을 억제하여 혈장 글루코오스 공급을 방해할 것이다.

나. 운동 시 지방대사

장시간 운동으로 탄수화물 저장량이 고갈되어 혈장 글루코오스 수준이 감소하고 근육 글리코겐이 고갈되면, 에너지 생산을 위해 지방분해에 의한 지방 산화를 가속시켜 근육의 에너지 요구량이 충족된다.

지방분해 속도는 인슐린, 에피네프린, 노르에피네프린, 코티솔, 성장호르몬 등에 의해 조절된다. 운동하는 동안 감소된 혈장 인슐린 농도, 에피네프린과 노르에피네프린의 상승은 지방조직에서의 지방분해에 주된 역할을 한다. 또한 코티솔은 운동하는 동안의 에너지 공급을 위한 혈장 유리지방산(FFA) 동원과 사용을 증가시킨다. 혈장 FFA 농도는 신체활동의 전 과정을 통하여 계속해서

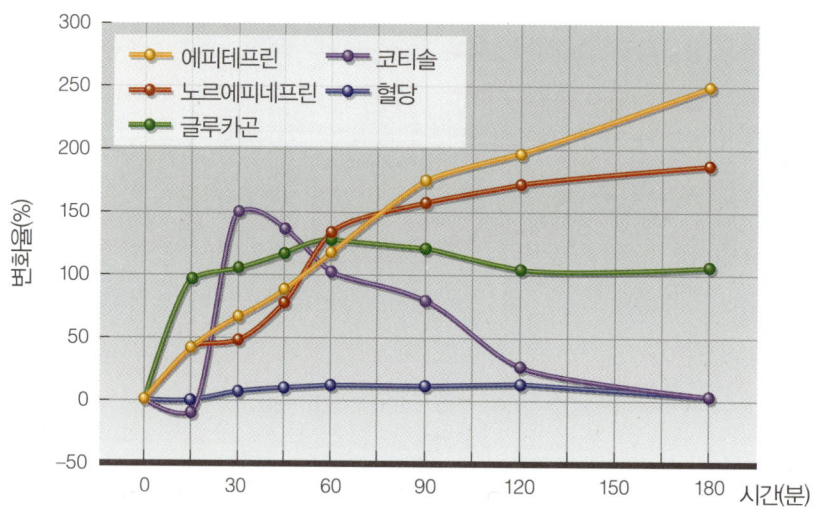

그림 5-4. 운동 시 혈장 에피네프린, 노르에피네프린, 글루카곤, 코티솔, 글루코오스 농도의 변화

상승하는데, 혈장 코티솔 농도는 운동 시작 30~45분 후에 최고 수준에 도달한 다음 안정 시 수준으로 감소하지만, 리파아제(lipase)가 카테콜아민과 성장호르몬에 의해 계속해서 활성화된다는 것을 의미한다. 갑상샘호르몬도 유리지방산의 동원과 대사에 기여하지만 영향력은 적다.

2. 운동 중 수분과 전해질 균형에 대한 호르몬의 영향

내분비계는 신체 수분의 상태를 계속 감지하면서 불균형을 바로잡는 데 주된 역할을 하며 이러한 작용은 전해질의 균형, 특히 나트륨 균형의 조절과 병행하면서 이루어진다. 이 같은 조절 작용에 관련된 두 가지 주요 내분비샘은 뇌하수체 후엽과 부신피질이다.

가. 뇌하수체 후엽

뇌하수체 후엽은 시상하부로부터의 신경조직이 성장하여 '신경 뇌하수체(neurohypophysis)' 라고도 부른다. 뇌하수체 후엽 호르몬은 항이뇨호르몬(antidiuretic hormone: ADH 또는 vaso-pressin)과 옥시토신(oxytocin)이 있으며, 이들은 시상하부에서 생산되어 신경조직을 통해 운반되고, 뇌하수체 후엽에 있는 신경 끝 부분의 소포(vesicle) 내에 저장된다. 저장되어 있던 뇌하수체 후엽 호르몬들은 시상하부로부터의 신경자극에 의해 모세혈관 속으로 분비된다.

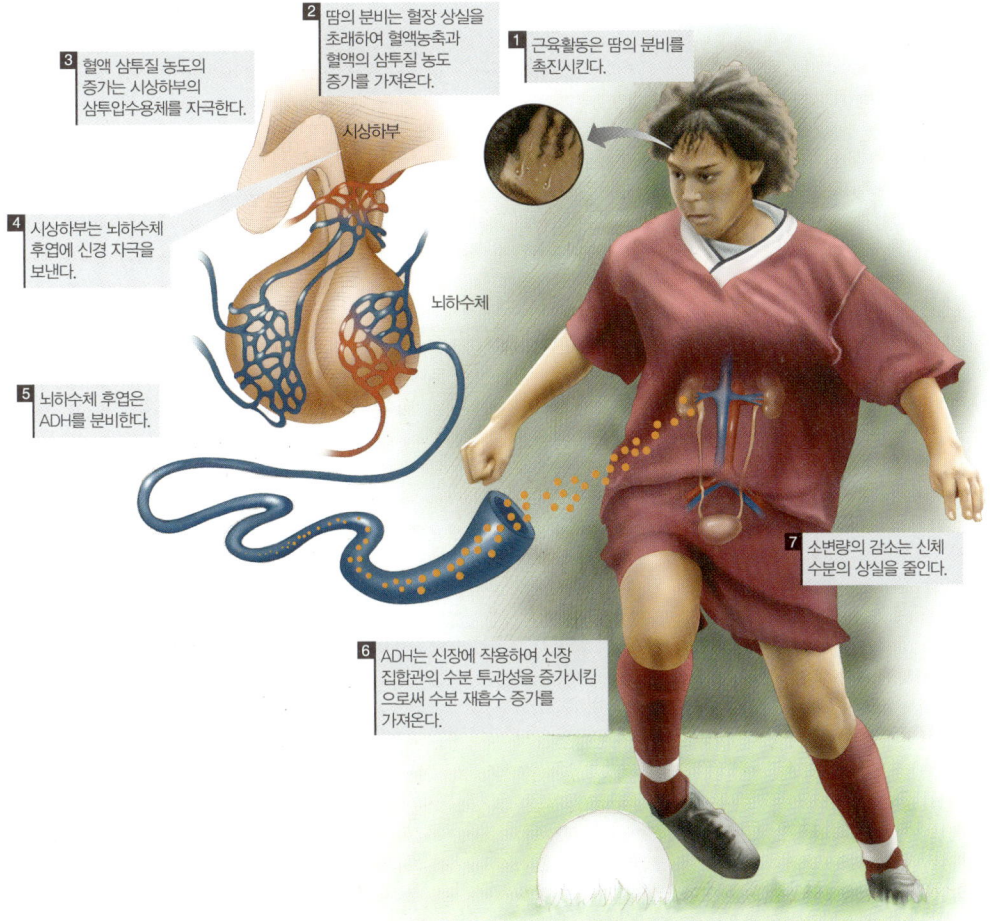

그림 5-5. 항이뇨호르몬의 인체 수분 보존 기능

1) 항이뇨호르몬(antidiuretic hormone: ADH 또는 vasopressin)

ADH는 신장에서 재흡수되는 물의 양을 증가시키며, '항이뇨' 작용을 일으켜 인체의 수분 보유를 증가시킨다. 운동 시 땀 분비로 인해 많은 양의 수분이 혈장을 빠져나가 혈장 속의 전해질이 농축되는 혈액농축(hemoconcentration) 현상을 일으킨다. 그 결과 혈장의 삼투질 농도(osmolality: 혈장 속에 녹아 있는 물질의 이온농도)를 증가시켜 ADH 분비를 증가시킨다. 시상하부에 위치하고 있는 삼투압수용체(osmoreceptor)에 의해 삼투질 농도 증가를 감지하거나 심혈관계의 압력수용체에 의해 혈장량 농도가 감소된 것이 감지되면 시상하부는 뇌하수체 후엽에 신경자극을 보내 ADH가 분비되도록 한다. ADH는 혈액을 통하여 신장으로 이동함으로써 수분 보유를 증가시켜 혈장 전해질 농도를 정상으로 유지하게 한다. 특히 많은 땀을 흘리거나 힘든 운동을 하는 기간 동안 심각한 탈수의 위험을 최소화하기 위하여 수분 유지에 중요한 호르몬이다.

나. 부신피질

1) 알도스테론(aldosterone)

전해질 코르티코이드 호르몬들은 세포 외액(extracellular fluid)의 전해질, 특히 나트륨과 칼륨의 균형을 유지한다. 모든 전해질 코르티코이드 작용은 대부분 알도스테론에 의해 이루어진다. 알도스테론은 신장의 나트륨(Na^+) 재흡수를 증가시켜 나트륨이 인체에 남게 되면 물도 따라서 남기 때문에 신장으로 하여금 수분을 보유하도록 해준다. 따라서 알도스테론은 혈압을 거의 정상 상태로 유지하면서 혈장량의 상실을 최소화한다. 나트륨의 체내 보유는 칼륨(K^+) 배설을 증가시키므로 알도스테론은 칼륨의 균형과도 관련이 있다. 그러므로 알도스테론의 분비는 혈장 나트륨 감소, 혈액량 감소, 혈압 감소 및 혈장 칼륨 농도 증가에 의해 자극을 받는다.

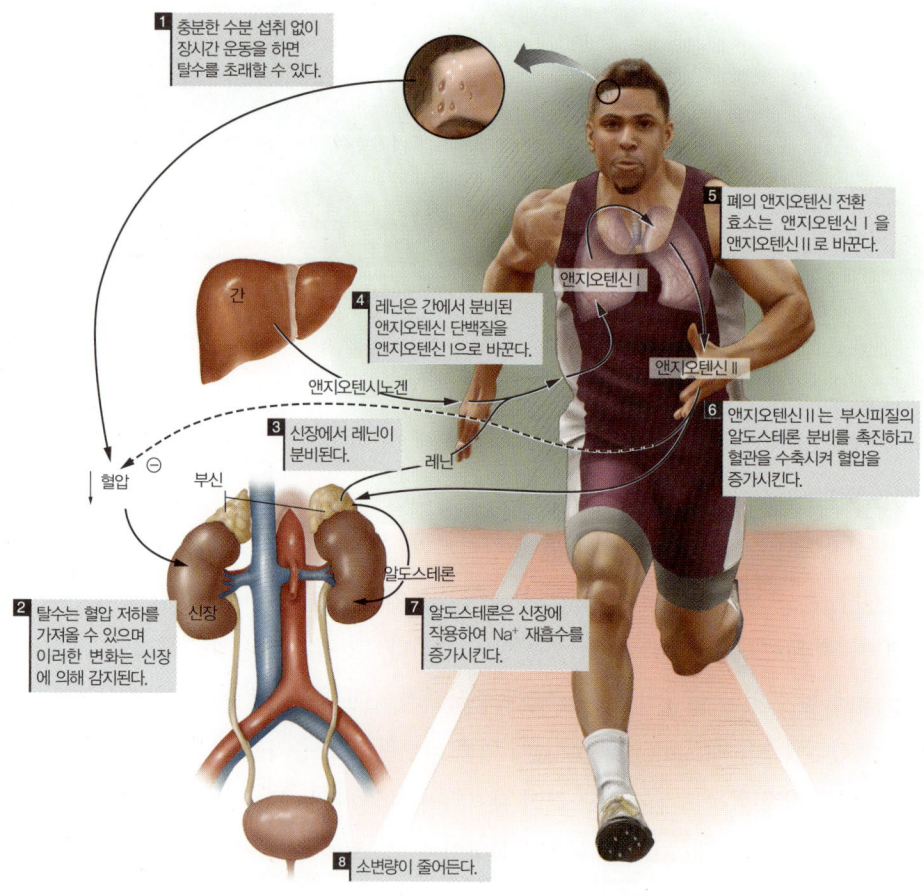

그림 5-6. 레닌-앤지오텐신-알도스테론 기전

2) 에리트로포이에틴(erythropoietin)

신장은 에리트로포이에틴 호르몬을 분비한다. 에리트로포이에틴은 골수세포(bone marrow cell)를 자극하여 적혈구(erythrocyte) 생산을 조절한다. 조직으로의 산소 운반과 이산화탄소 제거에 중요한 적혈구 세포는 트레이닝 및 고지(altitude) 훈련 적응과정에서 에리트로포이에틴의 역할이 중요하다.

3) 엔지오텐신 전환효소(ACE)

혈압 및 혈장량의 감소로 인해 신장으로의 혈류가 줄어들어 교감신경계의 활성에 의해 자극을 받으면 신장은 레닌이라는 효소를 분비한다. 레닌은 앤지오텐시노겐이라 불리는 혈장 단백질을 엔지오텐신 Ⅰ으로 바꾼다. 엔지오텐신 Ⅰ은 폐에서 엔지오텐신 전환효소(ACE)에 의해 활성적인 형태인 엔지오텐신 Ⅱ로 전환된다. 엔지오텐신 Ⅱ는 신장에서의 나트륨과 수분 재흡수를 위해 부신피질로부터 알도스테론 분비를 촉진시켜 신장에서의 나트륨과 수분 재흡수 증가를 가져온다.

운동선수들은 대부분 고강도 트레이닝으로 혈장량이 증가되어 있어 헤모글로빈 등 여러 가지 혈액 성분들이 일반인들보다 희석되어 있는 혈액희석(hemodilution) 증상을 가지고 있다. 그러므로 정상적인 헤모글로빈 수준을 가지고 있는 일부 선수들이 Na^+에 의한 혈액희석의 결과로 빈혈인 것처럼 보이는 경우도 있다. 그러나 2~3일 휴식은 알도스테론 수준이 정상으로 회복되고 과다 보유되어 있던 Na^+과 물은 신장에서 배설되어 빈혈상태는 해소된다.

3. 운동에 대한 호르몬의 반응

운동 시 혈장의 호르몬 동도를 결정짓는 요인으로는 호르몬의 소실과 대사율 및 제거율, 분비율의 증가, 발한에 의한 혈장량의 감소, 트레이닝 정도, 심리적 상태, 저산소증, 운동부하 강도 등이 있다.

가. 뇌하수체

뇌하수체의 크기는 0.5~0.6g 정도이며, 시상하부와 연결되어 있고, 전엽과 후엽으로 나뉜다. 뇌하수체는 시상하부의 호르몬들에 의해 호르몬 분비를 조절하며, 뇌하수체에 의해 분비되는 호르몬은 갑상샘자극호르몬(TSH), 부신피질자극호르몬(ACTH), 성장호르몬(GH), 황체형성호르몬(LH), 난포자극호르몬(FSH), 프로락틴이 있다.

1) 갑상샘자극호르몬(thyroid stimulating hormone: TSH)

갑상샘호르몬의 분비를 촉진시키는 작용을 하며, 대부분의 연구들에서 일회성 운동은 갑상샘자극호르몬이 운동에 의해 변하지 않는다고 보고하였다. 그러나 매우 강한 점진성 트레드밀 운동은 갑상샘자극호르몬을 증가시킨다고 보고되고 있다.

2) 성장호르몬(growth hormone: GH)

성장호르몬은 세포에서 단백질 합성을 촉진하고, 세포의 크기와 수를 증가시켜 신체의 발육과 성장을 촉진시킨다. 운동 시 에너지 제공을 위하여 분비를 촉진하며 운동 강도가 강할수록, 그리고 운동시간이 길수록 증가한다. 그러나 성장호르몬은 다양한 인자들에 의해 복합적으로 분비가 조절되므로 대부분의 연구들은 운동 시작 후 15~20분 정도까지는 현저하지 않다고 밝히고 있다. 성장호르몬은 운동 중에 혈당을 유지하기 위해 간에서 글리코겐과 아미노산으로 포도당 신생 과정을 촉진시켜 포도당을 생성시키고, 혈액으로의 방출을 증가시키며, 지방조직에서는 지방산의 동원을 증가시켜 근육에서 포도당 대신 지방의 이용을 높이는 작용을 한다.

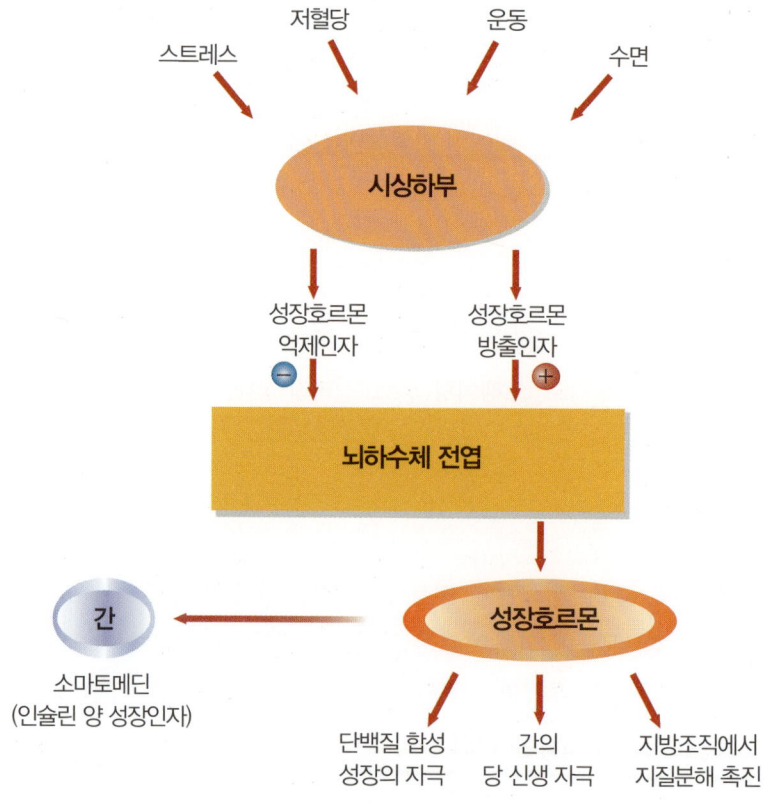

그림 5-7. 성장호르몬의 분비 조절

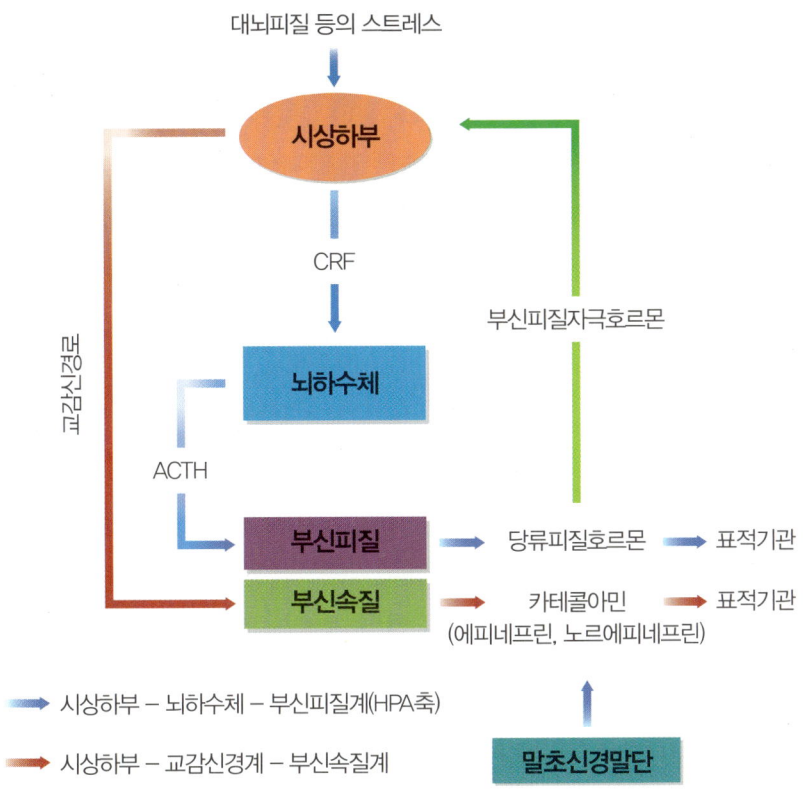

그림 5-8. 부신피질자극호르몬 분비 조절

3) 부신피질자극호르몬(adrenocorticotrophic hormone: ACTH)

부신피질자극호르몬은 무기질 코르티코이드(glucocorticoid)와 부신성 안드로겐(adrenal androgen)의 생성 및 분비를 촉진시킨다. 혈장 부신피질자극호르몬의 농도는 운동 강도가 증가할수록 현저한 증가를 보이며, 아울러 동일한 운동 강도에서는 운동시간이 길어질수록 혈중 부신피질자극호르몬 농도가 더 높다. 부신피질자극호르몬은 지방조직에서 중성지방 분해와 혈액으로 지방산의 분비를 촉진시키는 효과가 있으며, 분비된 지 1~2분 이내 부신에 작용하여 코티솔(cortisol)의 분비를 촉진시켜 인체가 신체적 스트레스에 적응할 수 있도록 돕는다.

4) 프로락틴(prolactin)

프로락틴은 유선에 작용하여 유즙의 생성 및 분비를 촉진한다. 프로락틴은 임신 초기에 분비량이 증가하여 유방의 발달을 촉진하고, 출산 후에도 분비가 계속되어 유즙의 분비를 증가시킨다. 장시간의 운동은 프로락틴 분비를 증가시켜 항이뇨 효과 및 지방 분해를 증가시킨다.

5) 난포자극호르몬(follicle stimulating hormone : FSH) 및 황체형성호르몬(luterinizing hormone : LH)

난포자극호르몬은 난소 내 난포를 자극하여 난포에서 난포호르몬인 에스트로겐(estrogen)의 분비를 촉진하여 난포의 발육과 성장을 촉진한다. 또한 난포가 난자로 배란이 될 때까지 성숙을 계속할 수 있도록 돕는다. 황체형성호르몬은 성숙 난포에 작용하여 배란을 자극하여 배란 후 난포의 황체 형성을 촉진하여 황체에서 황체호르몬인 프로게스테론(progesterone)의 분비를 증가시킨다. 대부분의 연구들은 일회성 운동에 의해 난포자극호르몬과 황체형성호르몬 수준이 변하지 않는다고 보고했다. 그러나 마라톤 후에 난포자극호르몬과 황체형성호르몬이 약간 감소했다고 보고한 연구결과도 있었다(Demers 등, 1981).

6) β-엔도르핀(endorphin)

β-엔도르핀은 뇌하수체 전엽에서 부신피질자극호르몬(ACTH)이 생성될 때 함께 생성되는 β-리포트로핀(β-lipotrophin)에 의해 만들어진다. 운동시간이 짧고 강한 운동일수록 β-엔도르핀은 더욱 증가하여 일반적으로 젖산역치와 관련이 큰 것으로 보고되고 있다. 즉, 일부 연구자들은 중강도 운동보다 젖산역치 이상의 운동 강도일 때 β-엔도르핀의 분비가 증가하는 경향을 보였다고 보고하였다. 또한 β-엔도르핀이 면역기능과 밀접한 관계가 있는 것으로 밝혀짐에 따라 면역기능과 운동 및 β-엔도르핀 간의 관계가 계속 연구 중에 있다.

7) 옥시토신(oxytocin)

옥시토신은 자궁의 근육을 수축시켜 분만을 촉진하는 작용을 하여 분만 촉진제로도 사용된다. 또한 옥시토신은 유방에 유즙 분비를 작용하여 촉진시키며, 아기의 젖꼭지를 빠는 자극은 신경을 통해 뇌하수체 후엽에 전달되어 옥시토신의 분비를 촉진시킨다.

8) 항이뇨호르몬(antidiuretic hormone : ADH)

운동은 항이뇨호르몬을 증가시키는데, 운동 강도가 최대산소섭취량의 60% 이상일 때 항이뇨호르몬의 급격한 증가가 일어나므로 항이뇨호르몬에 대한 역치 수준으로 결정할 수 있다. 역치 이상의 운동 강도가 증가할수록, 운동시간이 길어질수록 항이뇨호르몬의 혈중농도는 증가하는데, 이는 운동 중 혈장량 감소와 그에 따른 혈중 삼투압의 증가 때문에 일어난다. 따라서 운동을 하는 동안에 발생하는 항이뇨호르몬의 증가는 신체의 수분 보유를 증가시켜 혈장량을 유지하기 위한 것이다.

나. 갑상샘(thyroid gland)

갑상샘은 목 앞의 갑상연골 바깥에 좌우 2엽으로 나비 모양을 하고 있으며, 무게는 20~30g이다. 갑상샘은 갑상샘자극호르몬(TSH)의 자극에 의해 요오드를 함유하고 있는 트리요오드타이로닌(triiodothyronine: T_3)과 티록신(thyroxine: T_4)을 분비한다. 뿐만 아니라 갑상샘은 혈액의 칼슘량을 조절하는 칼시토닌(calcitonin)도 분비한다.

1) 갑상샘호르몬(thyroid hormone: TH)

갑상샘호르몬은 체내의 신진대사율을 조절한다. 갑상샘호르몬 분비의 감소와 증가에 의해 체중변화, 심리적 우울증, 신진대사율의 변화, 체내 산소섭취량 및 에너지 소비량의 변화가 발생하며 조직의 성장이나 성숙에도 영향을 준다. 이러한 갑상샘호르몬의 분비는 음성되먹이기 기전에 의해 조절되는데, 혈액 내의 갑상샘호르몬 농도가 높아지면 뇌하수체의 갑상샘자극호르몬 분비를 줄인다.

운동은 뇌하수체로부터 시상하부의 갑상샘분비자극호르몬에서 시작하여 갑상샘자극호르몬에 이르기까지 분비를 자극하여 갑상샘에서 갑상샘호르몬 분비가 증가한다. 운동 직후에는 갑상샘자극호르몬(TSH) 유도로 인해 초기에 트리요오드타이로닌 및 티록신이 증가하며, 운동 후 회복기의 트리요오드타이로닌 및 티록신의 후속적인 감소는 갑상샘이 이들 호르몬에 대한 증가된 세포 요구량을 따라가지 못하여 운동 후 첫 며칠 동안 갑상샘자극호르몬의 현저한 증가가 나타난다. 즉, 지속적으로 갑상샘자극호르몬 증가를 유발하여 부족한 갑상샘호르몬에 대한 필요량을 보상하도록 한다는 것이다. 아울러 운동 강도 및 운동시간은 중요한 변수이며, 순환 갑상샘호르몬 수준에 많은 영향을 미칠 수 있지만 아직까지 확실하게 밝혀지지 않았다.

2) 칼시토닌(calcitonin)

칼시토닌은 혈장의 칼슘(Ca^{2+})과 인(phosphate)의 농도를 조절하는 작용을 하며 부갑상샘호르몬과 길항작용을 한다. 칼시토닌은 뼈의 칼슘이 혈액으로 방출되는 것을 억제하여 혈장 Ca^{2+} 농도를 감소시키고 칼슘이 뼈에 침착하도록 작용한다. 칼시토닌과 운동은 어떠한 관계를 가지고 있는지 명확하게 밝혀지지 않았지만, 운동과 뼈 밀도에 대한 연구는 많이 이루어지고 있다. 운동에 의하여 뼈 밀도는 증가하며, 특히 체중부하운동은 뼈 밀도를 더욱 증가시키는 것으로 나타났다.

다. 부갑상샘(parathyroid gland)

부갑상샘은 갑상샘 뒤쪽의 상하에 각각 한 쌍씩 모두 4개가 있고, 무게는 0.2~0.4g 정도이다. 부갑상샘은 혈장 칼슘농도를 조절하며, 정상치는 10 mg/dℓ이다. 혈장 칼슘농도가 낮으면 부갑상샘에서는 부갑상샘호르몬(parathyroid hormone)을 분비한다.

1) 부갑상샘호르몬(parathyroid hormone)

부갑상샘호르몬은 뼈를 자극하여 칼슘을 혈장으로 방출시키는 동시에 신장의 세뇨관에서 칼슘의 재흡수를 증가시켜서 혈장 칼슘농도를 증가시킨다. 또한 부갑상샘호르몬은 신장에서 비타민 D를 비타민 D_3(1,25-dihydroxycholecalciferol)로 전환시켜서 장에서의 칼슘 흡수를 증가시킨다. 낮은 운동 강도에서 장시간 운동을 실시한 경우 부갑상샘호르몬이 증가하는 것으로 나타났으나, 무산소성 운동 중에는 부갑상샘호르몬이 일시적으로 감소한다는 보고도 있었다. 따라서 규칙적인 운동은 부갑상샘호르몬과 함께 칼슘 농도 및 뼈 밀도에 긍정적인 영향을 미치는 것으로 알려지고 있다.

라. 부신(adrenal gland)

부신은 양쪽 신장의 상부에 붙어 있는 작은 내분비기관으로, 무게는 10g 정도이다. 부신은 부신속질(수질)과 부신피질(피질)로 구성되어 있다. 부신속질은 아드레날린, 노르아드레날린 그리고 도파민 등의 카테콜아민(catecholamine)을 분비한다. 부신피질은 부신피질자극호르몬(ACTH)에 의해 분비가 촉진되며, 당질 코르티코이드(glucocorticoid), 무기질 코르티코이드(mineralo-corticoid) 및 성호르몬(androgen)을 분비한다.

1) 부신속질(medulla)

부신속질은 교감신경의 신경자극에 의해 활성화되어 카테콜아민을 합성하고 분비한다. 부신속질에서 분비되는 호르몬은 에피네프린(epinephrine) 및 노르에피네프린(norepinephrine)이다. 에피네프린과 노르에피네프린은 심혈관계, 호흡계, 간, 장, 근육 및 지방조직 등 전신이 표적기관이며, 에피네프린은 부신속질에서 대부분 분비되는 반면 노르에피네프린은 대부분 교감신경 말단에서 분비되는 특징이 있다. 에피네프린은 주로 심박수 증가, 간 및 근육에서 당원 분해 촉진, 간에서 혈액으로의 포도당 방출을 증가시켜 혈당 상승에 기여한다. 또한 노르에피네프린은 말초혈관 수축에 의한 혈압 상승, 혈관 수축, 동공 확대, 소화관의 운동 억제 및 소화액의 분비 억제 등의 작용을 한다.

에피네프린과 노르에피네프린은 신체적 및 정신적 스트레스에 의해서도 분비되므로 '스트레스 호르몬'이라고 한다. 또한 에너지대사에도 관여하여 지방조직에서 중성지방의 분해를 가속화시켜 유리지방산의 동원을 돕고, 이자에서 인슐린 분비를 억제하며 혈액 내의 포도당 농도를 유지하기 위하여 간에서 포도당의 방출을 증가시킨다.

운동 중 카테콜아민은 운동시간과 비례하여 증가함으로써 운동에 대한 심혈관계의 적응 및 에너지 이용과 관련이 있으며, 지구력 운동은 동일한 강도의 운동 지속 시 혈장 에피네프린이나 노

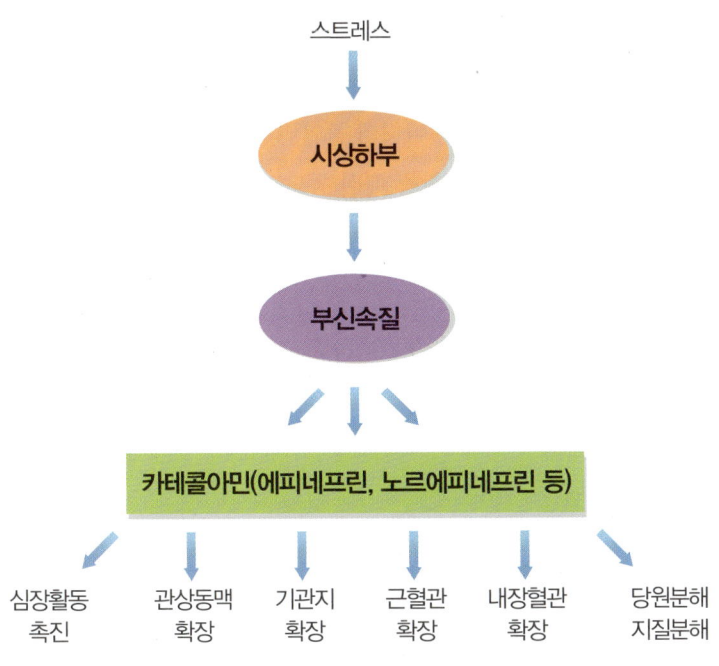

그림 5-9. 부신속질호르몬 분비 조절

르에피네프린의 농도를 현저히 감소시켜 호르몬의 민감성을 높임이며 낮은 농도의 카테콜아민으로도 혈당을 유지할 수 있게 적응현상을 보이고 있다. 또한 심장이나 혈관 등의 기능은 안정적으로 기능을 향상시켜 심박수를 적게 하거나 혈압 상승을 완화시킨다.

2) 부신피질(cortex)

부신피질에는 당질 코르티코이드 및 전해질 코르티코이드가 있다. 당질 코르티코이드는 혈당 조절에 관여하고, 전해질 코르티코이드는 혈장 나트륨과 칼륨 농도의 조절에 관여한다. 당질 코르티코이드 중에는 코티솔(cortisol), 전해질 코르티코이드 중에는 알도스테론(aldosterone)이 각각 95%를 차지하여 절대적인 작용을 한다.

① 코티솔(cortisol)

코티솔은 조직 내의 단백질을 분해하여 아미노산 생성을 돕고, 간에서 아미노산들을 이용하여 포도당 신생 과정을 촉진하여 혈액으로 포도당 방출을 증가시켜 혈당을 조절한다. 일반적으로 고강도 운동 시에는 혈장 코티솔의 분해 속도보다 분비 속도가 더 빨라 코티솔 농도가 증가하며, 저강도 운동 시는 코티솔 분비 속도보다 분해 속도가 더 빠르기 때문에 혈장 코티솔 농도가 감소한다. 운동 중의 코티솔 분비는 에너지 동원에 참여하기보다는 경기 시 조직 손상의 재생에 더 관여하는 것으로 알려져 있다.

코티솔은 운동에 의한 신체적 요인뿐만 아니라 불안 및 각성 수준 등 심리적인 요인에서도 영향을 받게 되며, 실험상황에서의 불편이나 혈액 채취 등도 그 원인이 될 수 있으므로 계속되는 연구에도 불구하고 결론에 차이가 많다.

② 알도스테론(aldosterone)

알도스테론은 신장의 원위세뇨관에서 나트륨의 재흡수를 촉진하고, 칼륨 배출을 촉진하는 작용을 통해 혈중 나트륨 농도와 칼륨 농도를 일정하게 조절한다. 알도스테론의 분비를 조절하는 주요 인자는 레닌-엔지오텐신(renin-angiotensin)계로서 혈액 내 나트륨 농도가 감소하면 신장에서 레닌(renin)이라는 물질을 만들어 레닌은 간에서 생성된 엔지오텐시노겐(angiotensinogen)에 반응하여 엔지오텐신 I(angiotensin I)을 생성하고, 엔지오텐신 I은 혈액에서 전환효소에 의해 엔지오텐신 II로 전환된다. 엔지오텐신 II는 부신피질로 작용하여 알도스테론의 합성 및 분비를 촉진한다.

운동 강도가 증가함에 따라 교감신경계 활성으로 신장의 혈류량이 감소하여 레닌의 활성이 증가하여 엔지오텐신의 농도도 증가하여 레닌-엔지오텐신-알도스테론계는 항이뇨호르몬의 신경분비와 함께 체액량 조절에 중요한 역할을 한다.

마. 이자(췌장)

이자(췌장)는 랑게르한스섬(Langerhans islets)이 호르몬을 분비하는 내분비샘이다. 랑게르한스섬에는 α, β, δ 라는 3종류의 세포가 있으며, α-세포는 글루카곤(glucagon)을 분비하고, β-세포는 인슐린(insulin)을 분비하며, δ-세포는 소마토스타틴(somatostatin)을 분비한다. 이들 세 호르몬은 모두 혈당 유지와 관련이 있으나 서로 상반된 기능의 길항작용을 한다.

1) 글루카곤(glucagon)

글루카곤은 주로 간에서 글리코겐을 분해하여 포도당을 만들고, 아미노산으로부터 포도당을 합성하는 포도당 신생(gluconeogenesis)을 통해 혈액으로 포도당을 방출하여 혈당을 상승시킨다. 또한 지방조직에서는 저장된 중성지방을 분해하여 지방산을 혈액으로 방출시키고, 혈당 대신 지방산의 이용을 크게 하여 혈당의 사용을 제한한다. 즉, 글루카곤은 혈당이 낮을 때 분비되어 혈당을 상승시킨다.

글루카곤과 인슐린은 서로 길항적인 작용을 하는 호르몬으로 혈당 조절에 기여한다. 혈당이 높

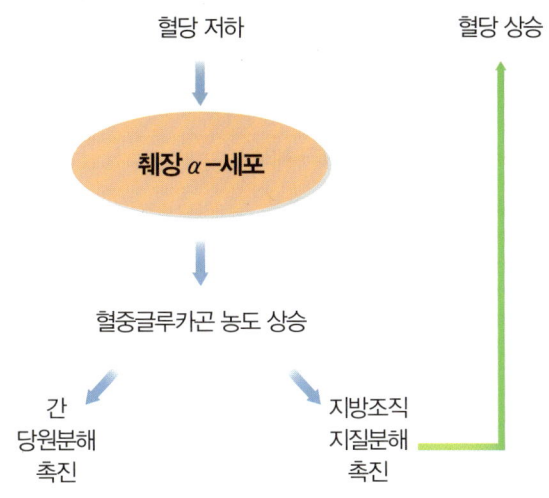

그림 5-10. 글루카곤 분비 조절

으면 인슐린 분비가 증가되어 조직으로의 포도당 유입이 촉진되는데, 글리코겐이나 지방이 포도당을 저장하도록 해서 혈당치를 낮춘다. 혈당이 낮으면 글루카곤이 분비되어 간에서 포도당 신생과정을 촉진하여 혈액으로의 포도당 방출을 도와주며, 지방의 이용을 증가시켜 포도당의 사용을 줄이고 혈당을 높이는 작용을 한다.

장시간의 운동으로 근육이 혈액 내 포도당을 빠른 속도로 흡수해서 혈당이 낮아지면 글루카곤 분비는 증가한다. 운동에 의한 혈장 글루카곤 농도의 상승은 운동에 의해 완화되는 것을 볼 수 있는데, 트레이닝 실시 후 최대하운동 시 혈장 글루카곤의 농도는 휴식 시보다 약간 증가하거나 거의 변화가 없다. 이와 같은 효과는 운동 중 혈당을 유지하는 데 간의 포도당 방출이 많이 필요하지 않음을 의미한다. 또한 교감신경계의 활성이 운동에 의해 완화되어 그 결과 교감신경의 활성에 의해 자극된 글루카곤의 분비가 그만큼 감소한 것이다.

2) 인슐린(insulin)

인슐린은 음식 흡수 과정에서 포도당이나 아미노산 같은 영양소들이 소장에서 혈액으로 분비 및 혈액에서 조직으로 들어가는 것을 촉진한다. 또한 탄수화물, 단백질, 지방의 합성을 촉진하여 혈당 조절을 위한 중요한 호르몬이다. 인슐린은 혈당이 높을 때 분비되어 혈액 내 포도당을 근육이나 간, 지방조직으로 유입되도록 도와주고 아미노산이 단백질로 합성되는 것을 돕는다. 근육에서는 혈당을 이용하여 글리코겐을 합성하고, 지방조직에서는 혈당을 지방으로 전환시켜 저장하도록 한다. 그러나 인슐린이 부족하면 혈액 내 포도당이 조직 내로 유입되지 못하고 혈액에 축적되어 혈

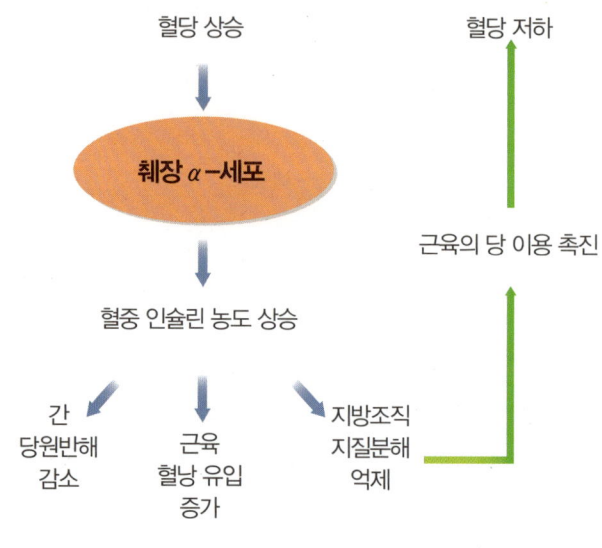

그림 5-11. 인슐린 분비 조절

당이 상승하게 되는데, 신장에서 재흡수되는 수준을 초과하는 혈당은 소변을 통해 배출되어 정상치 이상일 때 당뇨병이라 한다.

운동을 시작하면 대부분의 호르몬은 분비가 증가하나 운동 중에는 근육의 포도당 흡수율이 휴식 시의 7~12배이기 때문에 혈당이 저하될 수 있으므로 인슐린은 분비가 현저히 감소하여 혈액 내에 정상치보다 많은 포도당을 조직으로 유입시킴으로써 혈당치를 유지시킨다. 운동을 하는 동안 정상 혈당치임에도 불구하고 혈장 인슐린 농도가 감소하는 것은 교감신경의 자극에 의해 인슐린 분비가 억제되기 때문이다.

3) 소마토스타틴(somatostatin)

소마토스타틴은 이자의 δ-세포에서 분비되며, 혈액 내에 포도당과 아미노산이 다량 있을 때 분비되고, 분비된 후에는 인슐린과 글루카곤의 분비를 모두 억제한다.

바. 솔방울샘

솔방울샘은 빛을 인식하여 하루 24시간의 일주기를 조절하는 작용을 하고, 멜라토닌(melatonin)을 분비하여 신체 전반의 생리적인 기능을 조절하는 것으로 알려지고 있다. 또한 멜라토닌은 강력한 항산화제 효과로 운동 중 발생하는 활성산소를 제거하는 데 많은 영향을 미치며, 운동과 멜라토닌과의 관계를 밝히기 위한 연구가 진행 중에 있다. 또한 멜라토닌은 생식샘자극호르몬들의 분비를 억제하고 생식샘의 활동을 억제하기도 한다.

표 5-2. 일시적 운동에 대한 호르몬 반응과 운동 트레이닝에 따른 변화

내분비샘	호르몬	일시적 운동에 대한 반응 (단련이 안 된)	운동 트레이닝의 효과
뇌하수체 전엽	성장호르몬	운동 강도의 증가와 함께 증가	동일한 운동 강도에서 감소된 반응
	갑상샘자극호르몬 (TSH)	운동 강도의 증가와 함께 증가	알려진 효과 없음
	부신피질자극호르몬 (ACTH)	운동 강도 그리고 지속시간의 증가와 함께 증가	동일한 운동 강도에서 감소된 반응
	프로락틴	운동과 함께 증가	알려진 효과 없음
	난포자극호르몬(FSH)	작은 변화 또는 변화 없음	알려진 효과 없음
	황체형성호르몬(LH)	작은 변화 또는 변화 없음	알려진 효과 없음
뇌하수체 후엽	항이뇨호르몬(ADH)	운동 강도의 증가와 함께 증가	동일한 운동 강도에서 감소된 반응
	옥시토신	알려져 있지 않음	알려져 있지 않음
갑상샘	티록신(T_4)과 트리요오드타이로닌 (T_3)	운동 강도의 증가와 함께 유리 T_3와 T_4 증가	동일한 운동 강도에서 T_3와 T_4의 증가된 전환(turnover)
	칼시토닌	알려져 있지 않음	알려져 있지 않음
부갑상샘	부갑상샘호르몬(PTH)	장시간의 운동과 함께 증가	알려져 있지 않음
부신속질	에피네프린	약 75%의 $\dot{V}O_{2max}$에서부터 운동 강도의 증가와 함께 증가	동일한 운동 강도에서 감소된 반응
	노르에피네프린	약 50%의 $\dot{V}O_{2max}$에서부터 운동 강도의 증가와 함께 증가	동일한 운동 강도에서 감소된 반응
부신피질	알도스테론	운동 강도의 증가와 함께 증가	변화 없음
	코디솔	높은 운동 강도에서만 증가	약간 더 높은 수준
췌장	인슐린	운동 강도의 증가와 함께 감소	동일한 운동 강도에서 감소된 반응
	글루카곤	운동 강도의 증가와 함께 증가	동일한 운동 강도에서 감소된 반응
신장	레닌	운동 강도의 증가와 함께 증가	변화 없음
	에리스로포이에틴 (EPO)	알려져 있지 않음	변화 없음
고환	테스토스테론	운동과 함께 약간 증가	남성 러너에게서 휴식 상태의 수준 감소
난소	에스트로겐과 프로게스테론	운동과 함께 약간 증가	아주 잘 단련된 여성에게서 휴식 상태의 수준이 감소될 수도 있음

Ⅵ부
호흡·순환계와 운동

인체의 호흡계 구조와 기능 및 순환계 구조와 기능을 이해한다. 특히 운동에 대한 호흡계의 반응과 적응 및 순환계의 반응과 적응에 대하여 이해한다.

호흡계의 구조와 기능을 이해하고, 운동 시 야기되는 호흡계의 반응과 장기간의 규칙적인 운동에 따른 호흡계의 적응에 대하여 학습한다.

심장, 혈관, 혈액의 구조와 기능을 이해하고 운동 시 야기되는 1회 박출량, 심박수 및 심박출량의 반응을 학습한다. 아울러 운동 시의 혈류, 혈압 및 혈액의 반응을 이해하며, 장기간의 규칙적인 운동에 따른 순환계의 적응에 대하여 학습한다.

1장 호흡계의 구조와 기능

 학습목표
- 호흡계의 구조를 알아보고, 호흡을 위한 체계를 이해한다.
- 호흡계의 기능을 알아보고, 숨이 편안한 안정 상태와 숨이 차는 운동을 할 때 호흡을 위한 구조 변화와 호흡가스 교환과정을 이해한다.

1. 호흡계의 구조

호흡계(respiratory system)는 외부환경의 공기를 사람의 몸 안으로 가져와서 이를 필요로 하는 인체 내부 조직에 보내는 기관들로 이루어지는데, 호흡기관들을 통해 인체에 산소를 공급해주고 몸에서 생성된 이산화탄소를 인체 밖으로 배출한다. 이러한 호흡기관들은 코(nose), 비강(nasal cavity), 인두(pharynx), 후두(larynx), 기관(trachea), 기관지(bronchus), 폐포(alveoli), 폐(lung) 등으로 구성된다. 호흡기관들을 구조에 따라 나누어보면, 외부 공기와 처음 접촉하게 되는 코에서부터 흔히 '목구멍(throat)'이라고 불리는 인두까지를 상기도(upper respiratory tract),

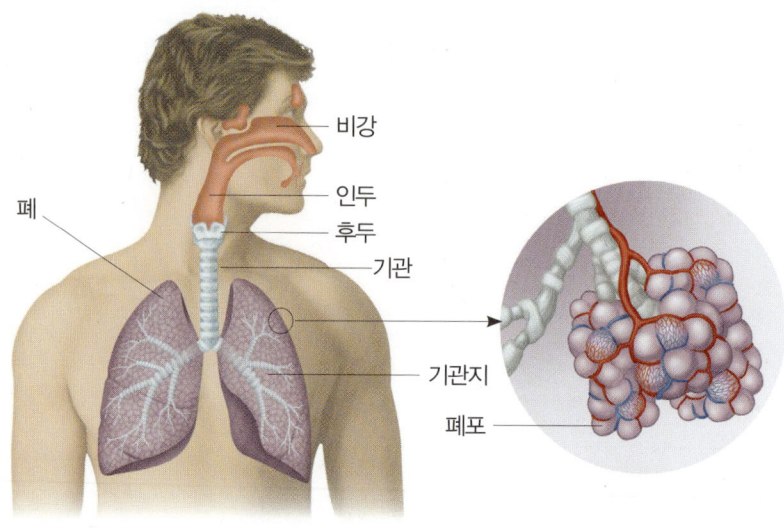

그림 6-1. 호흡계의 구조

그 이후 음식물과 호흡가스 분류되는 후두에서 호흡가스 교환이 일어나는 폐까지를 하기도(lower respiratory tract)라고 한다.

가. 상기도(코, 비강, 인두)

호흡할 때 인체로 공기가 들어오는 첫 번째 통로인 코에서는 들이쉰 공기의 온도와 습도를 올리고 불순물들을 여과하게 된다. 코 내부의 빈 공간이 비강인데, 비강 벽에는 후각점막과 함께 호흡점막이 분포되어 있는데, 거기에서 분비되는 점액질에 외부에서 들어온 먼지들이 붙잡히게 되고, 호흡점막에 분포된 혈관망의 영향으로 외부 공기의 온도와 습도가 올라가게 된다. 비강을 지나면 그다음이 인두인데, 이곳은 음식물과 공기가 모두 지나가는 통로이다. 이후 음식물은 식도로, 공기는 후두로 이동하게 된다.

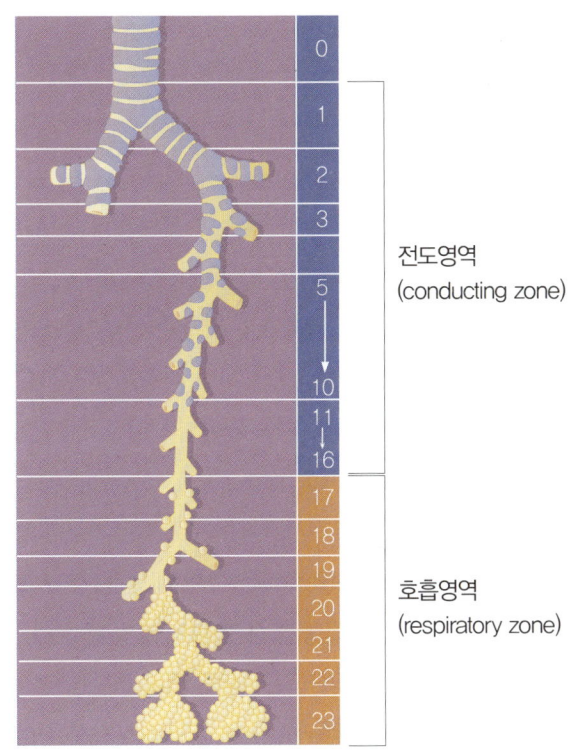

그림 6-2. 기관지의 전도영역과 호흡영역

> **상기도 감염**
> 병원에서 감기 같은 호흡기 질환을 '상기도 감염'이라고 표현한다.

나. 하기도(후두, 기관, 기관지, 폐포)

후두는 발성기관인 성대를 포함하는 공기의 통로로서, 후두에서 후두개연골에 의해 음식물이 들어오지 못하도록 차단되고 공기만 들어오게 된다. 만약 공기가 아닌 것이 후두에 들어오면 즉각적인 반사작용으로 기침을 하게 된다. 기관은 식도 앞에 위치한 약 10~12cm 길이의 신축성이 많은 관으로, 공기를 들이쉬거나 내뱉을 때 지름이 쉽게 늘어나고 줄어든다. 기관 이후에 공기의 통로가 좌우 두 부분으로 나누어지고 각각 계속해서 나누어지는데, 이러한 가지들을 '기관지'라고 한다. 기관지는 보통 23번까지 나누어지는데, 16번까지 나누어지는 기관지들은 공기의 통로 역할만 하고 호흡가스 교환은 일어나지 않는 전도영역(conducting zone)이며, 그 이후 나누어진 기관지들은 호흡가스 교환이 일어나는 호흡영역(respiratory zone)이다. 기관지 말단에 있는 폐포는 얇은 막으로 된 공기주머니이며, 모세혈관으로 둘러싸여 산소와 이산화탄소의 호흡가스 교환이 이루어진다.

2. 호흡계의 기능

호흡계의 기능은 호흡한 공기를 정화하고, 공기의 온도와 습도를 조절하며, 산소와 이산화탄소에 대한 호흡가스 교환을 하는 것이다. 호흡가스 교환은 폐환기, 외호흡, 호흡가스 운반, 내호흡의 4가지 단계로 수행되는데, 폐환기는 외부 공기와 폐 사이의 가스교환으로 흔히 말하는 '호흡(breathing)'을 의미하며, 외호흡은 폐포와 모세혈관 간 산소 및 이산화탄소의 교환이고, 호흡가스 운반은 외호흡과 내호흡 사이에 혈액을 통한 산소 및 이산화탄소의 운반이며, 내호흡은 혈액과 조직세포 간 산소 및 이산화탄소의 교환을 말한다.

가. 호흡역학

숨을 들이쉬는 것을 흡기(inspiration), 숨을 내뱉는 것을 호기(expiration)라고 하며 호흡은 흡기와 호기의 반복된 과정이다. 활동을 하지 않는 평안한 상태, 즉 안정 시에 흡기를 할 때에는 호흡을 위해 작용하는 주요 근육은 외늑간근(external intercostal muscle)과 횡격막(diaphragm)이며, 호기는 이러한 근육들이 본래의 위치로 되돌려지면서 수동적으로 이루어지게 된다. 안정 시와 비교할 때 운동 시에는 작용하는 근육이 증가하는데, 흡기할 때 외늑간근과 횡격막 이외에 사각근(scalane muscle), 흉쇄유돌근(sternocleidomastoid muscle)이 추가로 작용하며, 호기할 때에는 복직근(rectus abdominis), 내복사근(internal oblique abdominis), 횡격막 등이 작용한다.

흡기를 할 때에는 외늑간근의 수축으로 인해 늑골과 흉골이 상방으로 올라가고, 횡격막이 수축하여 복부 쪽으로 평평해지면서 폐가 좌우 외측과 상방으로 확장되며, 폐 내부 압력이 외부 대기압보다 낮아지게 되는데, 이로 인해 외부 공기가 폐 내부로 들어올 수 있게 된다. 호기 할 때에는 늑골과 흉골이 다시 아래로 내려가고 횡격막이 위로 올라와 폐가 탄력성에 의해 원래 위치로 되돌려지면서 폐 내부 압력이 외부 대기압보다 높아지고, 폐 속의 공기는 밖으로 빠져나가고 폐 내부의 용적이 감소하게 된다.

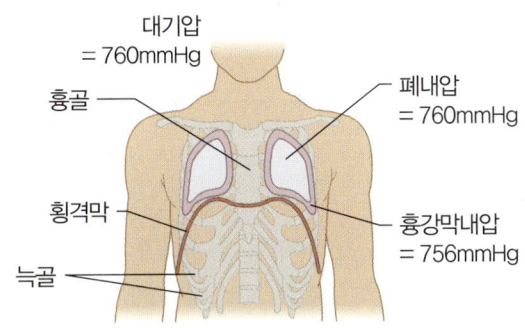

(a) 휴식 상태에서의 횡격막과 흉곽의 위치. 휴식 상태의 흉곽 크기에 주목할 것.

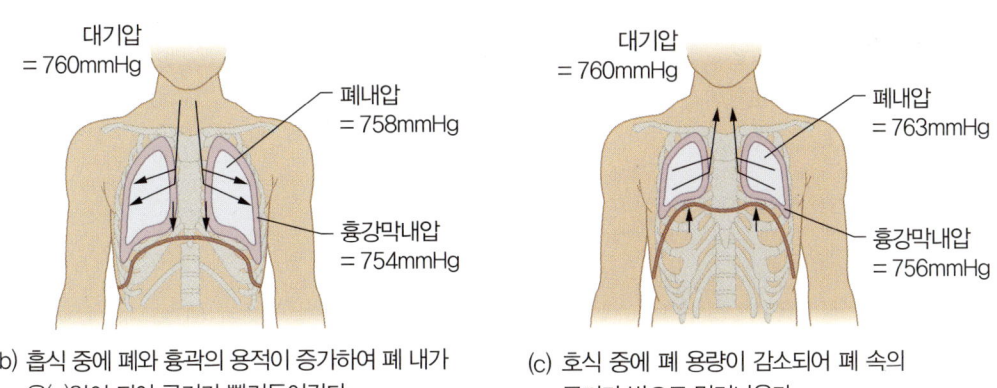

(b) 흡식 중에 폐와 흉곽의 용적이 증가하여 폐 내가 음(−)압이 되어 공기가 빨려들어간다.

(c) 호식 중에 폐 용량이 감소되어 폐 속의 공기가 밖으로 밀려나온다.

그림 6-3. 흡기와 호기의 과정

표 6-1. 안정 시와 운동 시 호흡역학

호흡작용	작용하는 근육		작용
	안정 시	운동 시	
흡기	횡격막 외늑간근	횡격막 외늑간근 사각근 흉쇄유돌근	수축(평평해짐) 늑골의 외측 상방 이동 1, 2번 늑골의 외측 상방 이동 흉골의 외측 이동
호기	수동적으로 이루어짐	복직근 내복사근 횡격막	늑골의 내측 하방 이동 하위늑골 내측 이동 흉강 쪽 이동

나. 폐용적과 폐용량

폐용적(lung volume)은 흡기와 호기에 따라 나눈 개별적인 폐기능의 정도를 말하며, 폐용량(lung capacity)은 폐용적들의 기능적 결합을 통해 구분되는 통합적인 폐기능을 나타낸다. 주요 폐용적과 용량으로 일호흡용적, 즉 1회 호흡량(tidal volume)은 안정 시에 여성이 약 500㎖, 남성이 600㎖이며, 폐활량(vital capacity)은 여성이 3,200㎖, 남성이 4,800㎖이다.

표 6-2. 안정 시 폐용적과 폐용량

구분		개념	남성(㎖)	여성(㎖)
폐용적	1회 호흡량(TV)	정상적 호흡의 흡기 또는 호기량	600	500
	흡기예비용적(IRV)	흡기량 이상 추가되는 흡기량	3,000	1,900
	호기예비용적(ERV)	호기량 이상 추가되는 호기량	1,200	800
	잔기량(RV)	최대 호기 후 폐의 가스 잔여량	1,200	1,000
폐용량	총 폐용량(TLC)	최대 흡기 시 폐내 총 가스량	6,000	4,200
	폐활량(VC)	최대 흡기 후 최대 호기량	4,800	3,200
	흡기량(IC)	호기 후 최대 흡기량	3,600	2,400
	기능적 잔기량(FRC)	호기 후 폐의 가스 잔여량	2,400	1,800

1회 호흡량(tidal volume: VT)은 한 번 숨을 쉴 때마다 폐로 들어오는 공기의 양을 말하는데, 호기 때에도 비슷한 양의 호흡가스가 배출된다. 흡기예비용적(inspiratory reserve volume: IRV)은 흡기량 이상으로 최대한 흡기할 수 있는 호흡가스의 양을, 호기예비용적(expiratory reserve volume: ERV)은 호기량 이상으로 최대한 호기할 수 있는 호흡가스의 양을 의미한다. 잔기량(residual volume: RV)은 최대 호기 후 폐에 남아 있는 호흡가스의 양이다.

흡기량(inspiratory capacity: IC)은 호기 후에 정상적 흡기와 그 이상 최대로 흡기할 수 있는 양을 합친 것이며(TV+IRV), 기능적 잔기량(functional residual capacity: FRC)은 정상적인 호기 후 폐에 남아 있는 호흡가스의 양이다(ERV+RV). 폐활량(vital capacity: VC)은 최대한 흡기 후에 최대한으로 호기할 수 있는 공기의 양이며(TV+IRV+ERV), 총 폐용량(total lung capacity: TLC)은 폐가 최대한 보유할 수 있는 호흡가스의 양으로, 최대 흡기 후 폐의 총 호흡가스 양(VC+RV)을 말한다.

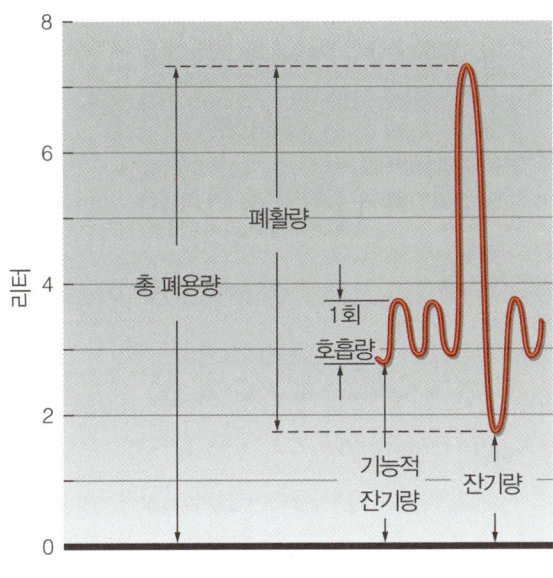

그림 6-4. 폐용적과 폐용량

다. 강제호기량(Forced Expiratory Volume: FEV)

1) 1초 강제호기량(FEV$_1$)

강제폐활량(FVC) 측정 시에 1초간 호기하는 양으로 총 폐용량(TLC) 수준까지 숨을 들이마신 후 강하고 신속하게 내쉬는 호기량을 의미하는데, 이 과정에서 기도가 오므라들어 폐활량보다 적은 값을 나타낸다.

2) 3초 강제호기량(FEV₃)

강제폐활량 측정 시에 3초간 호기하는 양이며, 최대한 공기를 흡입한 후 강하고 신속하게 호기하면서 측정한다.

3) 강제호기량 비율(FEV%)

강제폐활량(FVC)에 대한 강제호기량의 값으로, 폐질환을 가진 사람도 시간적 제한이 없는 정적 폐기능 측정에서는 정상적인 폐활량을 보이기 때문에 1초 또는 3초 동안 내쉴 수 있는 공기용적을 강제폐활량에 대한 백분율로 나타내는 동적 폐기능을 측정하는 것이다. 강제호기량은 폐에서의 공기 흐름에 대한 전체적인 저항을 나타내는 지표를 제공하며, 1초 강제호기량 비율 $FEV_1\%$가 85% 정도이면 정상이며, 심각한 폐질환을 가진 경우 40%까지 감소할 수 있고, 일반적으로 기도폐쇄의 분계점은 70%로 보고 있다. 또한, 3초 강제호기량 비율 $FEV_3\%$는 정상인의 경우 92% 이상을 나타낸다.

라. 폐포환기(alveolar ventilation)와 사강환기(dead space ventilation)

폐포환기는 흡입한 공기가 폐에 도달하여 산소와 이산화탄소의 가스교환이 일어나는 환기량을 말하며, 사강환기(dead space ventilation)는 구강, 비강, 후두, 기관, 기관지 등 기도부의 구조적인 문제로 인하여 흡입된 공기의 일부가 가스교환에 참여하지 못하고 다시 외부로 배출되는 환기량을 의미한다. 사강환기량은 안정 시에 1회 호흡할 때 여성은 100㎖, 남성은 150㎖ 정도이며, 운동 시에는 약 2배 정도 증가한다.

분당 환기량이 동일하다고 할 때 호흡이 얕고 빨라 호흡수가 많은 경우에는 사강환기량으로 인해 폐포환기량이 감소하며, 깊고 긴 호흡으로 호흡수가 적은 경우에는 상대적으로 사강환기량이 적어지고 폐포환기량은 증가한다.

표 6-3. 동일한 분당 환기량에서 호흡방법별 폐포환기량

구분	분당 환기량 (1회 호흡량 × 분당 호흡수)	분당 사강환기량 (사강환기량 × 분당 호흡수)	분당 폐포환기량(㎖)
얕은 호흡 (호흡수 많음)	200㎖ × 30회/분 = 6,000㎖/분	150㎖ × 30회/분 = 4,500㎖/분	1,500
보통 호흡	600㎖ × 10회/분 = 6,000㎖/분	150㎖ × 10회/분 = 1,500㎖/분	4,500
깊은 호흡 (호흡수 적음)	1,200㎖ × 5회/분 = 6,000㎖/분	150㎖ × 5회/분 = 750㎖/분	5,250

마. 호흡가스 교환

외부환경의 표준 대기압에서 산소의 가스분압은 159mmHg인데, 흡기 후에 폐포에서는 약 105mmHg 정도로 낮아지게 된다. 이때 폐포를 둘러싼 동맥혈에서는 산소분압이 100mmHg이 기 때문에 폐포에서 동맥혈로 산소가 확산되고, 이후 혈관을 따라 이동하여 산소가 필요한 각 세포에 전달된다. 세포에서 여러 가지 대사작용이 이루어진 후 정맥혈로의 가스교환이 되면 산소분압은 40mmHg까지 낮아져 더 이상 확산되지 않는 수준이 된다.

표 6-4. 호흡가스 분압(해수면 기준)

구분	건조공기 중 비율(%)	가스분압(mmHg)				
		건조공기 중	폐포 내	동맥혈	정맥혈	분압차
H_2O	0.00	0	47	47	47	0
O_2	20.93	159.1	105	100	40	60
CO_2	0.03	0.2	40	40	46	6
N_2	79.04	600.7	568	573	573	0
합계	100.00	760	760	760	706	·

이산화탄소는 산소에 비하여 가스분압차가 작지만, 가스의 용해도가 훨씬 높아 쉽게 확산될 수 있다. 폐포와 동맥혈에서의 이산화탄소 분압은 40mmHg로 동일한 수준이기 때문에 확산되지 않고, 인체 조직의 대사과정에서 발생한 이산화탄소로 인해 정맥혈의 이산화탄소 분압이 46mmHg로 동맥혈보다 높아지게 된다. 따라서 순환을 마치고 정맥혈이 다시 폐포에 이르게 되면 이산화탄소는 분압차로 인해 정맥혈에서 폐포로 확산된다.

운동을 할 때에는 폐포와 모세혈관 사이에 호흡가스 분압차가 크게 증가하는데, 최대운동의 경우에는 안정 시보다 산소 확산능력이 3배까지 늘어날 수 있다. 이렇게 안정 상태보다 운동 중일 때 산소 확산능력이 증가하는 것은 안정 시에는 중력의 영향으로 인하여 폐의 아래 1/3 부분에서만 혈액이 순환되지만, 운동을 하게 되면 운동으로 인한 혈류량 증가로 인해 폐 전체적으로 혈액순환이 일어나기 때문이다.

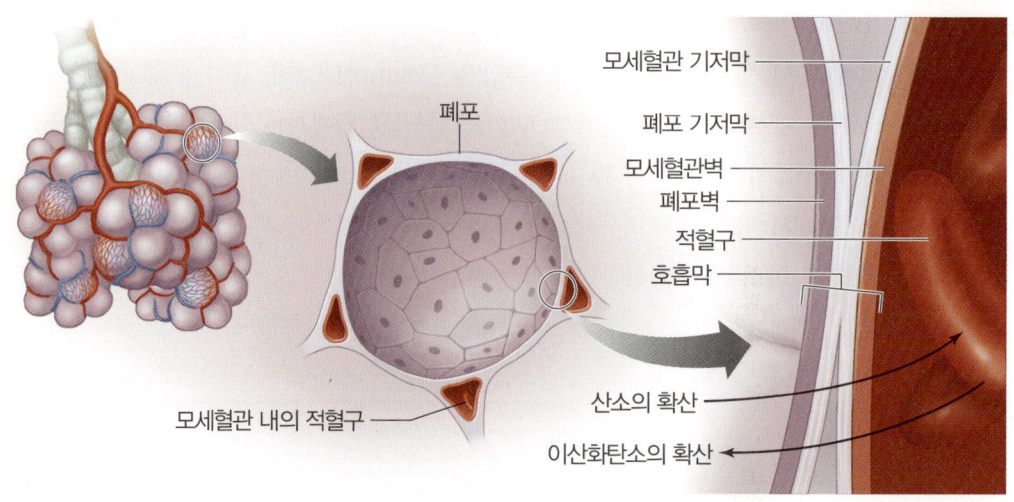

그림 6-5. 폐포와 모세혈관 사이에서 산소 및 이산화탄소 교환

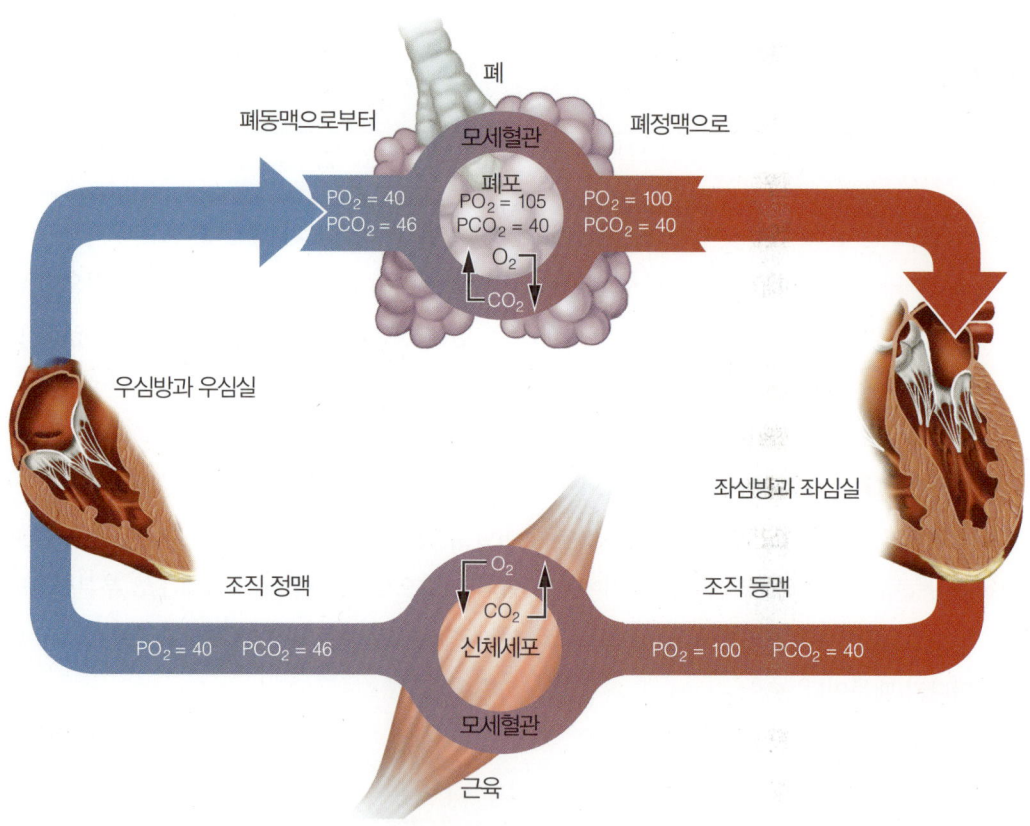

그림 6-6. 호흡가스 교환 시 산소와 이산화탄소 분압 변화

2장 운동에 대한 호흡계의 반응과 적응

 학습목표

- 일회성 운동 시에 호흡계의 반응을 알아보고 운동 지도에 활용한다.
- 장기간 트레이닝으로 의해 나타나는 호흡계의 적응과 변화를 알아보고 운동 지도에 활용한다.

1. 운동과 호흡계의 반응

가. 일회성 운동 시 폐용적과 폐용량의 변화

운동을 시작하게 되면 안정 상태에서 점차 호흡률(breathing rate)이 증가함에 따라 분당 환기량이 늘어나는데, 이때 1회 호흡량(TV)은 안정 상태의 5~6배까지 증가하게 되며, 강제폐활량(FVC)의 60% 수준에서 고원(plateau) 상태가 나타난다. 즉, 안정 상태에서 500~600㎖이던 1회 호흡량이 2,500㎖ 이상으로 증가한다. 그리고 증가된 1회 호흡량은 흡기예비용적(IRV)과 호기예비용적(ERV)을 잠식하여 둘 다 감소하게 된다. 한편, 기능적 잔기량(FRC)도 호기예비용적이 감소함에 따라 줄어들게 된다.

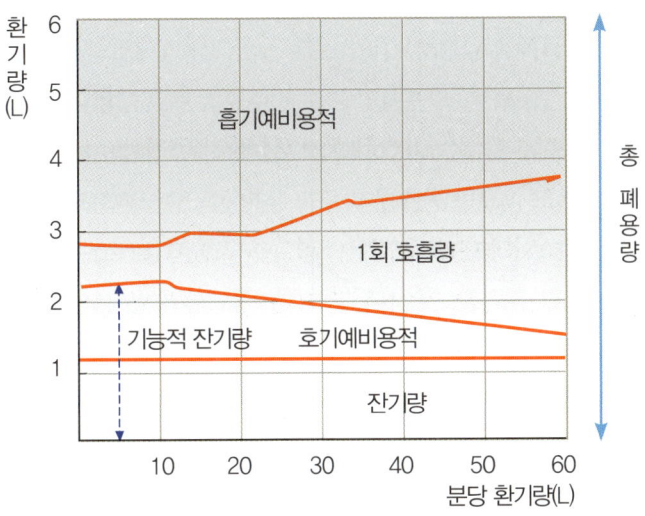

그림 6-7. 일회성 운동 시 폐용적과 폐용량의 변화

안정 시에 약 6~9 L/min이던 분당 환기량이 운동 시 운동 강도가 낮은 상태에서는 주로 1회 호흡량이 증가하여 그 양이 증가하다가 운동 강도가 높아질수록 주로 호흡수 증가에 의해 영향을 받게 되며, 일정 고강도 이상의 수준에서는 분당 환기량이 급격히 증가하여 최대 160 L/min 이상으로 크게 늘어난다.

운동 시 환기량은 운동 강도가 증가함에 따라 비례하여 증가하다가 특정 수준에서 운동 강도에 비례하지 않고 급격히 증가하게 되는데, 이것은 그 시점의 운동 강도에서 이산화탄소 생성량이 급격히 증가했기 때문이다. 이때 산소소비량은 계속해서 운동 강도에 비례해서 증가한다. 이렇게 분당 환기량과 이산화탄소 생성량이 급격히 증가하는 시점의 운동 강도를 일컬어 '무산소성 역치(anaerobic threshold)'라고 하며, 유산소 운동능력을 나타내는 지표로 사용된다.

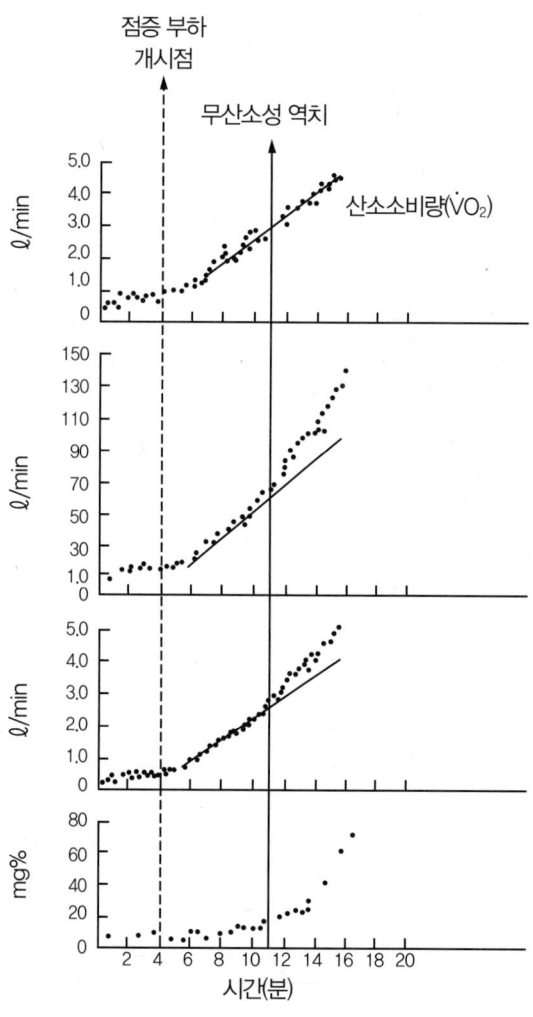

그림 6-8. 환기량 변화와 무산소성 역치

나. 운동 시 폐환기 조절기전

안정 시 호흡은 신경 조절과 화학 조절로 유지되는데, 신경 조절은 뇌의 호흡중추와 반사기전에서 신경전달 경로를 통하여 호흡근을 수축시킴으로써 호흡을 일으키며, 화학 조절은 중추와 말초 화학수용체를 통하여 감지된 체내의 O_2, CO_2, H^+ 등의 농도에 의해 호흡주기를 조절한다.

운동 시 폐환기는 운동 시작 전 운동에 대한 예상으로 뇌의 호흡 중추가 활성화되면서 환기량 증가가 선행되고, 운동 초기에 급격하게 환기량이 늘어나는 것은 근육과 관절의 수용체로부터 신경자극이 증가하기 때문이다. 운동 중에는 주로 체내의 화학적 조절에 의해 환기량이 유지되고 변화되는데, 운동으로 인해 이산화탄소와 젖산 농도가 증가하고 혈액 pH는 감소하면서 혈관에 있는 화학수용체를 자극하기 때문이다. 운동 종료 직후에는 움직임이 급격히 감소되면서 다시 관절수용체에 의해 환기량이 조절되다가 일정 수준에 이르면 화학적 조절인자들에 의해 안정 상태로 복귀하게 된다.

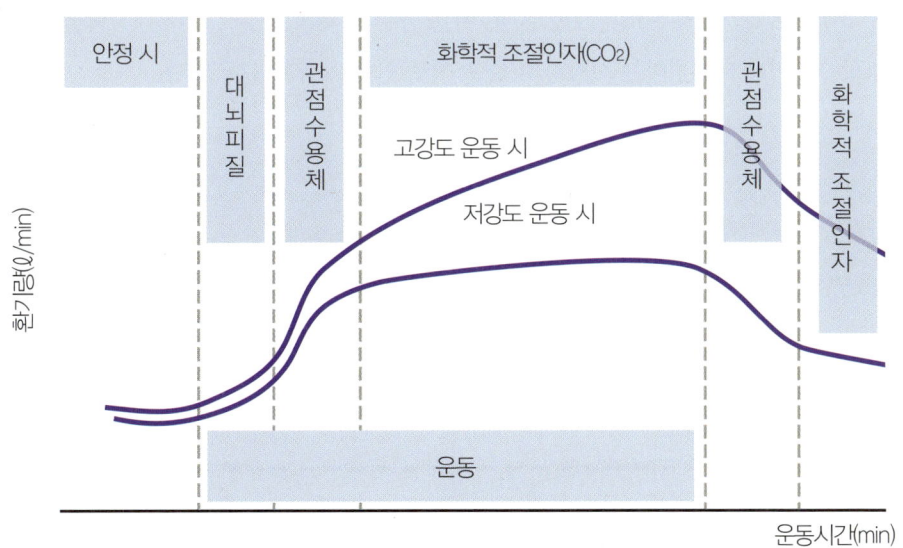

그림 6-9. 운동단계별 환기량과 조절인자의 변화

다. 운동 시 과호흡과 과환기

과호흡(hyperpnea)은 운동할 때 운동부하가 증가함에 따라 변화되는 정상적인 분당 환기량의 증가를 의미하며, 이산화탄소의 분압 유지에 크게 영향을 주지 않는다.

과환기(hyperventilation)는 실시하는 운동부하에 필요한 분당 환기량보다 호흡으로 나타나는 분당 환기량이 더 크게 증가하는 반응으로, 주로 운동 후반부에 발생하고 호흡수나 호흡의 깊이가 증가하여 이산화탄소의 가스분압이 정상범위보다 더 낮게 감소된다. 과환기로 인해 이산화탄소 분압이 낮아지면 호흡중추에 대한 자극이 억제되므로 호흡에 대한 욕구가 낮아지고 숨을 멈출 수 있는 시간도 늘어나게 된다. 하지만 호흡 멈춤이 지속될 때 의식을 잃거나 사망에 이를 수도 있는데, 이는 이산화탄소 분압이 호흡욕구를 느끼게 하는 수준에 도달하기 전에 호흡을 멈추면서 산소는 지속적으로 소비되고 추가적인 공급이 없는 상황에서 산소 분압이 낮아져 중추신경계의 기능을 유지하기 어렵게 만들기 때문이다.

안정 시에는 의식적으로 과환기를 하여 순간적으로 생리적인 호흡욕구를 없앨 수 있으며, 결과적으로 호흡을 참는 능력을 향상시킬 수 있지만, 운동 전이나 중에는 과환기를 하고 호흡을 멈출 경우, 낮아진 이산화탄소 분압이 상승하면서 호흡 억제에 대한 한계에 도달하기 전에 산소 분압이 호흡 중추에 이상을 발생시키는 수준보다 더 감소되면 의식을 잃어버릴 가능성이 크며, 심한 경우에는 사망에 이를 수도 있다. 실제로 수영을 할 때 호흡수를 최대한 적게 하는 것이 운동 효율을 높일 수 있지만, 산소 부족이 초래되면서 생리적으로 위험한 상태가 될 수 있다. 특히, 과환기 직후에 호흡을 멈추면서 잠수를 할 경우 매우 위험한데, 이는 잠수 기록을 세우려고 하는 사람들의 성향으로, 숨을 참고 수영이나 다이빙하는 사람들의 경우 이로 인해 익사할 수도 있다.

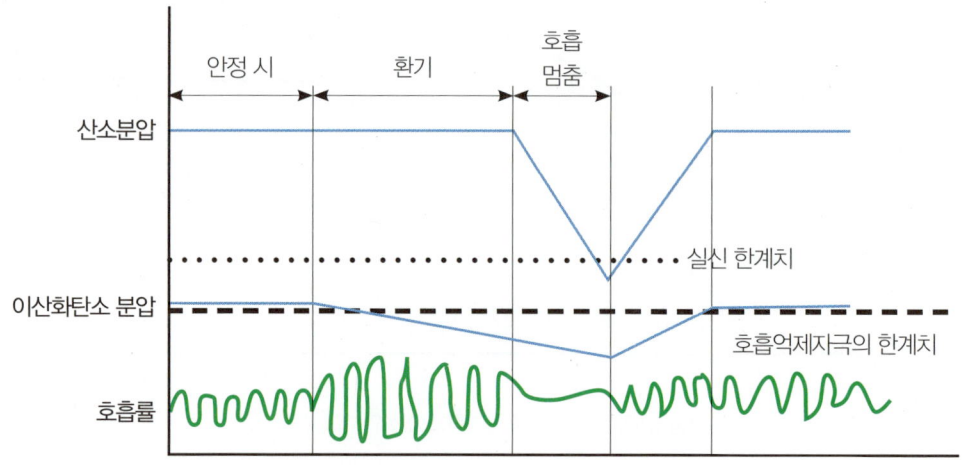

그림 6-10. 과환기와 호흡 멈춤 시 산소 및 이산화탄소 분압 변화

라. 호흡곤란

　유산소성 운동능력이 낮은 사람들은 강도 높은 운동을 할 때 동맥혈의 이산화탄소와 수소 이온 농도가 크게 높아져 호흡곤란(dyspnea, 숨이 가빠짐)을 일으킬 수 있다. 일반적으로 운동을 하면서 이산화탄소와 수소 이온 농도가 증가될 때 뇌의 흡기 중추에 강한 신호를 보내어 호흡의 수와 깊이를 증가시키게 된다. 운동을 할 때 나타나는 호흡곤란은 호흡을 하기 어렵게 느끼지만, 실제 근본적 원인은 혈액 내 이산화탄소 분압과 수소 이온에 대한 호흡 조절이 제대로 되지 못하기 때문이다. 이것은 호흡을 위한 화학적 조절 기능이 비정상적이기보다는 운동 중 호흡 시에 작용하는 근육들의 기능이 떨어지거나 매우 약하기 때문이다. 즉, 뇌에서 폐로 환기량을 증가시키라는 강한 신경적 명령을 전달함에도 불구하고 호흡 시에 작용하는 근육들이 기능을 발휘하지 못하면서 호흡을 원활하게 하지 못하게 되는 것이다.

〈운동 시 환기량 변화에 대한 실제 사례〉

○ 폐용량, 폐용적, 강제호기량 측정 결과(36세, 건강한 남성) 　　　　　　　　　　　　　　단위: L

항목	성인 남성 평균치	1차	2차	3차
1회 호흡량(TV)	0.60	0.71	0.86	0.69
흡기예비용적(IRV = IC − TV)*	3.0	2.20	2.12	2.30
호기예비용적(ERV)	1.2	1.59	1.59	1.41
잔기량(RV = FVC × 0.24)*	1.2	1.08	1.10	1.06
흡기량(IC)	3.6	2.91	2.98	2.99
기능적 잔기량(FRC = ERV + RLV)*	2.4	2.67	2.69	2.47
폐활량(FVC)	4.8	4.51	4.57	4.42
총 폐용량(TLC = FVC + RLV)*	6.0	5.59	5.67	5.48
1초 강제호기량(FEV_1)		4.11	4.14	4.03
1초 강제호기량 비율(FEV_1 %)*	85% 이상	91.1%	90.6%	91.2%
3초 강제호기량(FEV_3)		4.48	4.54	4.39
3초 강제호기량 비율(FEV_3 %)*	92% 이상	99.3%	99.3%	99.3%

* 계산하여 얻은 값 나머지는 실측치임

○ 결과 해석
- 평균치와 피험자 측정치의 비교
  - 1회 호흡량(TV): 평균치(600㎖)보다 높았으며, 690~860㎖의 범위를 보였다.
  - 흡기예비용적(IRV): 평균치(3,000㎖)보다 낮았으며, 2,120~2,300㎖의 범위를 보였다.
  - 호기예비용적(ERV): 평균치(1,200㎖)보다 높았으며, 1,410~1,590㎖의 범위를 보였다.
  - 잔기량(RLV): 평균치(1,200㎖)보다 낮았으며, 1,060~1,100㎖의 범위를 보였다.
  - 흡기량(IC): 평균치(3,600㎖)보다 낮았으며, 2,910~2,990㎖의 범위를 보였다.
  - 기능적 잔기량(FRC): 평균치(2,400㎖)보다 높았으며, 2,470~2,690㎖의 범위를 보였다.
  - 강제폐활량(FVC): 평균치(4,800㎖)보다 낮았으며, 4,420~4,570㎖의 범위를 보였다.
  - 총 폐용량(TLC): 평균치(6,000㎖)보다 낮았으며, 5,480~5,670㎖의 범위를 보였다.
  - Brooks 등.(1996)이 안정 시 1회 호흡량이 0.4~1ℓ, 흡기예비용적은 2.5~3.5ℓ, 호기예비용적은 1.0~1.5ℓ, 잔기량은 남자가 1.2~1.4ℓ, 여자가 1.0~1.2ℓ, 강제폐활량은 남자가 4~5ℓ, 여자가 3~4ℓ, 체격이 크거나 선수들의 경우는 6~7.1ℓ 정도까지 나타낸다고 한 것과 비교할 때 피험자의 측정치는 전체적으로 정상범위에 속한다고 할 수 있다.
  - 평균치에 비해 기능적 잔기량은 높고 흡기량, 강제폐활량, 총 폐용량 등이 낮은 원인은 흡기예비용적은 평균치보다 낮고 호기예비용적은 더 높기 때문으로 판단할 수 있다.
  - 따라서 피험자의 폐용적 측정 결과에서 알 수 있는 것은 호기량은 평균 이상이지만 흡기량은 평균 이하여서 흡기 능력이 평균에 비해 다소 떨어진다고 할 수 있다.
  - 강제폐활량과 총 폐용량은 평균치의 약 90% 수준을 보였으며, 이것은 떨어진 흡기 능력을 평균 이상의 호기 능력이 보상하여 상쇄한 결과라고 볼 수 있다.

- 강제호기량의 해석
  - 1초 강제호기량은 4,030~4,140㎖의 범위를 보였으며, 1초 강제호기량의 비율은 90.6~91.2%의 범위를 보였다.
  - 3초 강제호기량은 4,390~4,540㎖의 범위를 보였으며, 3초 강제호기량의 비율은 약 99.3%의 값을 나타냈다.
  - 1초와 3초 강제호기량의 비율은 평균치(85%, 92%)와 비교 시 높은 경향을 나타냈다.
  - 피험자의 경우 호기 능력이 평균 이상이고 1초와 3초 강제호기량의 비율이 높은 것으로 보아 기능적인 폐질환은 없는 것으로 나타났다.

- 피험자의 폐질환과 기능에 대한 논의
  - 1초 강제호기량이 정상 범위에 있으며 총 폐용량과 잔기량이 평균치의 90% 수준인 것을 볼 때 폐쇄성(obstructive) 폐질환은 없는 것으로 보이며, 강제폐활량이 평균치의 92~95%인 것으로 보아 제한성(restrictive) 폐질환도 아닌 것으로 판단할 수 있다.
  - 흡기량이 평균치에 비해 낮은 것은 강제호기 시 피험자 호흡법의 적절성, 마우스피스를 통한 호흡에 적응, 키(height)와 체표면적에 비례하는 폐활량 등이 원인일 것으로 추정할 수 있다.

2. 운동과 호흡계의 적응

운동을 하게 되면 에너지대사가 증가하면서 근육조직세포로 적절한 양의 에너지원과 함께 적절한 양의 산소 공급이 요구된다. 이에 따라 호흡계에서는 폐포환기량, 폐포 가스교환, 폐환류 등의 폐기능 향상이 필요하게 된다. 하지만 폐의 크기가 유의하게 커진다거나 폐활량이 크게 개선되는 극적인 변화가 생기는 것은 아니다. 운동으로 인하여 폐의 크기나 폐활량이 다소 변화될 수 있지만, 그 효과의 크기나 지속성에 대한 검증은 확고하지 못하다.

유동훈과 허만동(2009)은 남자대학생을 대상으로 유산소성 운동집단 10명[목표 심박수의 60~80%와 운동자각도(RPE) 13, 1일 60분, 주 3일]과 저항성 운동 프로그램 10명[최대근력(1RM)의 80%, lat-pull down/incline press/leg-extension/dead-lift 각 8회 3세트, 1일 60분, 주 3일]을 대상으로 각각 12주간 트레이닝을 실시한 결과, 폐활량(FVC), 1초 강제호기량(FEV$_1$), 최대 수의적 환기량(MVV) 등이 두 집단 모두 유의하게 증가하였으며, 1초 강제호기량은 유산소성 운동집단이 저항성 운동집단보다 더욱 증가했다고 보고하였다. 또한, 오덕자 등(2014)에 의하면, 중년 성인을 대상으로 일정 기간 트레이닝을 하게 되면 안정 시와 최대하운동 중의 호흡수가 감소되며, 이것은 트레이닝 효과로 호흡효율이 증가되었기 때문이라고 하였다.

트레이닝과 폐기능 변화에 대한 과거의 연구에서 폐활량이 대조군보다 운동선수 집단에게서 높았다는 결과가 있었으며(조홍관·채정룡, 2000, Gaensler, 1965; Tuart & Collins, 1969; Whipp & Ward, 1990), 이와는 반대로 장기간 훈련을 한 운동선수 집단의 폐활량은 별로 증가하지 않지만, 강제호기량(FEV)과 강제호기 유속(forced expiratory flow: FEF) 등은 높았다는

> **최대 수의적 환기량**(maximal voluntary ventilation: MVV)
> 의도적으로 호흡근 작용을 최대로 동원하여 환기할 때 측정한 환기량으로, 최대운동에 의해 나타나는 최대환기량보다 더 크게 나타난다. 보통 성인 남자는 100~180 L/min, 여자는 70~120 L/min 정도를 나타낸다.

연구 결과들도 많았다(황수관·허복, 1980; 남팔수 등, 1981; 정우화 등, 1985; 강두희, 1988; Asmussen, 1967; Kollias et al., 1972). 폐활량은 체력단련이나 운동, 지구력 훈련에 의해 증가하지 않으며, 단지 신장·체중 등과 같은 체격조건과 상관이 높다는 연구 결과들도 있었다(Gandevia, 1960; Miller, 1959).

지속적이고 규칙적인 운동, 즉 장기간의 트레이닝이 호흡계에 미치는 영향은 심혈관계가 개선되는 것과 비교할 때 상대적으로 그 변화가 크지 않다고 할 수 있는데, 그 이유는 유산소 운동능력의 향상이 호흡계보다는 심혈관계에서 심박출량과 근육세포의 산소이용능력이 개선되기 때문이다. 장기간의 트레이닝을 통해 호흡계 기능이 주어진 운동부하에 적응하면서 개선되는 것은 주로 호흡수가 줄어듦으로써 전체 환기량이 감소하고, 혈관의 동정맥 산소차가 증가에 의하여 근육세포의 산소이용능력이 증가되는 것 등이다. 또한 트레이닝 전과 비교할 때 최대운동 시에는 오히려 환기량이 증가하는데, 이것은 호흡계뿐만 아니라 심혈관계 개선으로 최대운동의 강도가 더 높아져 1회 호흡량이 증가하고 호흡수가 훨씬 많아졌기 때문이다.

가. 호흡수

운동을 장기간 규칙적으로 하게 되면 호흡이 깊어져 일정한 운동 강도에서 1회 호흡량은 거의 동일하지만 호흡수는 감소하게 된다. 즉, 트레이닝 후 안정 시와 최대하운동 중의 호흡수가 감소되는 것이 보통이지만 이와 같은 감소는 아주 작은 것이며, 이것은 트레이닝에 의해 호흡효율이 증가된 것을 반영하는 것이다. 그러나 최대운동 시에는 트레이닝 후에 호흡수가 증가되는 것이 일반적이다.

나. 폐용량

일반적으로 폐용량은 트레이닝에 의해 약간 증가할 뿐 큰 변화는 없다. 폐활량은 다소 증가할 수 있지만 상당한 기간이 필요하며, 동시에 잔기량은 약간 감소된다. 이러한 점 때문에 총 폐용량(TLC)은 거의 변화되지 않는다. 지구성 트레이닝 후에 1회 호흡량은 안정 시나 상대적 동일 강도의 최대하운동 시에는 변화가 없지만, 최대강도의 운동 시에는 증가된다.

다. 폐환기량

일정 기간 트레이닝을 한 후 안정 시에는 폐환기량이 변화가 없거나 약간 감소되며, 상대적 동일 운동 강도의 최대하운동 시에는 약간 감소된다. 그러나 동일한 트레이닝 상태에서 최대운동을 할 때 최대환기량은 상당히 증가한다. 트레이닝으로 단련되지 않은 일반인들에 있어서는 트레이닝 전후를 비교해볼 때 최대환기량이 120L/min에서 약 150L/min까지 증가하는 것이 보통이다. 고도로 단련된 엘리트 선수의 경우에는 최대환기량이 약 180L/min까지 증가한다. 이와 같이 트레이닝 후에 최대환기량이 증가하는 것은 최대운동 시에 호흡수가 크게 증가할 뿐만 아니라 최대하운동 시와는 다르게 1회 호흡량도 크게 증가하기 때문이다.

라. 폐확산

외부 공기를 흡기한 후 폐포 내에서 이루어지는 산소 및 이산화탄소의 가스교환, 즉 폐확산은 트레이닝 후에 안정 시와 상대적 동일 강도의 최대하운동 시에는 변화가 없지만, 최대운동 시에는 폐확산 능력이 커진다. 훈련되지 않은 일반인들은 최대운동 시 산소섭취량이 40~50㎖/kg/min까지 증가하고, 엘리트 지구력 선수에서는 80㎖/kg/min 내외로 매우 높아질 수 있다. 안정 시와 비교할 때 운동 중에 이렇게 산소 확산능력이 커지는 것은 안정 시에는 폐의 혈액순환이 제한적이고 운동 시에는 폐 전체적으로 혈류량이 많아지기 때문이다. 즉, 안정 시의 혈액순환은 중력의 작용으로 폐의 윗부분에는 혈액이 많이 순환되지 않지만, 최대운동 시에는 폐를 통과하는 혈류량이 훨씬 많아진다. 이로 인해 혈압의 증가하면서 폐 전체가 더 많은 혈액으로 순환하게 된다. 유산소 능력이 클수록 더 큰 산소 확산능력을 나타내는데, 이것은 심박출량 및 폐포 표면적 증가, 호흡막을 통과하는 확산저항의 감소라는 3가지 요인이 결합되어 나타나는 결과이다.

마. 동정맥 산소차

트레이닝 후에 총 헤모글로빈 양이 증가되어 혈액을 통해 근육세포로 이동되는 산소섭취량은 늘어나는데, 단위 혈액 내에 포함되는 헤모글로빈의 양은 같거나 오히려 약간 감소되기도 한다. 한편, 트레이닝을 하면 근육세포가 산소를 이용하는 능력이 향상되어 동정맥 산소차는 증가되며 특히 최대운동 시에 크게 증가하게 된다. 이러한 동정맥 산소차의 증가는 정맥혈의 산소농도가 낮아지기 때문이다. 이것은 심장으로 돌아오는 정맥혈은 전신으로부터 돌아와 혼합된 것으로, 산소농도가 적게 포함되어 있음을 의미한다. 이것은 근육세포에서 보다 더 많은 산소를 추출하여 쓰고, 혈액을 보다 더 효율적으로 배분하기 때문이다.

바. 다른 조건에서의 폐기능 변화

특정한 질환이 없더라도 연령이 증가하여 중년 또는 노인기가 되면 호흡근육과 폐기능이 점차 저하되며, 만성요통환자, 폐질환이나 뇌졸중 등의 경우에는 건강한 사람들에 비하여 그 정도가 크다. 중년과 노년에는 신체노화의 영향으로 늑간근, 복근 등의 호흡근육이 약화되고 폐의 탄성이 낮아져 폐활량, 1초 강제호기량 등이 매년 약 30㎖씩 저하된다고 한다(김상범, 2008; 류수진, 2009). 뇌졸중 환자들은 운동감각에 장애가 발생하게 되고 그로 인하여 흉벽과 호흡근육 등의 움직임과 전기적 활동이 감소되어 심폐기능이 약화된다(Kolb & Gibb, 2007; Kelly et al., 2003).

이지연 등(2013)은 중년 남녀 27명(남성 15, 여성 12)을 대상으로 표시등과 신호음으로 시각과 청각 피드백을 주는 방법으로 호흡 훈련을 실시하는 피드백 호흡 운동집단에 14명(8주, 주 3회, 매회 50분씩), 트레드밀 유산소 운동집단에 13명(목표 심박수의 85%, 8주, 주 3회, 매회 50분씩, 준비운동 10분, 트레드밀 운동 30분, 정리운동 10분)을 배정하여 폐기능 변화를 살펴보았는데, 그 결과 두 집단 모두에게서 폐활량(FVC), 1초 강제호기량(FEV_1), 흡기예비용적(IRV), 호기예비용적(ERV) 등이 유의하게 향상되었다고 하였다. 이전형(2008), 서교철(2009) 등은 뇌졸중 환자를 대상으로 피드백 호흡운동 프로그램을 실시하여 폐기능이 향상되었다고 하였으며, Soyupek 등(2009)은 척수손상 환자를 대상으로, Franssen 등(2004)은 만성 폐쇄성 폐질환 환자(COPD)를 대상으로 트레드밀 운동 프로그램이 폐기능 향상에 효과가 있다고 하였다.

김기송 등(2009)은 만성요통환자에서 복부심부근 강화운동이 노력성 호기 폐기능 검사 동안 최대호기유량 및 1초간 노력성 호기량과 요통에 미치는 효과를 검증한 결과, 만성요통환자들은 1조 강제호기량(FEV_1)과 최대 수의적 환기량(MVV)이 정상인에 비해 낮았으며 5일 이상의 복부심부근 강화운동을 실시할 때 폐기능이 향상될 수 있다고 하였다. 이병기 등(2008)은 걷기와 요부안정화운동이 만성요통환자의 폐기능과 요부심부근에 미치는 영향을 연구하였는데. 만성요통환자들이 요부안정화 운동과 함께 걷기 운동 프로그램을 실시할 때 폐기능의 향상된다고 하였다. 한편, Mannion 등(2000)은 만성요통환자들의 강제호기량(FEV)이 낮은 이유는 척추 주변 근육 단면적의 감소와 만성통증에 따른 신체활동 저하로 복부 근육의 근력 약화가 동반되기 때문이라고 하였다.

3장 순환계의 구조와 기능

 학습목표

- 순환계의 구조에 대하여 이해한다.
- 순환계의 기능에 대하여 이해한다.

1. 심장

가. 심장 구조

혈액 순환에 중추적인 역할을 담당하는 심장은 크기가 300g 정도이며, 흉강의 중앙에 위치한다. 4개의 방과 판막으로 구성되어 있으며, 직접 혈액을 외부로 보내는 펌프기능을 수행한다(그림 6-11).

심장벽은 심장속막, 심장근육층, 심장바깥막의 3개 층으로 구성되며, 심장의 외부는 섬유심장막이라는 두 겹의 두꺼운 섬유주머니가 둘러싸고 있다(그림 6-12). 섬유심장막과 심장바깥막 사이의 간격을 '심장막공간'이라고 하는데, 여기에는 소량의 심장막액이 들어 있어 섬유심장막 속에서 심장이 마찰 없이 수축운동을 할 수 있게 해준다.

심장은 〈그림 6-13〉에서 보는 바와 같이 중앙 벽에 해당하는 심실사이막(심실중격)에 의해 좌우로 절반씩 나뉜다. 심장의 우측과 좌측은 각각 2개의 심방(atrium)과 심실(ventricle)로 되어 있으며, 심방과 심실은 '방실판막(atrioventricular valve: AV valve)'이라는 일방향 판막(one way valve)으로 연결되어 있다. 방실판막은 혈액이 심방에서 심실로 한 방향으로만 흐르게 고안되어 있다.

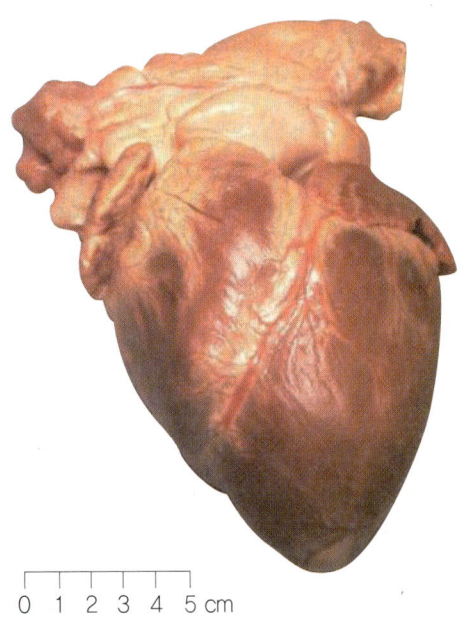

그림 6-11. 심장의 전면부

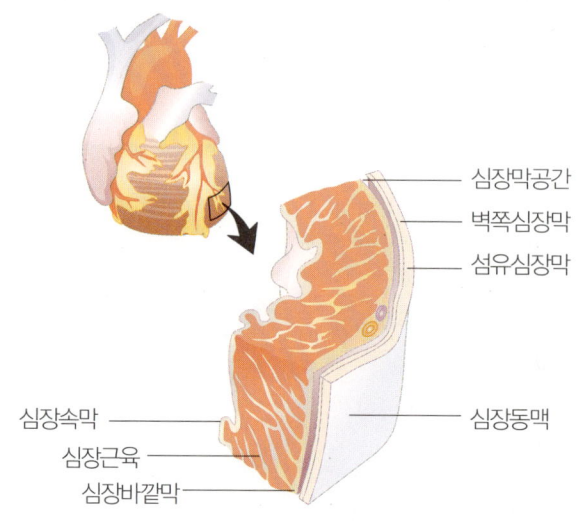

그림 6-12. 심장 벽의 구조

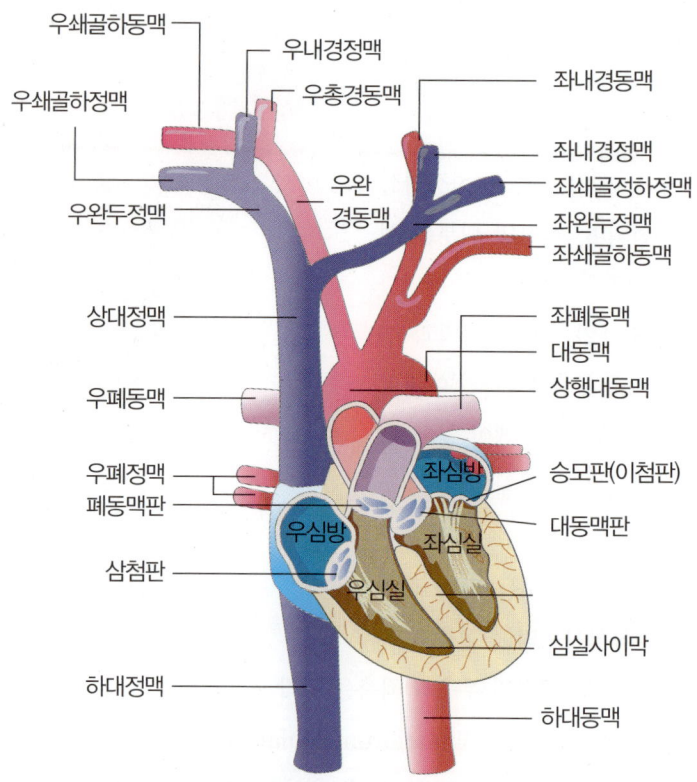

그림 6-13. 심장혈관계통 구조

나. 심혈관계의 이해

심혈관계는 혈액으로 차 있는 혈관들이 심장과 연결되어 있고, 심장의 펌핑에 의해 혈액이 순환한다.

심혈관계의 중요한 기능은 다음과 같이 5가지로 분류할 수 있다.

① 운송기능(delivery)
② 제거기능(removal)
③ 운반기능(transport)
④ 유지기능(maintenance)
⑤ 방어기능(prevention)

심혈관계는 산소와 영양소를 신체의 모든 세포에 운반하고, 모든 세포에서 만들어진 CO_2와 대사 노폐물을 제거한다. 또한 호르몬을 분비샘에서 목표수용체로 운반한다. 그리고 체온을 유지하고 혈액의 완충작용으로 체내의 pH를 조절한다. 또한 탈수현상을 방지하기 위해 적절한 체액을 유지하고, 세균이 침입한 기관의 감염을 방지하는 데 도움을 준다.

다. 심근

심장은 대부분 심근세포인 심근(myocardium)으로 구성되어 있으며, 대부분의 심근세포는 수축이 가능하다. 그러나 아주 적은 양(1%)의 심근세포는 자체에서 활동전위를 생성할 수 있다. 이러한 심근의 수축을 위한 신호전달은 신경세포에서부터 시작된 것이 아니라, 자율박동세포(pacemaker)에서 시작되는 것이다. 심근 자율박동세포는 해부학적으로 수축세포와 구별되는데, 조직화된 근절을 갖고 있지 않기 때문에 심장의 수축력에는 크게 기여하지 않는다. 심장의 대부분을 차지하는 심근세포는 횡문근(가로무늬)이며 근절이 잘 조직화되어 있다. 그러나 심근섬유는 골격근 섬유보다 크기가 아주 작고 근섬유(세포)에 하나의 핵만 가지고 있다. 심근의 두께는 심장과 심실 벽에 직접적으로 가해지는 스트레스에 의해 달라진다. 좌심실은 앉아 있거나 서 있을 때 하지의 혈액을 저류시키도록 작용하는 중력의 효과를 이겨낼 수 있을 만큼의 충분한 힘으로 수축해야 한다. 이와 같은 좌심실의 강한 펌프력은 심방이나 우심실에 비하여 근육 벽이 더 두껍기(비대) 때문에 가능하다. 이와 같은 비대(hypertrophy)는 규칙적인 운동 훈련으로 좌심실에 부하를 크게 하기 때문에 이루어진 결과이다. 특히 높은 강도의 유산소 운동은 활동근으로의 혈류량의 수요를 크게 증가시키기 때문에 좌심실의 부하를 커지게 한다. 이와 같은 장기간의 지속적인 큰 부하는 결국 심근을 비대하게 만든다.

라. 심장주기

심장의 수축과 이완에 의해 혈액을 내보내고 받아들이는 반복적인 과정을 '심장주기'라 한다. 이러한 심장주기는 규칙적인 시스템에 의해 유지되며 외적 환경, 자세 혹은 심리적인 상황에 따라 주기가 단축될 수도 있다.

심장주기는 수축기와 이완기로 나눌 수 있다. 즉, 심근의 수축 단계를 '수축기'라 하며 심근의 이완 단계를 '이완기'라 한다. 심장의 수축과 이완은 심실에서 허파와 전신으로 혈액을 공급하는 과정이지만, 심방도 심실로 혈액을 공급하기 위해서는 심실과 마찬가지로 수축과 이완이 반복되는 주기를 갖는다. 심방의 수축은 심실의 이완기 동안에 발생하고, 심방의 이완은 심실의 수축기에 일어난다. 결국 심장은 2단계 펌프활동을 한다. 오른쪽과 왼쪽 심방은 함께 수축하고, 심방의 혈액은 심실로 흘러 들어간다. 시간적으로 심방이 수축하고 0.1초 후에 심실이 수축하며, 전신에 혈액을 공급하는 체순환과 산소포화를 위해 허파로 보내는 허파순환으로 이루어진다(그림 6-15).

따라서 심장주기는 이완기와 수축기가 교대로 나타난다. 이완기의 소요시간은 심실과 심방이 모두 이완되는 0.4초이며, 수축기의 소요시간은 심방에서 심실로 혈액이 지나가는 수축과정의 시간이 0.1초, 동시에 심방이 이완되고 혈액을 동맥과 정맥을 통해 전신과 허파에 공급하는 심실이 수축하는 시간은 0.3초이다.

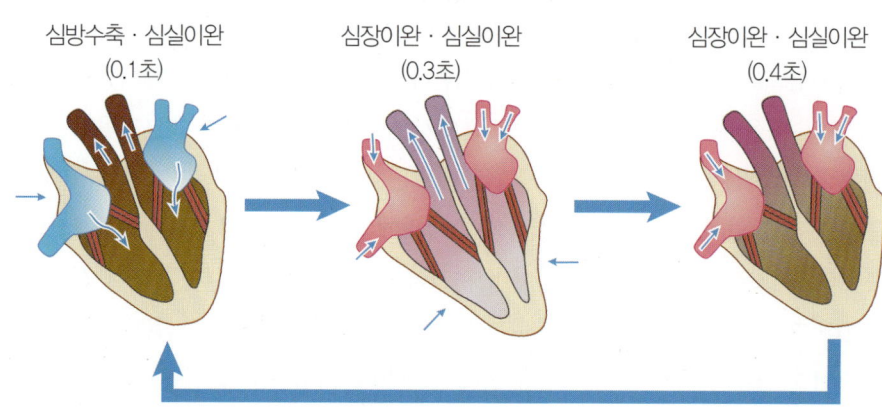

그림 6-14. 심장주기

마. 심장의 전도체계

심장은 수축성 세포와 전도성 세포의 두 가지로 구성되어 있다. 첫째, 수축성 세포는 심방과 심실로 구성되어 있으며, 이러한 수축성 세포는 심장의 기능세포라 불린다. 수축성 세포에 활동전위가 일어나면 이를 통하여 수축이 일어나고 근육의 힘 또는 압력을 생산한다. 둘째, 전도성 세포는 동방결절조직, 심방의 마디사이길(internodal tracts), 방실결절, 히스번들 및 퍼킨제(Purkinje) 시스템으로 구성되어 있다. 전도성 세포는 특수한 근육세포로 이루어져 있으며, 심근의 힘과 압력을 만드는 데 중요한 역할을 하지는 않지만, 심근을 통하여 활동전위를 빠르게 전파하는 역할을 담당한다. 또한 전도성세포는 전도성을 생산할 뿐만 아니라 세포 자체에서 활동전위를 생산해내는 능력을 가지고 있다. 이러한 활동전위의 생산능력은 동방결절을 제외한 다른 조직에서는 억제되어 있기 때문에 동방결절 외에서 정상적으로 활동전위를 만들 수는 없다. 심장근육은 '자동전도능'이라고 불리는 자기 스스로 전기적 신호를 발생시키는 독특한 능력을 가지고 있다. 이것은 심장이 신경적 자극 없이도 주기적으로 수축할 수 있도록 해준다. 신경자극도 없고 호르몬 자극도 없이 이루어지는 심장수축, 즉 고유의 심박수 평균치는 70~80회/분 정도이다.

아래 그림은 심장의 자극전도계의 5가지 구성요소를 나타낸다.

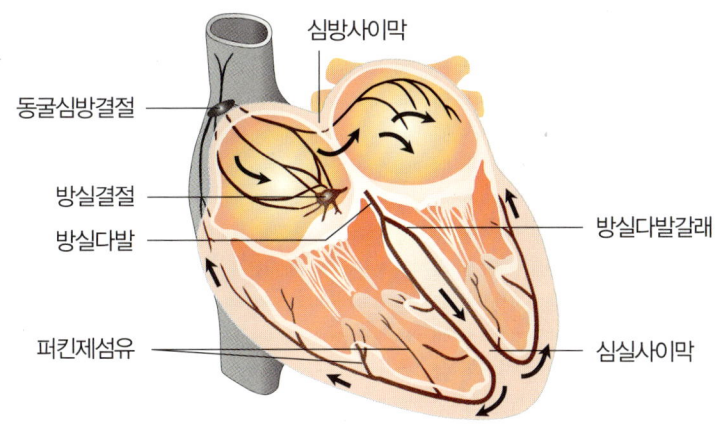

그림 6-15. 심장의 자극전도계

- 동방결절[sinoatrial(SA) node]
- 방실결절[atrioventricular(AV) node]
- 방실다발(히스속)[atrioventricular(AV) bundle, bundle of His]
- 방실다발갈래(bundle branch)
- 퍼킨제섬유(Purkinje fibers)

심장수축을 위한 자극은 우심방의 뒤쪽 벽에 위치한 특수화된 심근 집단(자율박동세포)인 동방결절(SA node)에서 시작된다. 동방결절은 매분 60~80회 정도의 빈도로 자극을 발생시키기 때문에 심장의 박동조율기(pacemaker)라고 한다. 그리고 이 박동빈도를 동리듬(sinus rhythm)이라고 한다.

동방결절(SA node)에서 발생된 자극은 퍼져나가서 심장 중심부에 가까운 우심방벽에 위치하고 있는 방실결절(AV node)에 도달한다. 자극이 심방 내를 퍼져나가는 것은 심방을 수축하라는 신호이며, 심방은 거의 동시에 수축한다.

방실결절은 자극을 심방으로부터 심실로 전달한다. 자극이 방실결절을 통과할 때 약 0.13초 정도의 시간이 걸린다. 이후 자극은 방실다발(AV bundle)로 들어간다. 이와 같은 방실결절을 통한 늦은 전도는 심실이 수축되기 전에 심실에 혈액이 충만할 수 있는 충분한 시간적 여유를 갖게 해준다. 방실결절의 전도 속도 증가는 심실의 혈액 충만을 감소시키고, 1회 박출량 및 심박출량을 감소시키는 원인이 된다.

방실다발은 심실의 사이막(중격)을 따라 뻗어나가 심실의 좌우 다발에 자극을 전달

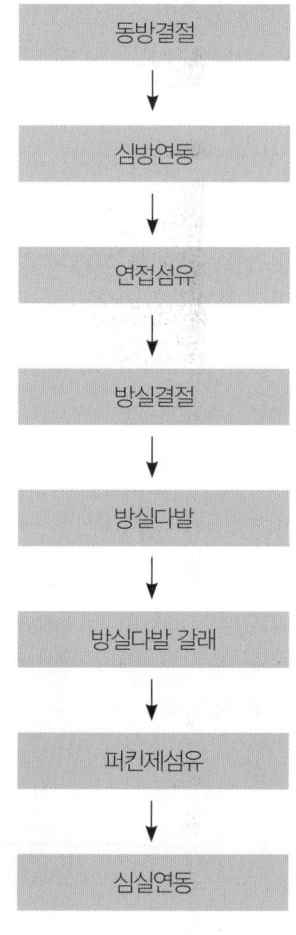

그림 6-16. 심전도 구성

한다. 좌우 다발은 자극을 심첨부 쪽으로 전달하고, 다시 위쪽으로 전달한다. 각 속가지는 많은 작은 가지로 분리되어 심실 벽 전체로 퍼져나간다. 이 말단 가지들이 퍼킨제섬유(Purkinje fiber)이다. 퍼킨제섬유를 통한 자극전도는 다른 자극전도계보다 6배나 빠르다. 이같이 빠른 자극전파는 심실의 모든 부위가 거의 동시에 수축할 수 있도록 해준다. 정상적인 동리듬(normal sinus rhythm)은 매우 특별한 의미를 가지고 있다. 심장의 전기적 활성 형태 및 시간이 정상이라는 것을 의미한다. 정상적인 동리듬을 판명하기 위해서는 다음 3가지 조건에 부합해야 한다. ① 활동전위는 반드시 동방결절에서 발생해야 한다. ② 동방결절의 전기신호는 분당 60~100회의 속도로 규칙적이다. ③ 심근의 활성은 반드시 정확한 순서와 정확한 시간 및 지연을 가져야 한다.

바. 심전도

심전도(ECG)는 심장의 전기적 활성도를 의미한다. 심근의 탈분극은 순서를 가지고 이루어진다. 심방은 심실보다 먼저 탈분극되고, 이후 심실이 순차적으로 탈분극된다. 심방은 심실이 탈분극되는 동안 재분극된다. 그리고 심실은 순차적으로 재분극된다.

심전도에서 중요하게 나타나는 파형과 특징은 다음과 같다.

1) P파

P파는 심방의 탈분극 시에 나타난다. P파의 지속기간은 심방을 통하는 전도시간과 연관되어 있다. 예를 들어, 심방을 통한 전도 속도가 감소한다면 P파는 넓어질 것이다.

2) PR간격(interval)

PR간격은 심방에서의 최초 탈분극으로부터 심실에서의 최초 탈분극까지 걸리는 시간을 의미한다. 따라서 PR간격은 P파와 PR간격을 포함하고 있다. 정상적으로 PR간격은 약 160msec으로 방실결절을 통한 전도 속도의 증가는 PR간격을 감소시키며, 방실결절을 통한 전도 속도의 감소는 PR간격을 증가시킨다.

3) QRS복합파(complex)

QRS복합파는 3개의 파형(Q파, R파 및 S파)으로 구성되어 있고, 이 복합파는 심실에서의 탈분극을 의미한다. 심박수는 QRS복합파(혹은 R파)의 숫자를 더함으로써 측정할 수 있다.

4) T파

T파는 심실에서의 재분극을 일컫는다.

표 6-5. 심전도의 이해

파(wave)	의미	파 지속시간(초)
P	심장흥분 전파기	0.06~0.10
QRS	심실흥분 전파기	0.06~0.08
T	심실흥분 회복기	
ST	전기적 등위성	
PQ(PR)	방실흥분 전달 시간	0.12~0.20
QT	전기적 심실수축 시간	0.30~0.45

5) QT간격(interval)

QT간격은 QRS군, ST분절 그리고 T파형을 포함하며, 최초 심실 탈분극에서 마지막 심실 탈분극까지를 의미한다. ST분절이란 심실의 활동전위에서 QT간격의 기준선이다.

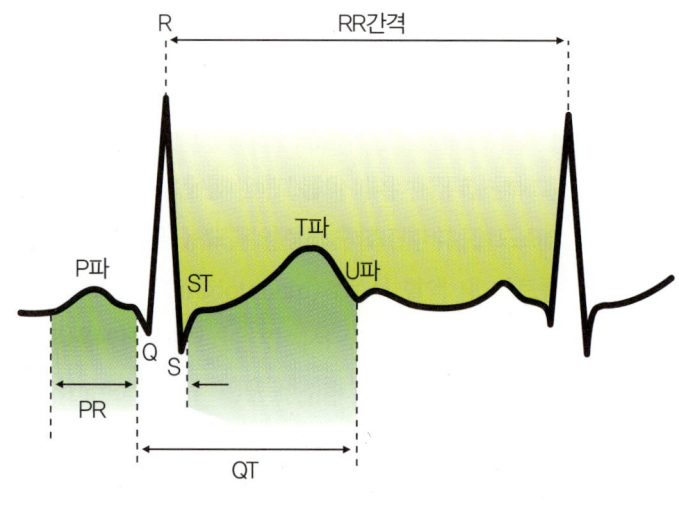

그림 6-17. 심전도 파형

사. 1회 박출량과 심박출량

심장의 수축기 동안 심실 내에 있던 혈액의 일정량이 좌심실로부터 박출된다. 심실이 한 번 수축할 때 박출되는 혈액의 양을 '1회 박출량'이라 한다(그림 6-18). 1회 박출량을 이해하기 위해서는 수축 전과 수축 후의 심실의 혈액량을 고려해야 한다. 수축을 시작하기 바로 직전인 이완기 말기에 심실은 혈액으로 가득 차 있다. 이때의 혈액량을 심실이완기 말 용량이라고 한다. 안정 시 건강한 성인의 심실이완기 말 용량은 약 100㎖ 수준이다. 심실의 수축이 막 끝난 시점인 수축 말기에 심실은 혈액의 박출을 끝내게 된다. 그러나 심실에 있던 모든 혈액이 박출되지는 않는다. 심실이 수축을 끝냈을 때 심실 내에 남아 있는 혈액량을 수축기 말 용량이라고 하며, 안정 시에 약 40㎖ 수준이다. 1회 박출량은 심실에 채워진 혈액량과 심실이 수축하여 혈액을 내보내고 심실 내에 남아 있는 혈액량의 차이이다.

심박출량은 1분 동안에 좌심실이 박출해낸 혈액의 총량을 말하며, 심박수에 1회 박출량을 곱하여 산출한다. 성인의 경우, 서 있을 때 안정 시 1회 박출량은 평균 60~80㎖/회가 된다. 따라서 안정 시 심박수가 70회/분이라면 안정 시 심박출량은 4.2~5.6L/분(60~80㎖/회 × 70회/분)이 된다. 성인은 체내에 평균 5L 정도의 혈액을 갖고 있기 때문에 체내의 모든 혈액이 매 1분마다 심장으로부터 박출되는 것을 나타낸다.

3장 순환계의 구조와 기능

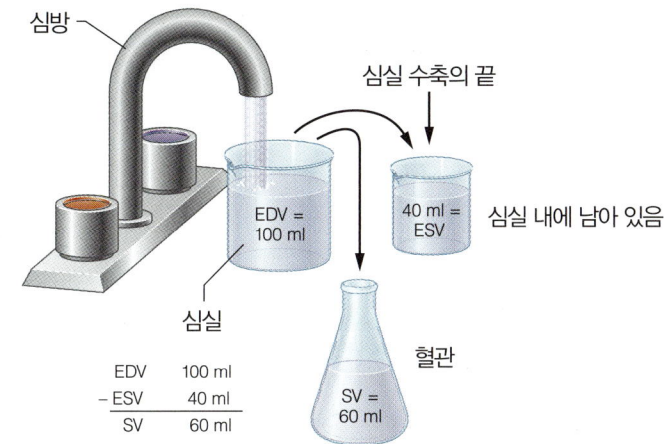

(a) 1회 박출량(SV)은 확장 말기 용량(EDV)과 수축 말기 용량의 차이다.

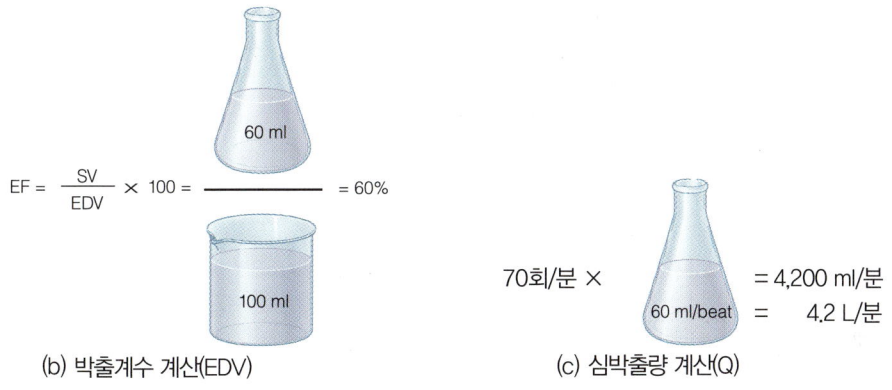

(b) 박출계수 계산(EDV)   (c) 심박출량 계산(Q)

그림 6-18. 1회 박출량과 심박출량

2. 혈관

가. 혈관 시스템

혈관은 크게 심장으로부터 혈액을 전신조직으로 공급하는 ① 혈관(동맥)과 반대로 혈액을 심장으로 되돌려주는 ② 혈관(정맥)으로 구성되어 있으며, 세부적으로 다음과 같이 나눌 수 있다.

- 동맥(arteries)
- 세동맥(arterioles)
- 모세혈관(capillaries)
- 세정맥(venules)
- 정맥(veins)

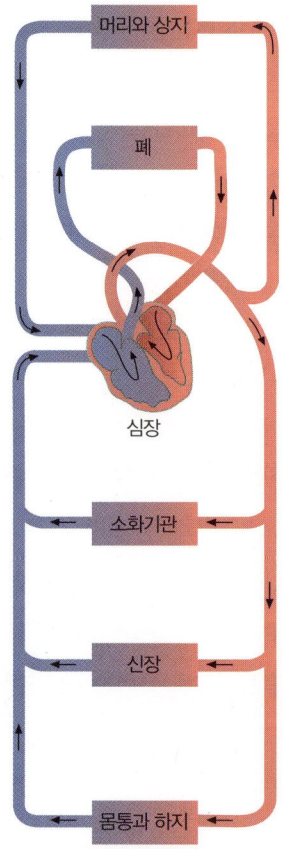

그림 6-19. 심혈관계

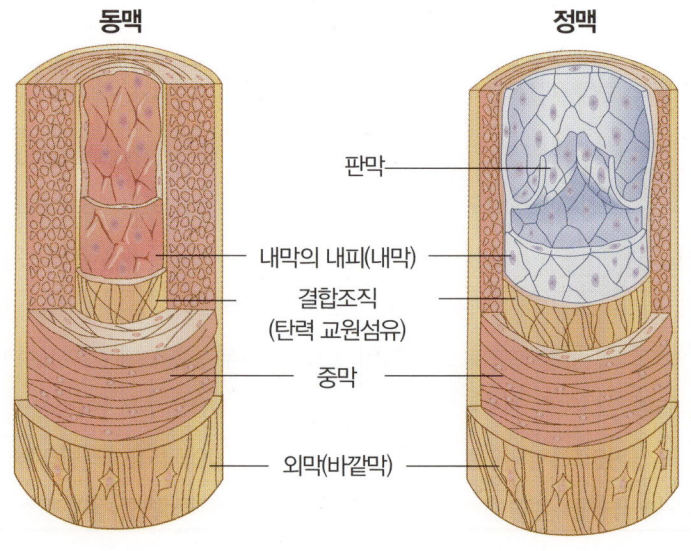

그림 6-20. 동맥벽과 정맥벽

동맥은 아주 크고 대부분이 근육(민무늬근)으로 되어 있으며, 항상 혈액을 심장으로부터 세동맥으로 운반하는 통로이다. 대동맥(aorta)은 좌심실로부터 전신 기관에 혈액을 운반하는 인체에서 가장 큰 혈관이며, 대정맥(vena cava)은 전신의 기관으로부터 우심방으로 혈액을 되돌아오게 하는 인체에서 가장 큰 정맥이다. 심장보다 위쪽에서 내려오는 혈관을 '위대정맥(상대정맥, superior vena cava)'이라 하고, 심장보다 아래쪽에서 올라오는 혈관을 '아래대정맥(하대정맥, inferior vena cava)'이라고 한다.

세동맥으로부터 혈액은 모세혈관으로 들어간다. 모세혈관은 가장 가는 혈관이며, 벽의 두께는 세포벽 하나의 두께와 같다. 실제로 혈액과 조직 사이의 모든 교환은 모세혈관에서 이루어진다. 모세혈관을 떠난 혈액은 세정맥으로 들어와 심장으로 되돌아오는 과정을 시작한다. 그리고 세정맥은 더 큰 혈관, 즉 정맥을 형성하고 이 정맥을 따라 혈액은 심장으로 돌아온다. 수축 시에는 혈액이 좌심실에서 높은 압력으로 박출되어 대동맥의 반월판막이 열린다. 이 판막이 열릴 때 관상동맥(심장동맥, coronary artery)의 입구는 닫힌다. 대동맥의 압력이 감소될 때 반월판막이 닫히고 관상동맥의 입구가 열려 혈액이 관상동맥 속으로 흘러들어 간다. 이와 같은 구조화된 작용으로 인하여 좌심실 수축 시 발생하는 높은 압력으로 인한 동맥의 손상을 예방할 수 있다.

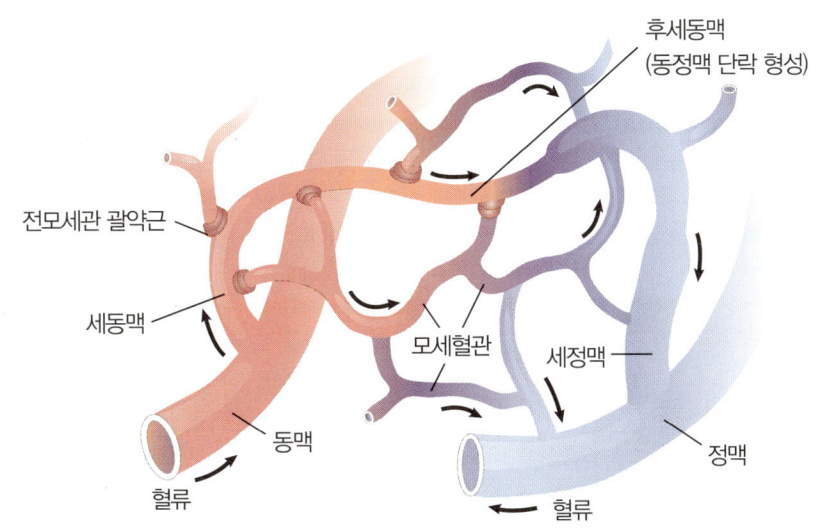

그림 6-21. 혈관의 연결

나. 혈액순환

인간은 직립 자세로 많은 시간을 소비하기 때문에 다리 부위의 혈액이 중력을 이기고 심장으로 되돌아오기 위해서는 심장혈관계통에 보조 작용이 필요하다.

다음과 같은 3가지 기본 기전이 이 과정에 도움이 된다.

- 호흡동작(breathing)
- 근펌프(muscle pump)
- 판막(valves)

우리가 숨을 들이쉬고 내쉴 때마다 복강 내압과 가슴(흉강)압이 달라지며, 이러한 압력 차이가 혈액이 심장으로 돌아오는 것을 보조하고 있다. 운동을 하면 다리와 복부에 있는 골격근도 같이 수축한다. 호흡하고 골격근이 수축하는 동안 수축하는 근육 부위에 있는 정맥과 흉강의 정맥이 압박되면서 혈액을 심장 쪽으로 밀어 올린다. 이와 같은 작용은 정맥 내에 있는 일련의 많은 정맥판막에 의해 이루어지며, 혈액의 역류를 막고 한쪽 방향으로만 흘러가게 하고, 다리에 혈액이 고이는 것을 막는다.

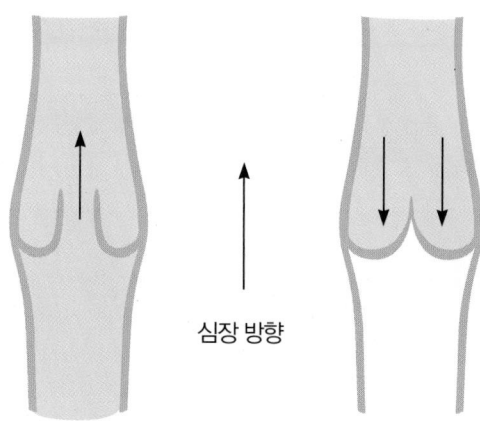

그림 6-22. 근펌프와 정맥판막

다. 정맥혈 재배분

인체 전체에서 이루어지는 혈류의 배분은 혈액을 공급받고 있는 조직에 따라 다르며, 혈관의 위치에 따라서도 달라진다. 안정 시 혈액은 〈그림 6-23〉에서 보는 바와 같이 배분되어 있다. 많은 혈액이 정맥류에 위치하고 있다.

즉, 정맥계는 변화하는 혈액 수요량에 맞추어 적절하게 공급할 수 있도록 미리 많은 혈액을 받아들이는 저수지의 역할을 한다. 수요량이 증가되면 세정맥과 정맥의 교감신경이 자극을 받아 이들 혈관을 수축시킨다. 이렇게 되면 말초정맥순환으로부터 혈액이 신속하게 심장으로 들어오고, 혈액을 더 많이 필요로 하는 부위에 더 많은 양의 혈액을 보낸다. 혈액이 다른 조직으로부터 필요한 곳으로 전환될 뿐만 아니라 더 많은 양이 정맥으로부터 동맥순환으로 보내진다. 이렇게 하여 신체의 부위마다 혈액을 필요로 하는 양만큼 공급할 수 있다.

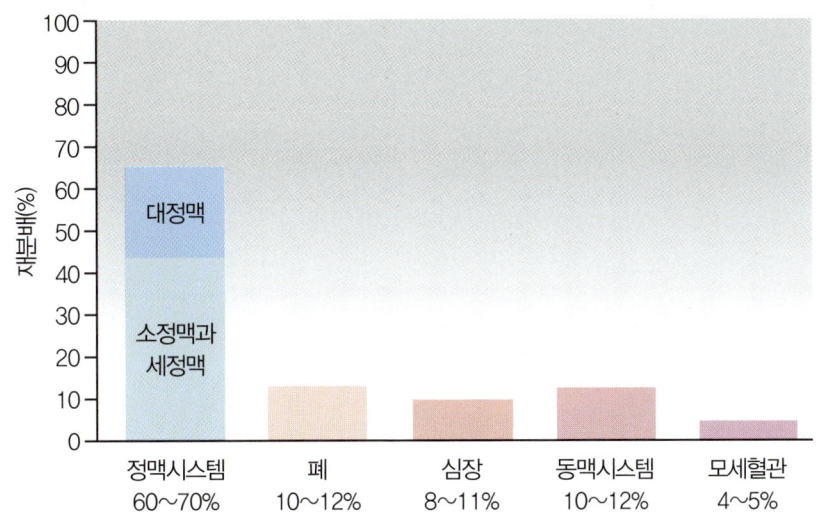

그림 6-23. 정맥혈 재분배

라. 혈압

혈압은 혈관 벽에 가해지는 압력으로 보통 동맥 혈압을 말하며, 수축기혈압과 확장기혈압으로 구분된다.

일반적으로 혈압을 나타내는 두 가지 숫자 중에서 높은 숫자는 수축기혈압이며, 동맥에서 심실 수축기 동안 일어나는 가장 높은 혈압을 나타낸다. 심실 수축은 아주 큰 힘으로 혈액을 동맥 쪽으로 밀어내며, 이 힘은 동맥벽에 큰 압력을 준다. 낮은 숫자는 확장기혈압이고 동맥에서 가장 낮은 압력을 나타내며, 심실에 혈액이 채워질 때의 심실 확장기에 일어난다.

평균 동맥혈압은 혈액이 동맥을 따라 흘러갈 때 가해지는 평균압력을 나타낸다. 보통 심장주기에서 확장기 시간은 수축기 시간보다 2배 정도 길다. 평균 동맥혈압은 확장기혈압과 수축기혈압으로부터 다음과 같이 추정할 수 있다.

> 평균혈압 = 2/3 확장기혈압 + 1/3 수축기혈압
> 또는 평균혈압 = 확장기혈압 + [0.333 × (수축기혈압−확장기혈압)]
> (수축기혈압−확장기혈압)은 '맥압'이라고도 한다.

정상 안정 시 혈압은 120/80mmHg이며, 평균동맥혈압 = 80 + [0.333 × (120 − 80)] = 93mmHg이다.

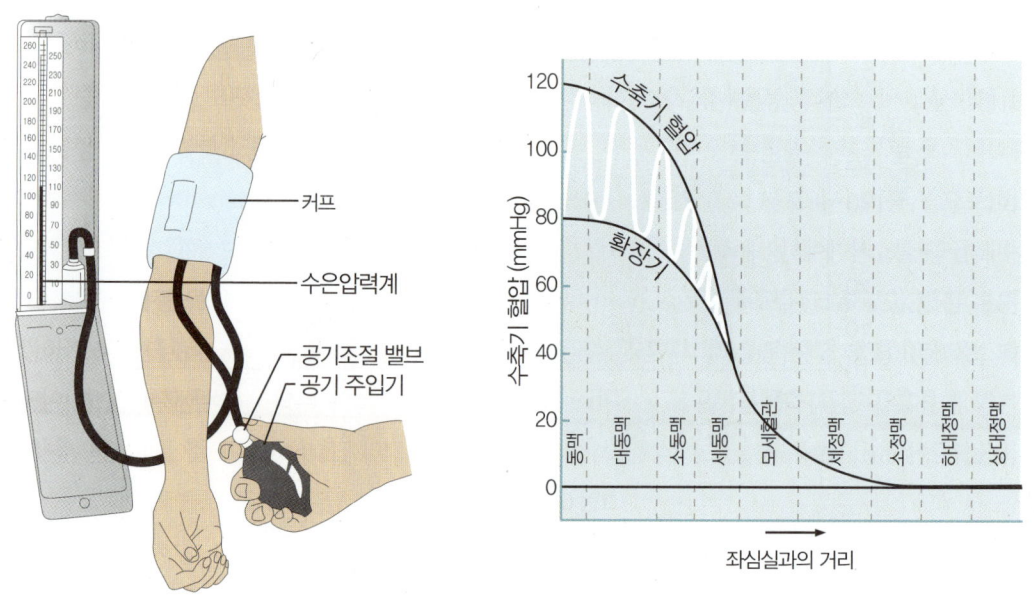

그림 6-24. 혈압측정 및 위치에 따른 혈압

마. 혈류의 내인성 조절

혈액 분배의 내인성 조절은 세동맥을 확장하거나 수축시켜 조직들의 즉각적인 요구에 따라 국소혈류를 바꿔주는 국소 조직의 능력과 관련이 있다. 운동 시 골격근에는 대사활동이 증가되며 이를 통하여 근육의 세동맥에 국소적 혈관 확장을 일으킴으로써 활동이 큰 조직에 더 많은 혈액이 들어갈 수 있게 한다.

혈류의 내인성 조절에는 필수적인 3가지 유형이 있다. 첫째, 국소적인 혈관 확장 화학물 중 가장 강력한 자극제는 산소요구량 증가이다. 대사가 활발한 조직에서 산소소비가 증대되면 상대적으

로 이용 가능한 산소량은 줄어들게 된다. 이를 해결하기 위하여 국소 세동맥은 대사가 활발한 조직에 더 많은 산소를 운반하기 위해 더 많은 혈액을 보낼 수 있도록 혈관을 확장시킨다. 혈류량 증가를 자극할 수 있는 다른 화학적 변화들은 영양소의 감소와 부산물(CO_2, K^+, J^+, 젖산)의 증가, 그리고 염증 유발 화학물질 등이 있다.

둘째, 많은 혈관 확장 물질이 세동맥의 내피 안에서 생성되고, 세동맥의 혈관 평활근에 혈관 확장을 유도할 수 있다. 이러한 물질에는 산화질소, 프로스타글란딘, 내피세포에서 유래된 과분극인자가 포함된다. 이러한 내피세포에서 유래된 혈관 확장제들은 인간의 휴식 시와 운동 시 혈류 조절에 있어 중요한 역할을 한다.

셋째, 혈관 내의 압력 변화는 혈관 자체의 확장과 수축의 원인이 될 수 있다. 이것을 '근원성 반응'이라고 일컫는다. 혈관 벽의 압력 증가에 따른 반응으로 혈관 평활근은 수축을 일으키고, 압력의 감소는 혈관 평활근을 이완시킨다. 게다가 아세틸콜린과 아데노신도 운동 중에 근육 혈류의 증가를 위한 잠재적인 혈관 확장제로 제시되었다(그림 6-25).

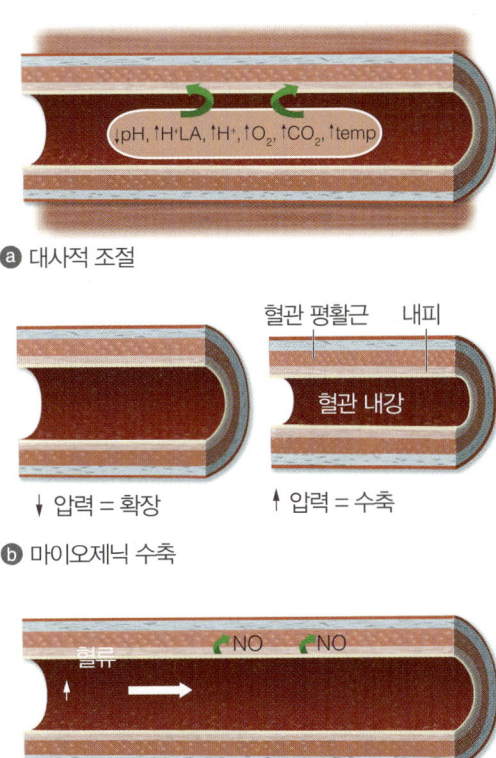

그림 6-25. 혈류의 내인성 조절

바. 외인성 신경 조절

기관이나 조직 내에서 혈액의 재분배를 원활하게 하는 내인성 조절과 달리 신체 시스템이나 전 조직 수준에서 혈류의 재분배를 필요로 하기도 하는데, 이러한 것은 신경적 메커니즘에 의해 이루어진다. 이와 같은 과정을 혈류의 '외인성 신경 조절'이라고 하며, 이는 내인성 조절이 조직 내에서 이루어지는 것과 달리 특정 영역 밖에서부터 비롯되기 때문이다.

몸 전체 부위로의 혈류는 주로 교감신경계에 의해 조절된다. 동맥과 세동맥 벽 안을 원형의 층을 이루고 있는 평활근은 교감신경에 의해 지배를 받고 있다. 대부분의 혈관에서 교감신경 활성의 증가는 혈관 벽 내에 원형을 이루고 있는 평활근 세포를 수축시켜 혈관 지름을 줄이고, 이에 따라 혈류가 감소한다.

일반적인 안정 상태에서는 교감신경이 지속적으로 혈관, 특히 세동맥에 자극을 보내 혈관이 적당히 수축하게 하여 적당한 혈압을 유지할 수 있게 한다. 이와 같은 혈관의 긴장 수축 상태를 '혈관운동 긴장'이라고 한다. 교감신경 자극이 커지면, 어느 특정 부위의 혈관이 평상 시 긴장 상태보다 더 수축하여 그 부위의 혈류량이 줄고, 이는 다른 부위에 더 많은 혈류를 보낼 수 있게 만들어준다. 그러나 교감신경 자극이 혈관의 긴장을 유지하는 데 필요한 자극 수준 이하로 떨어지면 그 부위의 혈관 수축이 감소하는데, 이는 수동적으로 혈관이 확장되는 결과를 가져와 그 부분의 혈류량을 증가시킨다. 그러므로 교감신경의 자극은 대부분의 혈관에서 혈관수축을 일으킨다. 그러나 교감신경 자극을 정상적인 긴장 수준보다 낮춤으로써 혈류는 수동적으로 증가될 수 있다.

3. 혈액

가. 혈액성분

몸 안에 있는 피의 전체 양을 전혈액량(total blood volume)이라고 하며, 혈액은 체중의 약 1/13(8%)로 혈관 내를 순환하면서 각 조직에 물질교환이 이루어져 신체의 항상성(homeostasis)을 유지하고 있다. 채혈된 혈액을 원심분리하면 세포 성분과 액체 성분으로 나누어진다. 세포 성분은 밑에 가라앉고, 액체 성분은 윗부분을 차지하게 된다(그림 6-27). 이 세포 성분은 적혈구(Red blood cell: RBC, erythrocyte), 백혈구(white blood cell: WBC, leukocyte), 혈소판(platelet)으로 45%를 차지한다. 이 용적의 몫을 %로 표시한 값을 헤마토크리트(hematocrit, Ht 또는 volume of packed red cell: VPRC)라 한다. 헤마토크리트의 양으로 빈혈(anemia)을 측정하는데, 남성 평균치가 43~52%, 여성 평균치가 35~48%이다. 액체 성분은 혈장(plasma)으로 55%를 차지하며, 혈장에는 단백질과 무기염류 등이 내포되어 있다. 혈액의 비중(specific gravity)은 정상치가 성인 남성이 약 1,057이며, 성인 여성은 약 1,053이고, 혈장의 비중은 남녀 차이 없이 1,027

이다. 혈액의 점도(viscosity)는 물보다 약 4배가 높다. 즉, 피는 물보다 4배 진하다. 혈액의 주 기능은 산소(O_2), 이산화탄소(CO_2), 영양물질 및 대사산물 등과 같은 물질과 열을 운반하고 신호를 전달(호르몬)하는 것이고, 체액의 완충작용 및 방어기전의 기능을 한다. 혈장단백의 기능은 면역반응(immune reaction), 교질삼투압의 유지(colloidosmotic pressure), 비수용성 물질을 운반하는 것이다.

나. 적혈구

적혈구(red blood cell: RBC, erythrocyte)의 생성은 주로 호르몬에 의해 영향을 받는다. 조직 내의 산소결핍(deficiency), 저산소증(hypoxia)이 조혈촉진인자(erythropoietin)를 유리시켜 골수에

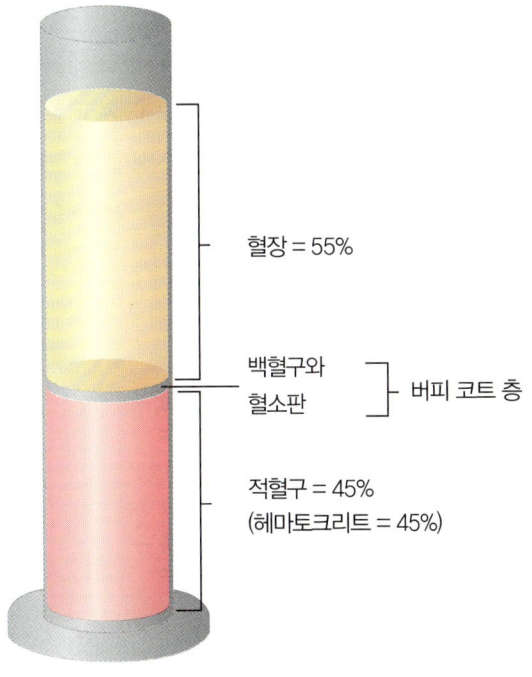

그림 6-26. 혈액성분

서 황색골수가 적색골수로 변화되면서 혈구가 만들어진다. 조혈촉진인자(erythropoietin)는 주로 콩팥(kidney)에서 90% 이상이 생성되고 나머지는 간(liver)에서 만들어진다. 갑작스런 출혈이 발생되면 평상시 만들어지는 것보다 4~8배 이상의 속도로 혈구가 만들어지며, 적혈구 수가 증가되면 저산소증(hypoxia)이 사라져서 몇 시간 내에 조혈촉진인자(erythropoietin)의 합성이 감소하기 시작한다.

적혈구는 대부분 골수(bone marrow)에서 만들어지는데, 이때 비타민 B_{12} 및 엽산(folicacid) 등이 필요하며, 태아에서는 간과 지라(비장, spleen)에서도 만들어진다. 적혈구의 주 기능은 허파에서 나온 산소와 헤모글로빈을 결합시켜 조직으로 운반한다. 그 외에도 다른 기능을 가지고 있는데, 예를 들면 적혈구는 다량의 탄산탈수효소를 함유하고 있어서 이산화탄소와 물의 가역적 반응률을 몇천 배로 증가시켜 혈액 내 물과 이산화탄소를 중탄산염이온(HCO_3) 형태로 바꾸어 조직에서 허파로 대량 운반할 수 있다. 또한 적혈구 내의 헤모글로빈은 대다수의 단백질과 같이 효과적인 산-염기 완충제로서 기능도 한다. 적혈구는 수분이 65%이며, 혈색소 33%, 나머지 2%는 각종 물질로 구성되어 있다. 형태는 원판 모양으로 가운데가 오목한 모양으로 핵도 없고 미토콘드리아(mitochondria)도 없으나, 골고루 내용물이 차 있는 형태로서 세포처럼 보이지는 않지만 실제로

에너지 대사를 하고 있으며, 세포막에서는 능동운반도 하고 있다. 그러나 핵이 없기 때문에 단백질 생합성은 하지 못하나 혈중에서 120일 동안 생존한다. 노화된 적혈구는 지라의 동(sinus)에서 제거되어 퇴화한 후 지라, 간 및 골수 등의 그물내피계통(세망내피계, reticuloendothelialsystem: RES)에서 완전히 분해된다. 적혈구막이 파혈될 때(용혈 현상) 헤모글로빈은 유리되어 글로빈과 빌리루빈(bilirubin)으로 대사된다. 정상적인 적혈구의 크기는 지름이 약 7㎛이며, 가장자리 두께는 2.5㎛이고, 가운데 두께는 1㎛ 이하로 평균 부피는 90~95㎛³이다. 적혈구는 어떤 모양으로도 변할 수 있기 때문에 모세혈관을 통과할 수 있다. 정상인의 남성 적혈구 평균 수치는 520만 개/1㎟(±30만 개), 여성 470만 개/1㎟(±30만 개)이다. 적혈구 내의 헤모글로빈의 농도는 남성 160g/L 혈액, 여성 145g/L 혈액이다. 이 수치는 산소를 운반할 수 있는 능력이라 할 수 있다. 운동은 체내의 환경·영양·신체의 자극에 의해 혈액의 변화가 나타나며, 특히 적혈구는 일시적 운동이나 장기적인 운동 시에 혈구의 변화 현상이 나타나며, 장기적인 유산소 운동 시에는 적혈구가 증가하여 산소 운반능력을 확대시켜 자극에 의한 신체의 적응을 원활하게 한다.

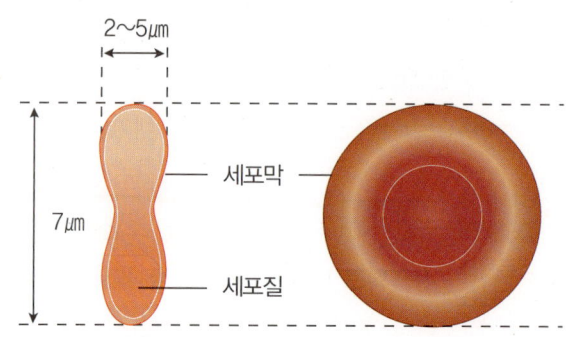

그림 6-27. 적혈구의 형태

다. 백혈구

백혈구는 인체가 감염되었을 때 자발적으로 움직여 유해요소를 파괴하거나 비활성화시켜 인체를 보호하는 세포이다. 백혈구는 체세포와 같이 핵이 있으며, 크기는 적혈구보다 크다. 백혈구는 골수와 림프조직에서 만들어져 감염과 염증 부위로 정확하게 이동하여 효과적으로 대응한다. 백혈구에는 호중구(neutrophil 62%), 호산구(eosinophil 2.3%), 호염기구(basophil 0.4%) 같은 과립백혈구 림프구(lymphocyte 30%), 단핵세포(monocyte 5.3%)가 있다.

인체에 세균(bacteria)이 침입하여 염증이 발생하면 제일 먼저 나타나는 것이 호중구(neutrophil)와 대식세포(macrophage)이다. 호중구는 순환 혈액에서도 세균을 공격하고 파괴할 수 있다. 호중구는 아메바운동을 하는 성질이 있어서 어떤 화학물질이 있으면 그곳을 향해 이동하는 화학주성(chemotaxis)을 띤다. 화학주성을 일으키는 물질을 '세포독소(cytotoxin)'라 한다. 이러한 세포독소가 조직에 생기면 혈액 중의 백혈구는 혈관을 나와 독소가 있는 조직으로 이동하여 세균 등을 탐식한다.

호산구(eosinophil)는 백혈구의 약 2%를 차지하는데, 약한 탐식작용과 화학주성이 있으나 호중구에 비하면 매우 약한 편이다. 그러나 호산구는 기생충(parasite)이 있는 부위에 부착하여 많은 기생충을 죽이는 물질을 분비하며, 알레르기성 질환에서 그 숫자가 증가한다. 국소적 염증 과정의 전파를 예방하는 작용이 있는 것으로 알려져 있다. 호염기구(basophil)는 조직 내 비만세포(mast cell)와 함께 알레르기반응(allergic reaction)에 중요한 작용, 즉 히스타민(histamine)을 분비한다. 호염기구 내에 있는 헤파린(heparin)은 혈액응고와 방지계통(clotting and anti-clotting system)에 중요한 작용을 한다. 단핵세포(monocyte)는 호중구와 같이 라이소좀 효소(lysosomal enzyme)를 가지고 있어서 탐식능력이 강하다. 골수에서 혈액으로 이동한 단핵세포는 조직으로 들어가서 대식세포가 되어 조직에 붙어 있는 상태로 몇 달 혹은 몇 년 동안이라도 지역적 방어를 하며, 호중구보다 탐식능력이 5배나 강하고, 세포면역(cellular immunity)에 중요한 작용을 한다. 림프구(lymphocyte)는 대부분 림프절(lymph node)에 광범위하게 위치하고 있지만, 지라(spleen), 위장관의 점막하 영역, 가슴샘(흉선, thymus), 편도(tonsil) 등의 림프기관에서 생성된다. 림프구는 두 종류로 세포면역을 일으키는 T림프구(T lymphocyte)와 체액성 면역(humoral immunity)을 일으키는 B림프구(B lymphocyte)를 생성한다. 활성 T세포로 분화될 림프구들은 먼저 가슴샘으로 이동하여 세포매개성 면역을 담당하는데, 그 이유로 가슴샘의 역할을 의미하는 T림프구라고 명명되었다. B림프구는 중 태아기(midfetal life) 동안은 간에서, 후태아기(late fatal life)와 신생아기 동안은 골수 전 처리과정을 거친다. 이 림프구는 점액낭(bursa)의 역할을 의미하는 B림프구라 명명되었으며, 체액성 면역을 담당한다.

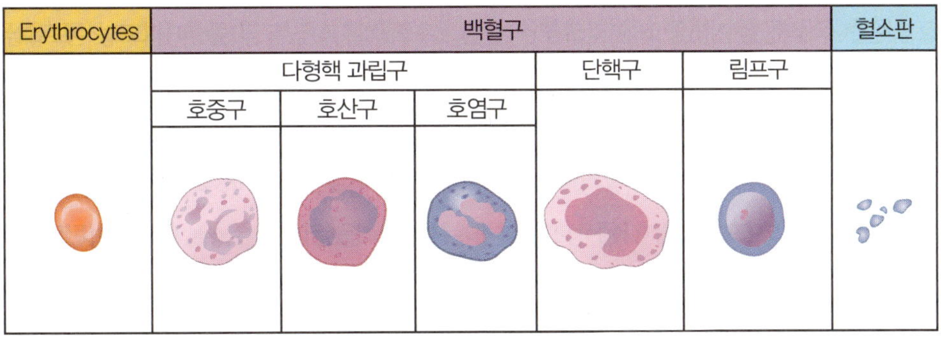

Erythrocytes	백혈구						혈소판
	다형핵 과립구			단핵구	림프구		
	호중구	호산구	호염구				

그림 6-28. 백혈구 종류

백혈구는 모세혈관 벽을 통과하여 혈관 내에서 조직 쪽으로 이동하는데, 이동수단은 아메바운동에 의해 초당 30~40㎛ 정도 이동하며, 이동 성격은 화학주성에 의존하여 염증이 발생하면 그 부위에서 질소물질인 류코탁신(leucotaxine) 또는 네크록신(necrosin)이 분비되어 쉽게 모세혈관을 통과할 수 있게 하고, 물질의 농도가 높은 쪽으로 이동하여 접근한다. 세균이나 이물질이 백혈구막에 부착되면 탐식작용이 일어나 백혈구 내부로 이물질을 이동시켜 효소로 이를 분해시킨다.

라. 혈소판

혈소판(platelet)의 주 기능은 지혈기전(hemostasis)이다. 혈관이 손상되면 그곳의 혈관은 곧 수축했다가 일시적으로 확장한 후 다시 수축한다. 나중 수축은 오랫동안 계속되며 이 수축은 손상 부위에 공급하는 혈류량의 감소 실혈을 방지하고, 이때 혈소판은 손상된 혈관 벽에 붙기 시작하는데, 이를 '혈소판의 점착(platelet adhesion)'이라 한다.

혈관 벽에 혈소판이 붙으면 점차 큰 덩어리 혈소판으로 응집하는데, 이를 '혈소판의 응집(platelet aggregation)'이라 한다. 응집을 일으키는 물질 중 하나가 아데노신이인산(adenosine diphosphate: ADP)이다. 이를 백색혈전이라 한다. 혈소판 중에서 α과립에서 혈소판 제3인자가 방출되면 혈액응고를 촉진하고, 암소체에서 ADP가 방출되면 혈소판의 이차응집을 촉진한다. 백색혈전에 적혈구가 모여 붙으면 빨갛게 되는데, 이것이 적색혈전이다. 이러한 기전으로 실혈(blood loss)을 방지한다. 운동에 의해 혈소판의 증가 현상이 나타나며 운동 직후 휴식 30분 후에도 증가 현상이 나타나는데, 이는 운동에 의해 아드레날린(adrenaline) 분비가 촉진되어 나타나는 결과이다.

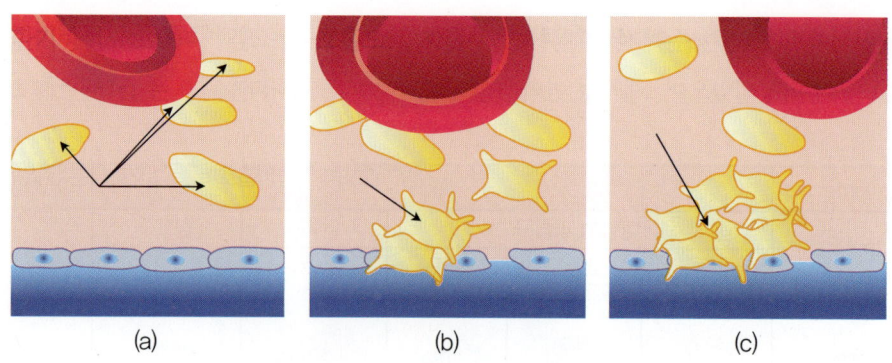

그림 6-29. 혈소판의 내피세포 정착과 발현과정

마. 혈장

총 순환혈액의 55%가 혈장(plasma)이다. 혈장은 세포 외액으로 90% 이상이 물이고, 나머지는 7~8%가 혈장단백질, 1%의 유기물질, 1%의 무기물질이 녹아 있다. 혈장 단백질에는 알부민(albumin), 글로불린(globulin) 그리고 섬유소원(fibrinogen)이 함유되어 있다. 이 중 대부분을 차지하는 것이 알부민이다. 혈장의 생리작용은 혈액 내 삼투압을 만드는데, 이것이 혈액의 교질삼투압(colloid osmotic pressure)이다. 교질삼투압은 혈액과 간질액 간의 수분 이동에 중요하며, 알부민은 혈장 총 단백의 57%이지만 삼투압 효과가 크고, 총 교질삼투압에서는 70%가 알부민에 의해 생긴다. 만약 알부민 양이 감소하면 교질삼투압이 저하되고 조직으로부터 수분을 혈관으로 끌어들일 수 없어 조직에 수분이 고이는 부종(edema)이 생긴다. 영양불량, 콩팥질환 등에서 나타나는 부종은 혈청단백질, 특히 알부민이 감소되기 때문이다. 또 혈장 중의 각종 물질은 혈장단백질과 결합한 상태로 혈액 중으로 운반된다. 글로불린은 혈장 100㎖당 2.5g을 차지하며, 비타민·호르몬과 결합하여 운반되고, 일명 면역글로불린(immunoglobulin)으로서 생체를 감염과 외부 이물질로부터 방어하는 기능을 하고 있다. 섬유소원(fibrinogen)은 혈액응고에 중요한 역할을 하며, 혈장에서 섬유소원을 제거한 것이 혈청(serum)이다.

4장 운동에 대한 순환계의 반응과 적응

 학습목표

- 운동에 대한 순환계의 반응에 대하여 이해한다.
- 운동에 대한 순환계의 적응에 대하여 이해한다.

1. 1회 박출량, 심박수, 심박출량의 반응

가. 1회 박출량

1) 조절기전

안정 시와 운동 중의 1회 박출량은 3가지 변인에 의해 조절된다. ① 심실이완기 말 용량(EDV), ② 평균 대동맥혈압, ③ 심실수축력이다. 심근의 장력은 수축 전 심근에 걸리는 부하를 나타내기 때문에 수축 전에 걸리는 심근의 장력을 '전부하(preload)'라고 한다.

심실이완기 말 용량은 심장에 들어오는 혈액의 전부하로 간주되며, 1회 박출량에 영향을 미친다. 프랭크(Frank)와 스탈링(Starling) 두 생리학자는 심실이완기 말 혈액량이 증대할수록 심실수축력이 증가한다고 설명했다. 이런 상관관계는 심장의 프랭크-스탈링법칙으로 알려졌다. 심실이완기 말 용량에 영향을 주는 주요 변인은 심장으로 돌아오는 정맥환류량의 증가이다. 운동은 정맥환류량을 증가시킨다. 운동 중 정맥혈류량의 증가를 조절하는 데는 3가지 주요 기전이 있다. ① 골격근수축에 의한 근육의 펌프작용(skeletal muscle pump), ② 호흡계의 펌프작용(respiratory pump), ③ 정맥수축(venoconstriction)이다. 골격근 펌프는 특히 다리에 있는 정맥을 압박하고 압축하여 혈액을 심장으로 밀어내는 골격근수축 때문에 붙은 이름이다.

혈액은 정맥에 위치한 한쪽 방향 밸브에 의해 수축 사이에 심장으로부터의 역류를 막는다. 근수축 시 골격근 펌프는 혈액을 심장으로 환류시키는 데 도움을 준다. 그러나 등척성 수축을 유지하고 있는 동안에는 정맥환류가 일어나지 않는다. 호흡 펌프는 흡식 호흡 때 흉곽의 이동에 의해 발생한 힘이다. 가슴의 확대는 횡격막이 아래로 내려가고 닫힌 공간인 흉강이 커져서 대기압보다 낮은 압력이 형성된다. 또한 호흡의 흡입 시 복부압력의 증가로 복정맥이 압박되어 아래대정맥으로의 혈액흐름을 증가시켜 결과적으로 정맥환류가 증가된다. 심호흡도 정맥환류를 증가시키기도 하지만, 운동은 보다 큰 호흡률과 깊은 호흡을 유발하기 때문에 정맥환류를 보다 증가시킨다. 교감신경작용은 혈액을 많이 저장하고 있는 정맥을 수축시키기 때문에 정맥의 혈액용량을 감소시켜 결국 정맥 환류량을 증가시킨다. 1회 박출량에 영향을 주는 두 번째 요인은 대동맥압(평균동맥압)이다. 혈액을 방출하기 위해서는 좌심실이 유발하는 압력이 반드시 대동맥압을 초과해야 한다. 이러한 대동맥압력(평균동맥압)을 후부하(after load)라 하며, 심실에서 혈액의 박출량을 저해하는 중요한 요인으로 간주된다. 따라서 1회 박출량은 심장의 후부하와 반비례하며, 후부하는 대동맥압을 증가시켜 심박출량을 감소시킨다. 그러나 운동이 소동맥의 확장을 유발하여 심장의 후부하를 감소시키기 때문에 심장은 보다 쉽게 많은 양의 혈액을 펌프할 수 있다. 1회 박출량에 영향을 주는 마지막 요인은 에피네프린/노르에피네프린과 심장수축 촉진 신경을 통한 심장의 직접적인 교감신경 자극의 영향이다. 이런 기전들 모두 심근 세포의 칼슘 이용량을 증가시킴으로써 심장수축력을 증가시킨다.

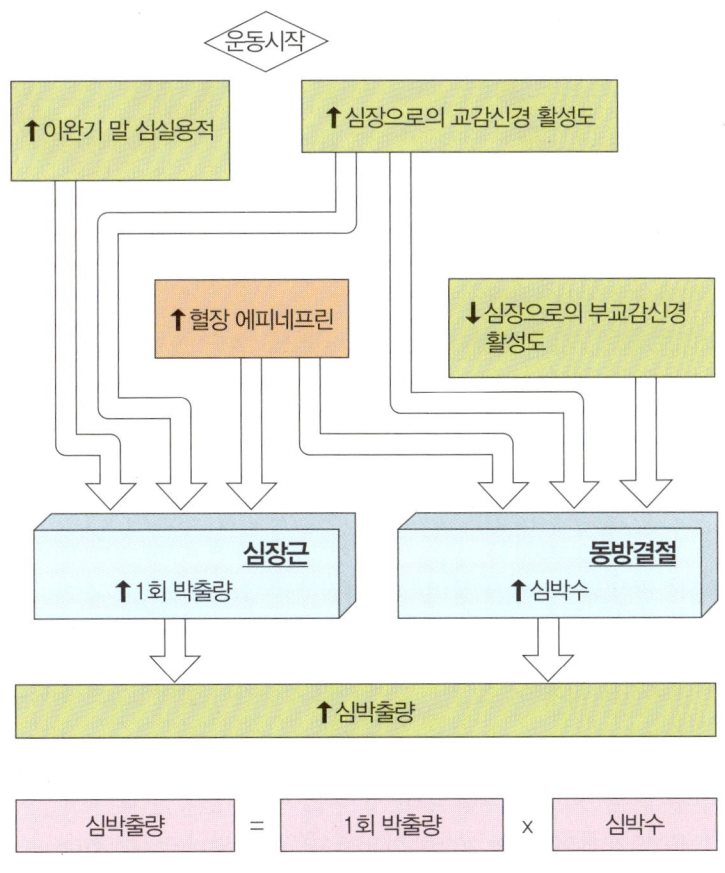

그림 6-30. 심박출량을 결정하는 주요 요인

2) 1회 박출량

일정 기간의 훈련은 심장의 구조적·기능적 변화를 초래하며, 이러한 자극에 변화를 겪은 심장을 '스포츠심장'이라고 한다. 심장의 형태적 변화는 운동의 유형에 따라 다르게 나타난다. 즉, 지구성 운동선수는 심장 벽의 두께보다는 심실용적이 크고, 포환던지기나 역도와 같이 순발력을 요구하는 종목의 선수들은 심장 벽 두께가 증대되는 현상을 보인다.

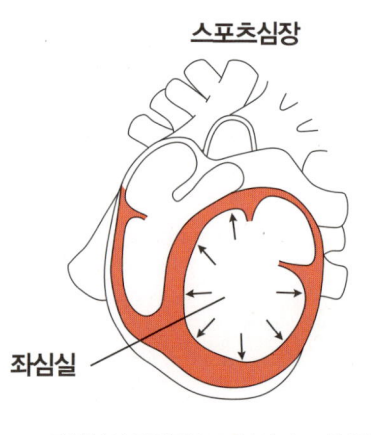 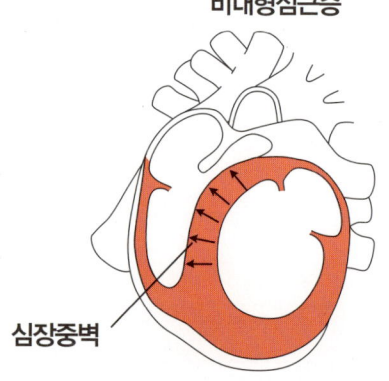

좌심실이 전체적으로 넓어지고, 한 번 수축으로 다양한 혈액을 신체로 보낼 수 있다.

좌심실과 우심실을 나누는 심장 중벽만 비대해진 것이 보인다.

그림 6-31. 스포츠심장

심장용적의 증대는 이완기 말 심실로 유입되는 혈액의 양이 커짐을 의미하고, 심실벽 두께의 증대와 함께 심장근육수축력의 증대라는 기능적 변화를 일으켜 심장의 1회 박출량이 증가한다. 이러한 변화는 장기간의 집중적인 훈련을 통해서만 기대할 수 있다. 즉, 비훈련자가 수개월의 훈련을 통해 달성하기는 어렵다고 할 수 있다.

안정 시 및 동일 부하의 최대하운동 시 1회 박출량의 증가는 상대적으로 심박수의 감소를 초래한다. 왜냐하면 분당 심박출량(1회 박출량 × 심박수)은 단련자와 비단련자 간에 차이가 나타나지 않기 때문이다. 안정 시 및 최대하운동 시 심박수의 감소는 동일한 일을 수행하는 데 따른 심장의 작업부담이 경감됨을 의미하며, 이를 심장의 예비력이 증대되었다고 표현한다.

이러한 운동성 서맥의 원인은 반복적인 운동에 의해 부교감신경, 즉 미주신경의 흥분도 증가함으로써 심장에 대한 제어작용이 증가된 것이라고 할 수 있다(그림 6-32).

심장의 1회 박출량 증대와 심박수의 감소는 심장의 작업부담을 경감시킴으로써 심장근육 자체

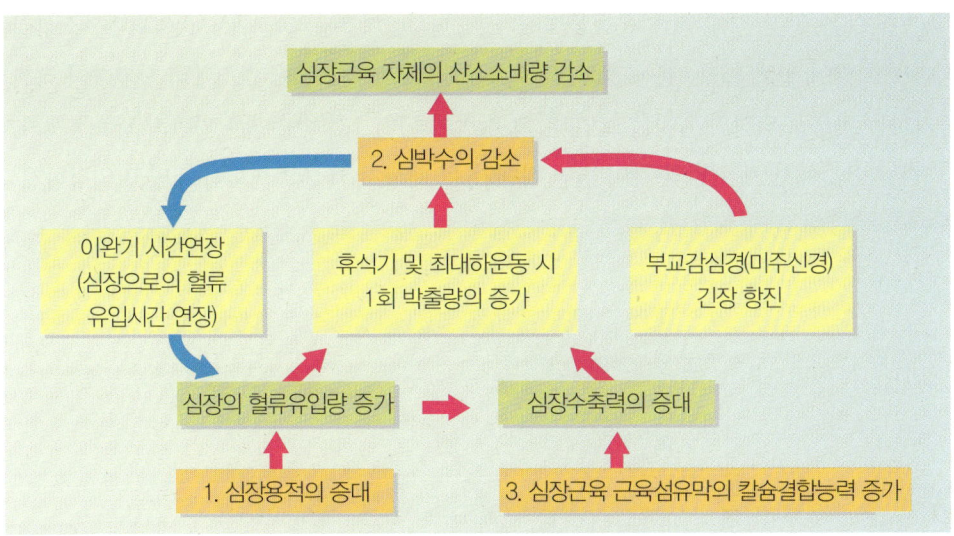

그림 6-32. 1회 박출량 증가 기전

의 산소소비량을 감소시키는 효과가 있다. 협심증이나 고혈압 같은 질환이 있는 경우에도 심장비대현상이 나타난다. 그러나 병적 심장비대의 경우에는 모세혈관의 발달이 심장근육섬유의 비대와 더불어 증가하지 않기 때문에 심장근육이 산소부족 상태에 빠지기 쉽고, 따라서 기능적으로는 저하되는 현상을 보인다. 즉, 1회 박출량은 오히려 감소하고, 안정 시 및 최대하운동 시 빈맥 현상을 보이는 경우가 많다. 운동으로 인한 심장혈관의 발달은 동맥경화로 인한 심장동맥의 혈류장애를 예방하는 효과가 있다고 알려지고 있다.

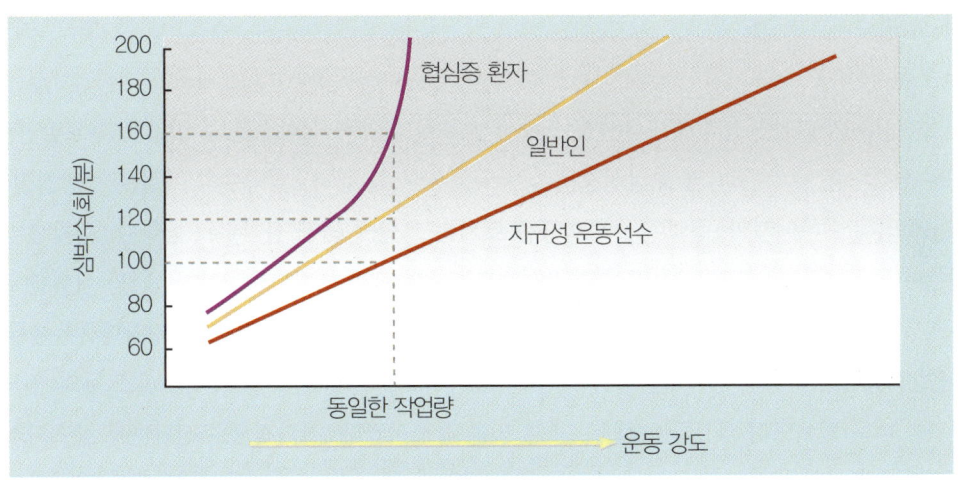

그림 6-33. 운동 강도와 심박수

1회 박출량은 안정 시에 비해 운동을 하면 상승한다. 대부분의 연구자들은 최대산소섭취량의 약 40~60% 사이에 해당되는 운동 강도까지는 운동 강도가 증가함에 따라 1회 박출량이 직선적으로 증가하는 것으로 의견의 일치를 보인다. 그 시점이 되면 1회 박출량은 일반적으로 정체기가 되어 〈그림 6-34〉에서 보는 바와 같이 탈진 상태가 될 때까지 사실상 변화하지 않고 일정하게 유지된다.

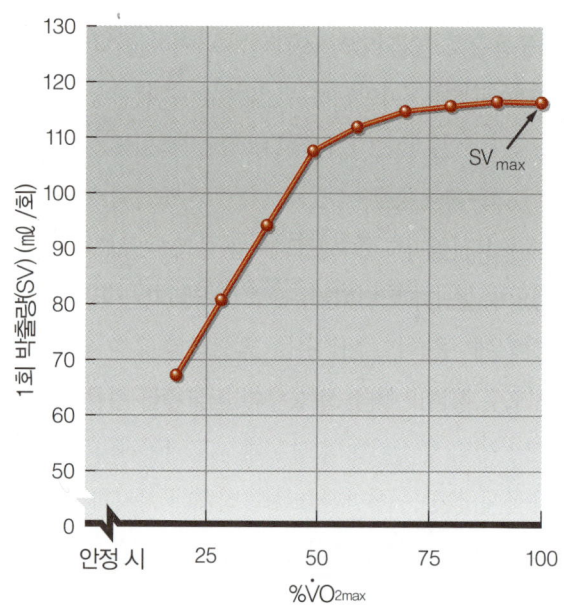

그림 6-34. 운동 중 1회 박출량의 변화

나. 심박수

1) 조절기전

자율신경계의 교감신경과 부교감신경은 항상성 조절을 통해 심박수를 조절한다. 부교감신경의 활동은 심박수를 낮추는 반면 교감신경은 심박수를 빠르게 한다. 심박수의 조절은 동방결절(SA node)에 의해 이루어지며, 동방결절에 영향을 미치는 요인에 의해 심박수는 변한다. 심박수의 변화에 영향을 주는 중요한 두 요인은 부교감신경과 교감신경이다. 부교감신경은 뇌의 심혈관 조절 중추에서 심장의 동방결절과 방실결절에 연결되어 있다. 자극을 받으면 이 신경말단들은 아세틸콜린을 방출하고, 방출된 아세틸콜린은 동방결절(SA node)과 방실결절(AV node) 모두의 휴식 시 막전위를 더욱 떨어뜨려 과분극 시킴으로써 활성을 감소시킨다. 결과적으로 심박수를 감소시켜 부교감신경계가 심박수를 낮추기 위한 제동체계로 작용하며, 안정 시에 미주신경들은 동방결절과 방실결절에 자극을 전달한다. 이것은 종종 부교감신경의 긴장으로 간주되며, 이와 같은 결과로 부교감신경의 활동은 심박수를 증가시키거나 감소시킬 수 있다. 예를 들면, 부교감신경의 긴장 감소는 심박수를 증가시키는 반면 부교감신경 활동의 증가는 심박수를 감소시킨다. 많은 연구들은 운동 시 심박수의 초기 증가(분당 약 100회까지의 상승)는 부교감신경의 긴장이 감소되기 때문이라고 한다. 보다 높은 작업률에서는 교감신경에 의한 동방결절과 방실결절의 자극을 통해 심박수 증가를 가져온다. 교감신경계 섬유는 심장촉진신경에 의해 심장에 연결되며, 이런 섬유들의 말단에서는 자극에 의해 노르에피네프린을 방출하고, 방출된 노르에피네프린은 심장의 베타수용기들과 결합하여 심박수와 심근수축의 수축력 모두를 증가시킨다. 안정 시에 심장의 부교감신경의 긴장과 교감신경계 활동 간의 일반적인 균형은 연수의 심혈관 조절중추에 의해 유지된다. 심혈관 조절중추는 주요 요인들(혈압, 혈중 산소압력)의 변화와 관련된 순환계의 다양한 부분으로부터 자극을 받고 운동자극이 심장에 연계된다. 예를 들어, 안정 시 혈압이 정상 이상으로 증가하면 경동맥과 대동맥에서 수용체들이 자극을 받고, 이 수용체는 심혈관 조절중추로 자극을 되돌려 보낸다. 이런 반응에서 심혈관 조절중추는 부교감신경계의 활동을 증가시킴으로써 심박수를 감소시키고 결과적으로 심박출량을 감소시킨다.

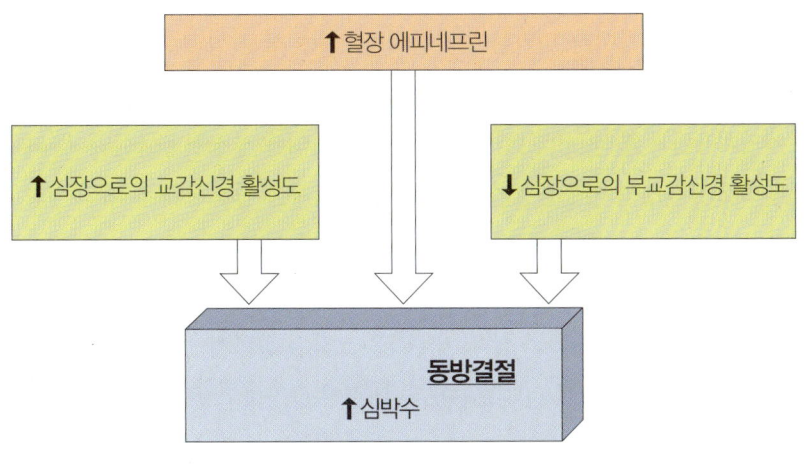

그림 6-35. 심박수 요인

심박수(heart rate: HR)는 의사, 체육교사, 트레이너 그리고 운동선수 등이 혈관순환 상황을 쉽고 간단하게 분석할 수 있다. 또한 심박수는 운동부하의 강도와 개인에 따라 회복능력이 다를 수 있고, 운동의 훈련 정도에 따라 변화 척도가 달라질 수 있다.

- 연령과 성별
- 건강 상태
- 운동 강도 수준
- 심장의 크기
- 운동기간
- 운동 종류

심박수는 주로 손목동맥과 목동맥의 맥박을 손가락의 촉지를 통해 간단히 계산할 수 있다. 신체의 자세와 운동의 상태 등에 따라 심박수의 변화를 관찰할 수 있는데, 심박수의 증가는 체내의 에너지대사가 활발하다는 것을 의미한다. 예를 들면, 앉아 있는 자세보다 서 있는 자세에서 더 많은 에너지를 요구하고, 걷거나 뛸 때 심장의 박동수는 체내에서 부담해야 할 일의 양이 늘어나 더 많은 에너지를 필요로 하며, 제거해야 할 부산물이 많아졌다는 것을 의미한다.

2) 운동과 심박수

운동 시 심박수의 비정상적인 증가는 건강의 이상 징후를 대변하기도 한다. 일반적인 운동의 훈련 수준에 따라 심박수의 차이가 나타나기도 하지만, 운동 직전 심박수가 일반적인 안정 시 심박수보다 더 높게 나타나는데, 이를 '예상(anticipatory)반응'이라고 한다. 이는 교감신경계에서 분비되는 노르에피네프린과 부신(adrenal gland)에서 분비되는 신경전달물질인 카테콜아민에 의한 반응현상이며, 부교감신경인 미주신경이 활성화되면 심박수는 감소하게 된다.

일반적으로 성인의 경우 심박수가 평균 60~80회/분에 이른다. 운동의 경험이 없거나 좌식생활을 주로 하는 중년층의 안정 시 심박수는 일반적으로 100회/분에 이르기도 한다. 반면에 규칙적인 운동을 하거나 장거리 육상 종목과 같이 지구력을 요하는 종목의 선수의 경우 안정 시 심박수가 낮게 나타나 30~40회/분에 이르는 경우도 있다. 연령이 증가하고 운동량이 감소하면서 나타나는 근육량의 감소는 심장의 근력까지 영향을 주어 안정 시 심박수가 감소하는 경향이 있다.

또한 심박수는 환경과 심리적인 요인에 따라 영향을 받기도 한다. 환경적인 측면에서 기온과 고도에 따라 심장의 박동수가 달라질 수 있으며, 수면 시에는 에너지 소모의 대사기능이 낮아 심박수가 가장 안정적이며 낮다. 따라서 심장박동에 영향을 받는 혈압은 안정 시 심박수의 측정이 가능한 이른 아침 침상에서 측정하는 것이 정확하다.

운동은 인체에 부하를 증가시키는 요인으로 작용하여 운동부하에 적합한 에너지를 지속적으로 공급해야 하므로 심장의 역할이 높아진다. 운동에 동원되는 근육에 필요한 에너지를 신속하게 공급하고, 근육의 대사산물 제거 요구가 높아짐에 따라 이 일을 담당하는 심장의 역할은 분주해지고 분당 심박수는 운동 강도에 비례하여 증가한다. 운동 시 인체에 필요한 산소의 원활한 공급과 대사 산물의 제거는 심박수 증가에 의한 혈액의 순환에 의해 이루어진다. 운동 시 심박수의 변화는 운동 강도의 증가에 비례하여 증가하며, 산소섭취량과도 직선적인 관계를 가진다. 따라서 운동의 강도를 조절할 수 있는 자전거나 트레드밀 에르고미터는 동일한 운동 종목의 운동선수나 서로 다른 종목 간 선수의 체력(심박수의 변화와 산소섭취량의 관계)을 비교하는 데 용이하다.

3) 최대운동 중 심박수

운동을 시작하면 심박수는 직접적으로 운동 강도의 증가에 비례하면서 거의 최대 운동 강도에 도달할 때까지 증가한다(그림 6-36).

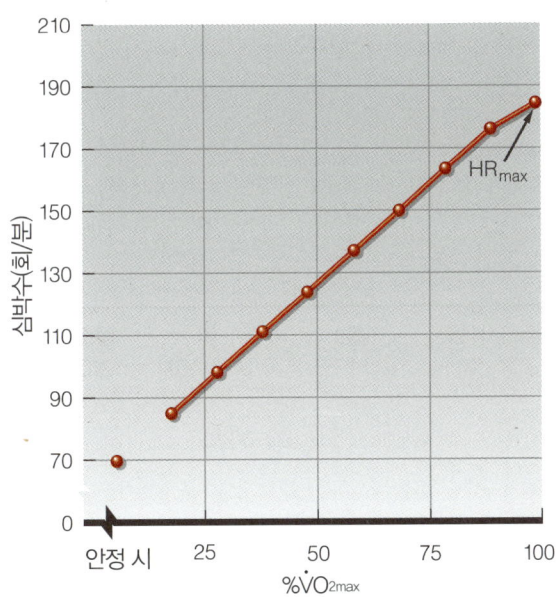

그림 6-36. 최대운동 중 심박수 변화

최대운동 강도에 도달하면 운동 부하가 계속 증가하더라도 심박수는 더 이상 증가하지 않고 정체되기 시작한다. 이것은 심박수가 최대치에 도달했다는 것을 나타낸다. 최대 심박수는 최대의 노력을 하여 탈진 상태에 도달했을 때 얻어지는 심박수의 최대치를 말한다.

최대 심박수는 10~15세에서부터 시작하여 매 1년마다 약 1회 정도 일정하게 감소되기 때문에 연령으로부터 추정치를 구할 수 있다. 220회/분에서 자기 나이를 빼면 의미 있는 최대 심박수 추정치를 얻을 수 있다. 그러나 이것은 단지 추정치일 뿐 각 개인의 수치는 이 평균치와 상당한 편차가 있을 수 있다. 예를 들어 40세 여성의 최대 심박수 추정치는 180회/분이 될 것이다(HRmax = 220 − 40 = 180). 그러나 40세 성인의 68%는 실제 최대 심박수가 168~192회/분에 분포하고, 95%는 156~204회/분에 포함된다. 이와 같은 최대 심박수의 분포는 개인의 최대 심박수를 추정하는 데 있어 잠재적인 오차가 있을 수 있음을 잘 보여주고 있다.

> **HRmax의 추정식**
> HRmax = 220 − 나이 또는
> HRmax = 208 − [0.7 × 나이]

피크(Fick) 원리와 피크(Fick) 공식

1870년대에 심혈관계 생리학자인 아돌프 피크(Adloph Fick)는 대사와 심혈관계 기능 사이의 기본적인 관계를 이해하는 데 있어 매우 중요한 원리를 발견하였다. 피크 원리는 조직의 산소소비량은 그 조직으로 가는 혈류량 그리고 조직에 의해 혈액으로부터 추출된 산소의 양에 좌우된다는 이론이다. 피크 원리는 몸 전체 또는 국소적인 순환에 적용될 수 있다. 산소소비량은 혈류량 그리고 조직으로 혈액을 공급하는 동맥혈과 조직으로부터 나온 정맥혈의 산소농도 차이(동−정맥 산소 차)를 곱한 것과 같다. 전신 산소섭취량은 심박출량과 동−정맥 산소 차로 계산된다.

피크 공식: $\dot{V}O_2 = Q \times (a-vO_2\text{diff})$
이 식은 다음과 같이 다시 변환할 수 있다.
$\dot{V}O_2 = HR \times SV(a-vO_2\text{diff})$

4) 최대하운동 중 심박수

최대하운동 강도에서 운동 강도를 일정하게 유지하면 심박수는 초기에 비교적 빠르게 증가하다가 일정 수준에 머물게 된다. 이 정체기를 '항정 상태 심박수'라고 하며, 특정 운동 강도에서의 순환계 요구에 상응하는 최적의 심박수를 의미한다. 만약 운동 강도를 수차례 조금씩 증가시킨다면, 심박수는 각 운동 강도에서 2~3분 내에 새로운 항정 상태에 이를 것이다. 그러나 운동 강도가 강해지면 강해질수록 항정 상태에 이르는 시간이 오래 걸린다.

〈그림 6−37〉은 동일 연령의 서로 다른 두 사람이 최대하 부하의 자전거 에르고미터 운동 테스트를 실시한 결과이다. 항정 상태 심박수는 정해진 3~4개의 운동 부하에서 측정되었다. 그리고 각 강도에서의 항정 상태 심박수 수치를 잇는 직선을 그었다. 운동 강도와 에너지 요구량 사이에는 일정한 관계가 있기 때문에 자전거 에르고미터로 운동하는 데 요구되는 산소섭취량에 대해 항정 상태 심박수를 표시할 수 있다. 이 선을 연장하고 개인의 연령에 따른 예상 최대 심박수를 활용해서 각 개인의 최대 운동능력을 예측할 수 있다. 그림에서 보듯이 A는 B보다 더 높은 체력 수준

을 나타낸다. 그 이유는 ① 주어진 최대하운동 강도에서도 A의 심박수는 B에 비해 더 낮고, ② 연령으로 예측한 최대 심박수에서 선을 내려 그으면 더 높은 최대 운동능력을 보여주기 때문이다.

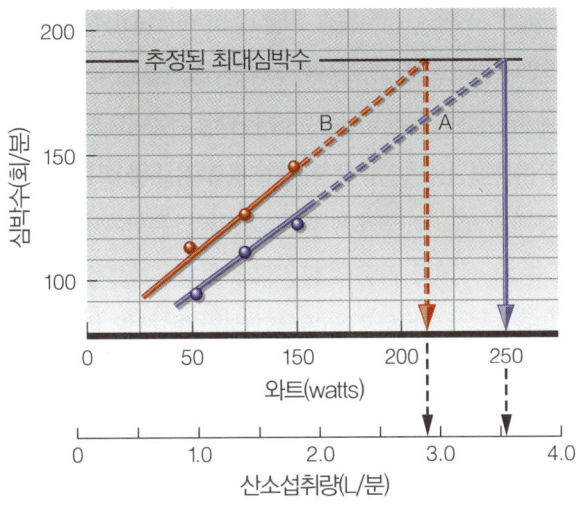

그림 6-37. 최대하운동 중 심박수의 변화

다. 심박출량

심박출량(cardiac output: CO, Q)은 좌심실이 1분 동안 박출한 총 혈액량이다. 따라서 심박출량은 1회 박출량과 심박수에 의존한다. 1회 박출량(stroke volume: SV)은 1회 심실수축 동안 방출되는 혈액의 용량으로 구출 전 심실의 혈액량인 이완기말용적(end-diastolic volume: EDV)과 구출 후 심실에 남아 있는 혈액량인 수축기말용적(end-systolic volume: ESV)의 차이를 말하며, 전형적으로 1회 박출량은 약 70㎖이다. 혈액 박출을 위한 심실의 효과는 구출률(ejection fraction)로 표현되며, 이 구출률은 1회 박출량 시 구출되는 이완기말용적의 분획을 말한다(구출률 = 1회 박출량/이완기말용적). 정상적으로 구출률은 약 55%이다. 구출률은 수축력의 지표로서, 구출률의 증가는 수축력의 증가를 반영하며 구출률의 감소는 수축력의 감소를 반영한다. 정상적인 심박출량은 70kg 남성(70㎖의 1회 박출량과 심박수 72회/분을 기준으로)이 대략 5,000㎖/분이다. 그러나 걷거나 뛰는 등 신체에 부하가 가해지는 운동을 하면 우리 인체의 에너지 요구량은 많아지고, 이로 인하여 심장의 박동수도 늘어나고 심근의 수축 강도가 높아짐에 따라 심장에서 1회 박출되는 혈액량도 늘어난다. 따라서 운동 강도의 증가에 따라 심박출량도 증가한다.

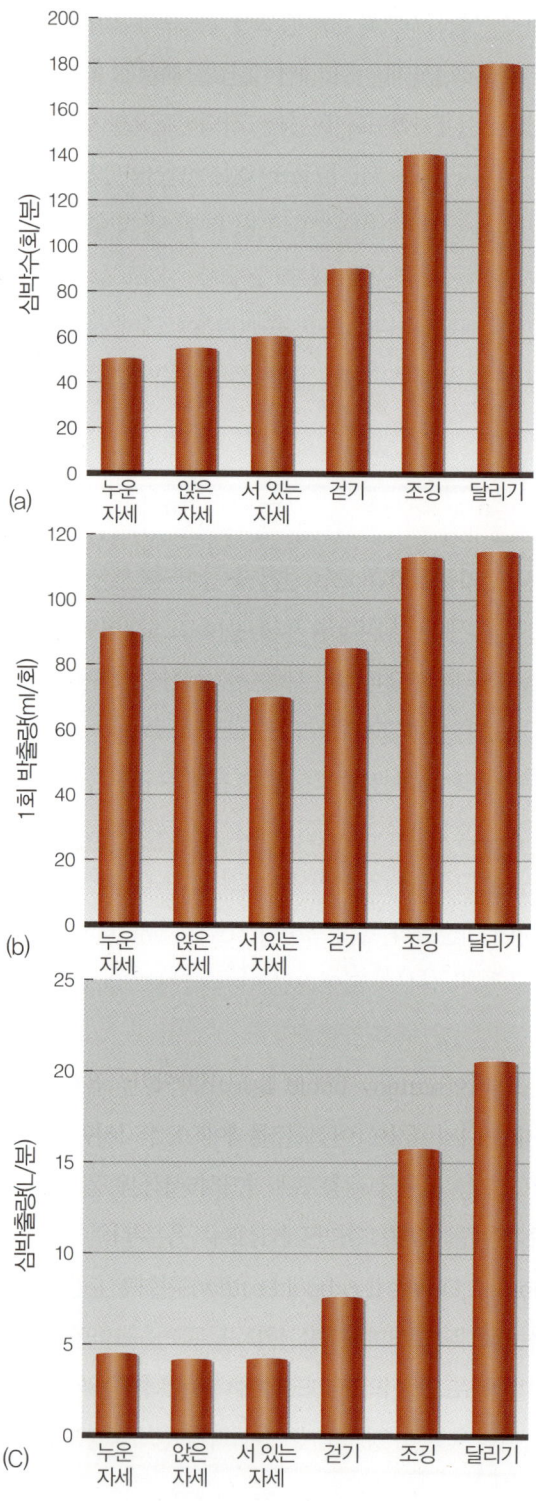

그림 6-38. 심박수, 1회 박출량, 심박출량

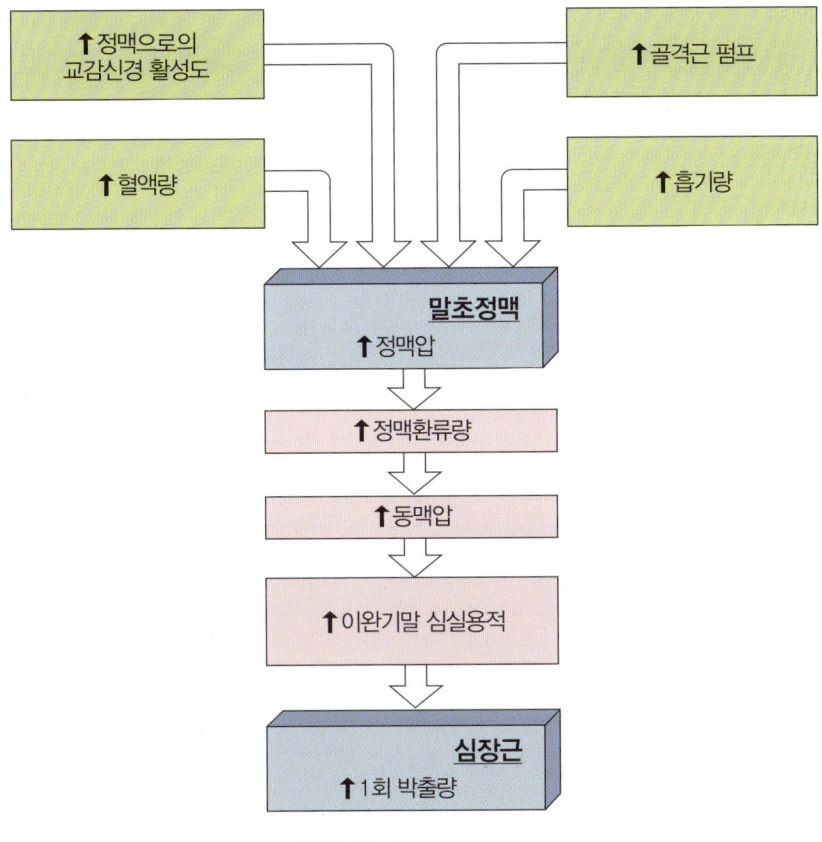

그림 6-39. 심박출량 요인

2. 혈류, 혈압, 혈액의 반응

가. 혈류

1) 혈류역학

혈관을 흐르는 혈류는 두 가지 요인에 의해 결정된다. 압력차는 혈류 생성을 위한 추진력이고, 저항은 혈류에 대한 장애물이다.

> **혈류 방정식**
>
> $Q = \Delta P/R$
>
> Q = 혈류(㎖/분), ΔP = 압력차(mmHg)
>
> R = 저항(mmHg/㎖/분)

혈류(Q)의 크기는 압력차(ΔP)의 크기나 압력구배에 정비례한다. 혈류 방향은 압력구배에 의해 결정되고, 항상 높은 압력에서 낮은 압력 방향이다. 예를 들면, 혈액이 좌심실에서 박출될 때, 혈액은 좌심실에서 대동맥으로 흐른다. 이는 좌심실의 압력이 대동맥의 압력보다 높기 때문이다. 다른 예를 들면, 혈액이 대정맥에서 우심방으로 흐르는데, 이는 대정맥의 압력이 우심방의 압력보다 약간 높기 때문이다. 또한 혈류는 저항(R)에 반비례한다. 저항의 증가(예: 혈관수축)는 혈류를 감소시키고 저항의 감소(예: 혈관이완)는 혈류를 증가시킨다. 심혈관계에서 혈류 변화의 주요 기전은 혈관저항, 특히 세동맥 저항의 변화이다.

> **총말초저항**
> 전신성 혈관계의 저항은 '총말초저항(total peripheral resistance: TPR)' 혹은 전신성 혈관저항(systemic vascular resistance: SVR)이라 한다.
> 총말초저항은 혈류, 압력, 저항의 관련성으로 측정될 수 있는데, 이는 대동맥과 대정맥 간의 압력차(ΔP)와 혈류량(Q)이 심박출량으로 대체될 수 있기 때문이다.

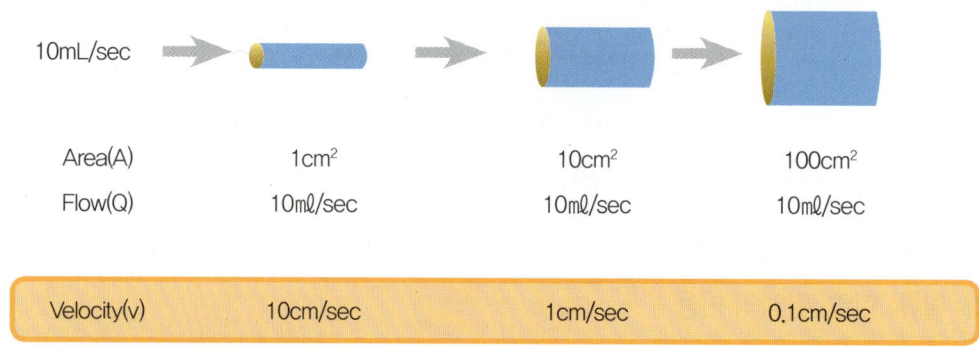

그림 6-40. 혈관 지름과 혈류 속도

2) 혈류분배

혈류는 각 조직의 요구도에 따라 달라진다. 신장, 위장, 골격근은 심박출량의 약 25% 정도의 혈액을 받는다. 이는 혈관저항에 대한 차이 때문이다. 특정 기관이나 기관계로 향하는 혈류는 신진대사의 요구에 따라 증가하거나 감소할 수 있다. 가령, 운동하는 골격근은 안정 시 골격근보다 더 많은 산소를 필요로 한다. 더 많은 산소에 대한 필요를 충족시키기 위해 골격근으로 향하는 혈류는 안정 시보다 일시적으로 증가해야 한다. 각 기관의 이러한 혈류의 변화는 세동맥의 저항 변화에 의해 이루어진다.

다양한 기관에서 혈류를 조절하는 기전은 국부(내재성) 조절과 신경 또는 호르몬(외인성) 조절에 의해 분류된다. 혈류의 국부 조절은 조직의 대사적 요구와 일치하는 일차적인 기전이다. 국부조절은 세동맥 저항에 대한 주위 대사물질의 직접적인 작용에 의하여 이루어지고, 신경 및 호르몬성 조절은 혈관 민무늬근에 대한 교감신경계의 작용 및 히스타민, 브래디키닌, 프로스타글란딘 같은 혈관작용 물질의 작용이 포함된다.

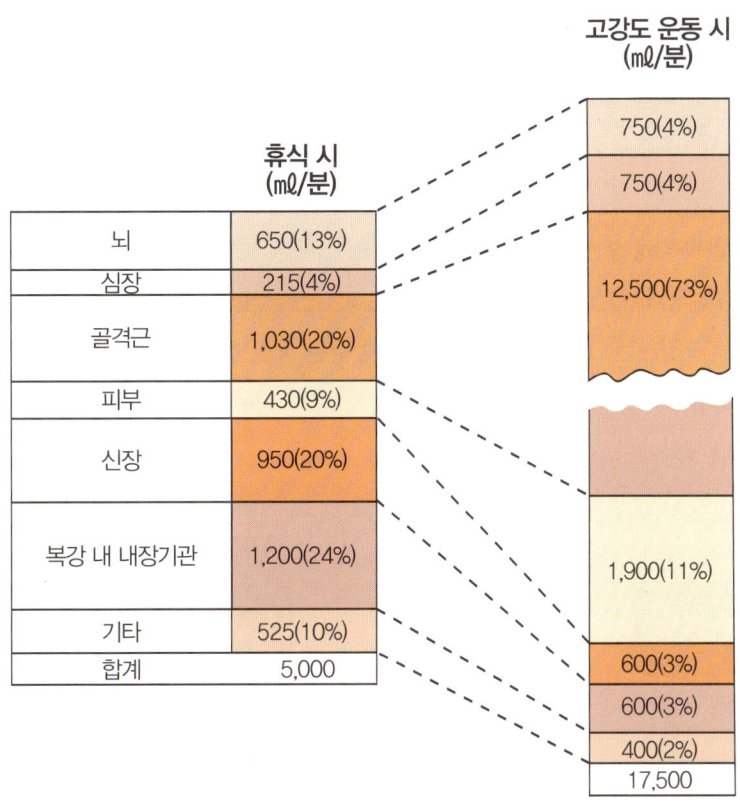

그림 6-41. 휴식 시 및 고강도 운동 시 혈류분배

혈류는 안정 시 20%만 근육으로 보내지고 나머지는 골수 5%, 뇌 20%, 심장 5%, 간이나 내장기관에 25%, 콩팥에 20%, 피부에 7% 정도가 분배된다. 그러나 격렬한 운동 상황에서는 심박출량이 4~7배 증가하기도 하고, 뇌를 제외한 다른 기관으로의 혈류는 감소하는 반면에 골격근으로의 혈류는 약 85%까지 증가한다. 안정 시 골격근의 혈류는 교감신경에 의해 일차적으로 조절된다. 그러나 운동 시 골격근의 혈류는 자동 조절, 능동적 충혈 및 반응성 충혈 같은 국소 조절현상에 따라 혈류가 증가한다. 특히 골격근의 혈류는 국소 대사산물에 의해 가장 먼저 조절된다. 골격근에서 국소적인 혈관이완물질은 젖산(lactate), 아데노신 및 K^+이다. 골격근에서 혈관의 기계적인 압박은 운동 중에 발생할 수 있으며, 이로 인하여 순간적인 폐쇄가 일어난다. 폐쇄가 끝나면 반응성 충혈이 일어나며, 혈류 및 산소부채를 제거하기 위하여 혈류의 증가가 나타난다.

관상순환을 통한 혈류는 대부분 내재적 대사물질에 의하여 조절되고, 교감신경계에 의한 지배는 미미한 실정이다. 가장 중요한 내재적 대사인자는 저산소증과 아데노신이다. 예를 들어, 심근수축성이 증가하면 심근의 산소요구량 증가 및 산소소비량 증가가 나타나며, 국부적으로 저산소증이 유발된다.

뇌순환은 대부분 내재적 대사산물에 의해 조절되고, 자동조절, 능동적 충혈 및 반응성 충혈을 나타낸다. 뇌순환에서 가장 중요한 내재적 혈관확장제는 CO_2(또는 H^+)이다. 뇌의 PCO_2(H^+ 농도 증가와 pH 감소를 일으키는) 증가는 뇌동맥의 혈관확장을 일으킨다. 그것은 혈류를 증가시켜 과잉의 CO_2 제거를 돕는다. 큰 분자들은 혈관-뇌 장벽(blood-brain barrier)을 통과할 수 없기 때문에 다른 많은 순환혈관 작용성 물질들이 뇌순환에 영향을 주지 못하는 것으로 알려져 있다.

피부혈관은 교감신경과 밀접하게 관련되어 있다. 교감신경의 중요한 기능은 신체 온도 조절을 위한 피부의 혈류를 조절하는 것이다. 예를 들어, 운동하는 동안 신체 온도가 증가함으로써 피부혈류를 조절하는 교감중추는 억제된다. 이러한 선택적 억제는 피부동맥의 이완을 일으키며, 따뜻한

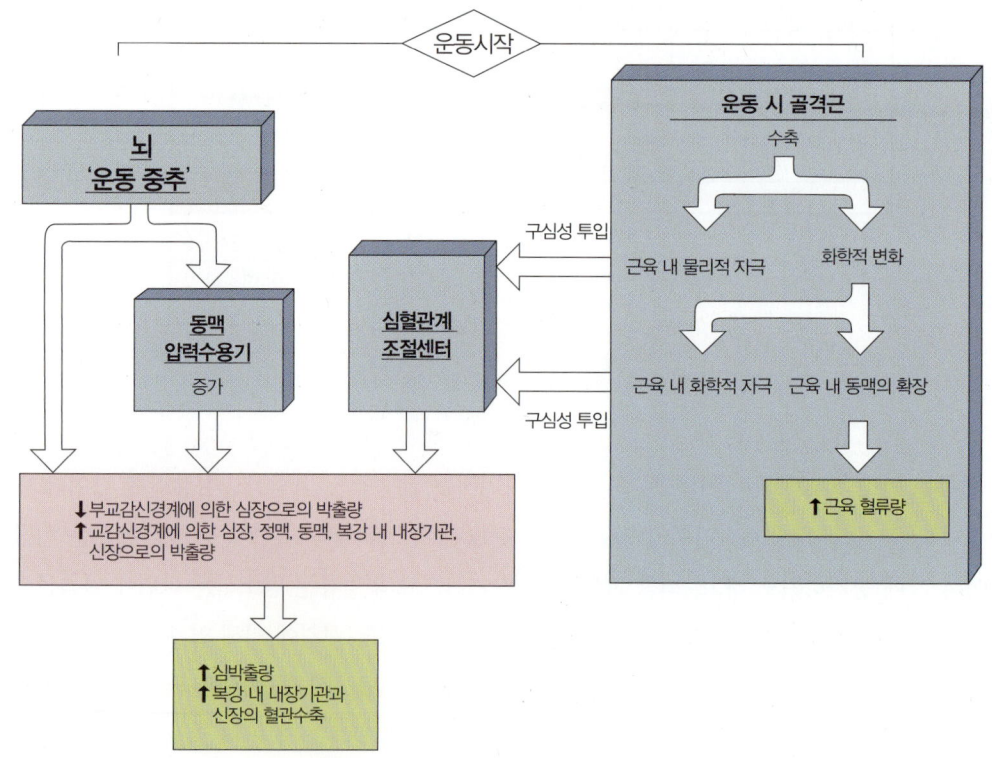

그림 6-42. 운동 중 심혈관계 조절

혈액이 피부 쪽으로 순환하여 열을 방출한다. 국부 혈관확장 대사산물은 피부 혈류에 작은 영향을 끼친다.

나. 혈압

1) 조절 기전

동맥혈압의 변화는 심박출량, 혈관의 안지름, 혈액량의 변화에 의해 일어난다. 심박출량의 증가는 혈압의 일차적인 상승요인이다. 세동맥의 수축과 이완은 혈류저항을 변화시켜 혈압을 변화시킨다. 따라서 세동맥을 '저항혈관'이라고 하고, 혈액이 세동맥을 통과할 때의 저항을 '말초저항'이라고 한다. 말초저항은 세동맥의 지름에 반비례한다.

> 혈압 = 심박출량 × 총말초저항

동적인 운동 시 활동근육 내의 혈관은 확장되어 동맥계의 저항을 감소시키는 반면, 비활동성 조직 내의 혈관은 수축하여 저항을 증대시킨다. 이때 활동근육 내 혈류저항의 감소폭이 내장영역 등 비활동조직의 혈류저항 증대폭을 능가하기 때문에 동적인 활동 중 동맥계 전체의 혈류저항은 감소한다(그림 6-43). 혈관 안지름의 변화만 고려하면 동적 지구성 활동 중 혈압은 감소하겠지만 실제로는 수축기혈압이 크게 상승하게 되는데, 그것은 운동과 함께 동시적으로 심박출량이 크게 증가되기 때문이다.

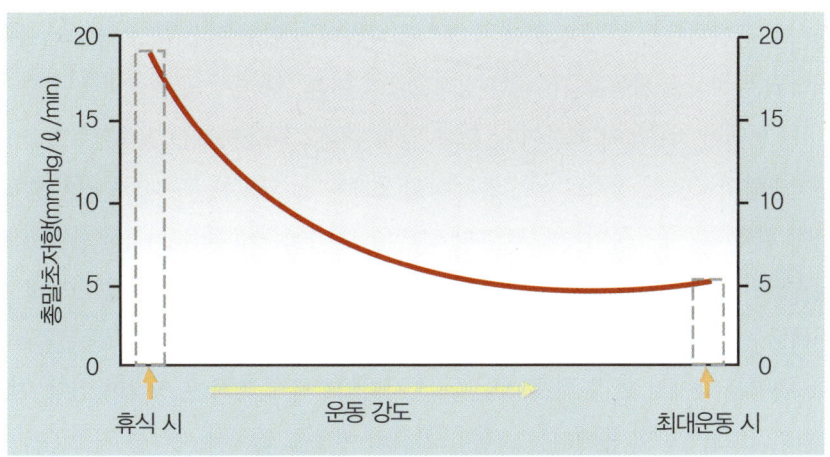

그림 6-43. 점진적 최대운동 시 총말초저항의 변화

동적 운동 중 이완기혈압은 보통 변화가 없거나 약간 상승 또는 저하하는 양상을 보인다. 그것은 수축기혈압이 주로 심박출량의 영향을 받는 반면, 이완기혈압은 세동맥의 저항에 의해 조절되기 때문이다. 동적인 운동 중에서도 팔 같은 소근육운동이 다리 같은 대근육운동보다 더 높은 혈압상승을 초래한다. 그 이유는 소근육운동은 대근육운동에 비해 혈류저항의 감소폭이 적기 때문이다.

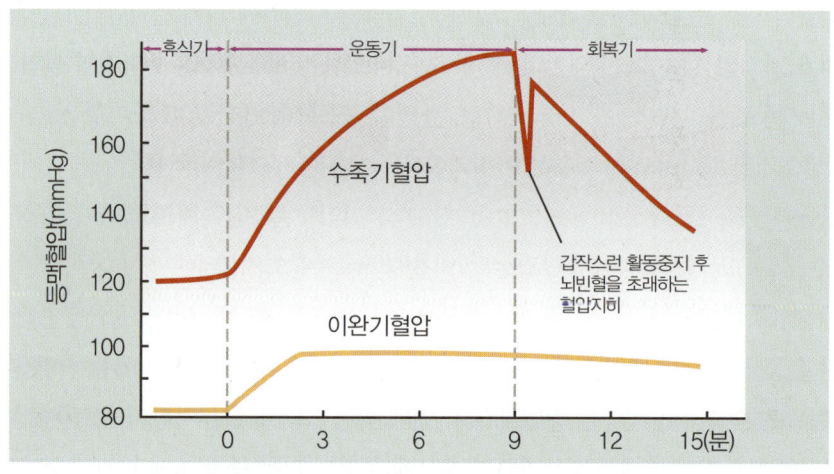

그림 6-44. 점진적 최대운동 시 혈압 변화

〈그림 6-44〉는 탈진 상태까지 지구성 운동을 수행할 때 수축기혈압의 변화를 나타낸 것으로, 운동 종료 직후 혈압이 급격히 하락하는 현상을 보여주고 있다. 이는 선 자세에서의 운동 시 운동 종료와 동시에 근육활동을 일시에 중단한 경우에 나타나는 현상이다. 운동 종료와 동시에 혈압이 급격히 저하되는 현상은 활동근육부위의 정맥혈관에 대한 근육수축의 펌프작용이 중단되고, 확장된 혈관 내에 혈액이 저류하기 때문이다. 그로 인해 심장으로 돌아가는 정맥환류혈량이 감소되고, 이어서 심박출량의 급격한 감소로 뇌빈혈 현상이 초래된다. 뇌혈류 부족으로 인한 졸도 등의 위험을 방지하기 위해서는 주운동이 종료된 후에도 몇 분간 가벼운 운동을 지속하는 것이 바람직하다. 완전히 탈진되어 가벼운 운동조차 할 수 없다면 뇌빈혈을 방지하기 위해 누운 자세로 휴식하는 것이 바람직하다.

운동 시 혈압은 대체로 안정 시 혈압이 높은 사람일수록 증가하는 경향이 있다. 세계보건기구(WHO) 및 미국고혈압학회 등에서는 고혈압 치료의 예방을 위해서는 약물 처방뿐만 아니라 규칙적인 운동 같은 생활습관이 무엇보다 중요하다고 강조하고 있다. 높은 혈압을 관리하는 방안으로 식생활 개선, 심리적인 이완요법, 일상생활의 변화가 매우 강조되고 있으며 그중에서도 규칙적인 운동의 효과는 여러 임상연구를 통해 보고된 바 있다. 미국 고혈압합동위원회의 제7차 보고서

(JNC Ⅶ)에 의하면 걷기 같은 규칙적인 유산소성 신체활동이 심장혈관계 질환의 위험요인을 감소시키고, 최대산소섭취량의 40~60% 운동 강도로 주 3회 이상, 매일 30분 이상의 신체활동을 하면 수축기혈압을 4~9 mmHg 감소시킬 수 있는 것으로 보고하고 있다. 신체활동에 의한 혈압 감소의 정도는 고혈압 환자에게서 더욱 크게 나타나는 것으로 나타났다. 이러한 기전에는 규칙적인 운동에 의해 노르에피네프린의 감소와 인슐린 감소에 의한 교감신경활동의 감소, 혈관수축물질 감소 및 혈관이완물질의 증가, 혈관의 밀도 및 탄력성의 증가를 통한 구조적 적응 등을 들 수 있다. 일회성 운동도 혈압을 강하시킬 수 있다. 일회성 운동은 운동 강도와 상관없이 운동 종료 후 즉시 평균 5~7 mmHg 정도의 혈압강하를 보이며, 이러한 혈압강하 현상이 최대 22시간까지 지속된다. 이를 '운동 후 혈압강하(post-exercise hypotension: PEH)'라 하며, 이러한 운동 후 혈압강하는 정상인과 고혈압 환자에서 모두 발생하지만, 고혈압 환자에게 더 크게 나타난다. 운동은 고혈압을 치료하는 하나의 방법으로서 운동을 통한 심장혈관계통의 기능 개선뿐만이 아니라 여러 합병증도 예방할 수 있는 장점이 있다.

2) 운동 중 혈압

정상적인 혈압을 가지고 있는 사람들의 경우에는 운동중 이완기 혈압은 큰 변화가 없지만, 수축기혈압은 운동 강도에 따라 직선적으로 증가되며 통상 1 MET(Metabolic equivalent)당 8~12 mmHg씩 증가하는 것으로 알려져 있다(1 MET는 3.5㎖/kg/min).

일반적으로 수축기혈압은 190~220 mmHg까지 도달하며, 통상 260 mmHg 이상은 넘지 않는 것으로 알려져 있다. 점증부하운동에서 일반적인 수축기혈압은 운동의 절정 부분에서 고원 현상과 함께 점진적인 상승(전형적으로 10 ± 2 mmHg/MET)을 보인다. 하지만 수축기혈압이 운동의 강도가 증가함에도 떨어지거나 오르지 않는 것은 심박출량이 감소하거나 항정 상태라는 것을 의미이다. 그러나 고혈압을 가지고 있는 사람이 높은 강도로 운동을 했을 경우에는 이완기혈압이 증가하면서 수축기혈압도 260 mmHg 이상 높아져서 운동 중에 가슴이 답답하거나 현기증을 느끼면 운동 강도를 낮추거나 운동을 중지해야 하며 의사의 검진을 받는 것이 필요하다. ACSM(American College of Sports Medicine)은 운동부하검사를 중지해야 하는 혈압의 범주로 수축기혈압은 SBP 250 mmHg, 이완기혈압은 DBP 115 mmHg를 제시하고 있으며, 가능한 한 이 지침을 준수할 것을 권장하고 있다. 안정 시 혈압은 동맥의 탄력성, 말초저항에 영향을 미치는 혈관운동을 조절하는 신경의 크기, 심박출량(cardiac output: CO)을 포함하는 여러 요소에 의해 조절된다. 안정 시와 운동 중에 혈류를 지배하는 기전의 가장 중요한 변인은 평균동맥혈압과 심박출량(CO)이다[평균동맥혈압(Pa) = 심박출량(CO) × 총말초저항(TPR)]. 평균동맥혈압은 심박출량과 총말초저항(total peripheral resistance: TPR)에 의해 결정되며, 심박출량은 심박수와 1

회 박출량에 의해 결정된다(CO = HR × SV). 따라서 총말초저항이 감소된다 할지라도 1회 박출량과 심박수의 증가에 따라 혈압 또한 상승한다. 또한 혈압은 세동맥에 작용하는 신경기전에 의해 영향을 받는다. 운동 중 어떤 부위(예: 내장 부분)에서는 혈관수축이 일어나고, 다른 부위(예: 골격근과 심근)에서는 혈관의 이완이 일어난다. 궁극적인 효과는 혈관을 조절하는 신경의 크기와 말초저항을 감소시키는 것이다. 나이, 성, 체중은 종종 혈압 변화의 중요한 원인이 된다. 안정 시 혈압과 함께 운동 시 과도한 혈압의 반응은 장차 고혈압을 예측할 수 있는 하나의 지표이다. 최근 정상 혈압을 가지고 있는 피검사자를 대상으로 한 연구의 운동검사 결과 운동으로 인한 비정상적인 이완기혈압 반응은 정상적인 혈압을 가지고 있는 남성과 여성 모두에게 고혈압으로 발전할 가능성이 높고, 높은 회복기 수축기혈압을 가지고 있는 남성 또한 고혈압으로 발전할 가능성이 높다고 예고하고 있다.

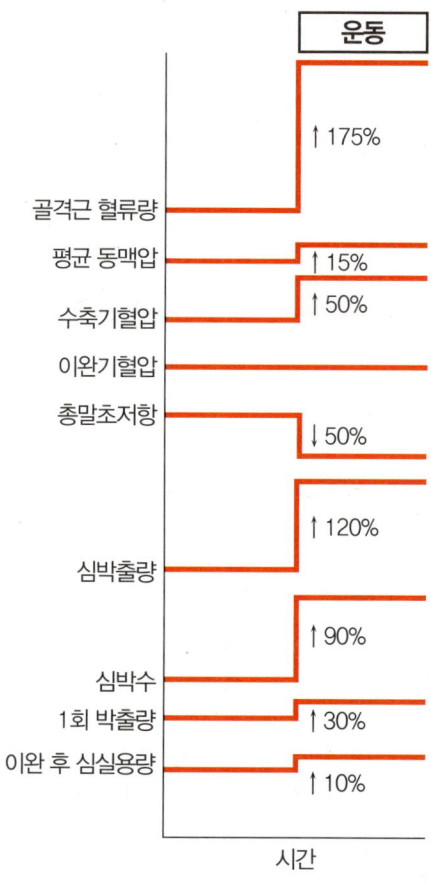

그림 6-45. 중강도 운동 중 심혈관 변화

표 6-6. 중강도 운동 중 심혈관계 변화

변인	변화	설명
심박출량	증가	심박수와 1회 박출량 모두 증가
심박수	증가	교감신경계 활성화로 SA node 활성화, 부교감신경계 활성화 감소
1회 박출량	증가	교감신경계 활성화로 심실 심근의 수축력 증가, 프랭크-스탈링법에 의해 1회 박출량 증가, 심실의 이완 후 용량 증가
총말초저항	감소	누운 자세에서 혈관 저항보다 심장이나 골격근에서의 저항 감소
심장과 골격근의 혈류량	증가	총말초혈관 저항 감소보다 심박출량 증가
피부 혈류량	증가	1회 박출량의 분출량과 속도 증가
평균 동맥압	증가	높은 심박수에 의해 심장 내 혈액이 채워지는 시간이 감소되며, 이는 혈관수축, 골격근 펌프, 증가된 호흡량에 의해 보상
이완 후 용량	증가	혈관시스템의 혈액량 증가는 국소부위의 대사요인에 의해 조절
피부 혈류량	증가	체온의 상승으로 인해 피부혈관으로 교감신경계 전달이 제한
복강 혈류량	감소	교감신경계는 복강 내 내장기관과 신장 혈관으로 자극
뇌 혈류량	변화 없음	평균 동맥압의 증가에도 불구하고 뇌 혈관에서는 자동으로 조절

다. 혈액

1) 혈액성분 요인

지구성 훈련은 총 혈액량을 증가시킨다고 알려져 있다. 신체훈련에 따라 총 적혈구 수는 10~20%, 혈장량은 20~30% 정도 증가한다고 알려져 있다. 혈장량의 증가는 혈장단백의 증가에 의해 이루어진다. 즉, 혈장단백이 증가하면 혈액의 삼투질 농도가 높아져 혈관 내 수분 보유력이 증가하기 때문에 혈장량이 증가하게 된다.

적혈구의 증가 기전은 명확히 알려져 있지 않지만, 반복적인 운동이 신장으로부터 적혈구 신생에 관여하는 조혈촉진인자(erythropoietin)가 호르몬의 분비를 증대시키기 때문인 것으로 알려져 있다.

총 적혈구 수 및 헤모글로빈 함량의 증대는 산소운반의 기능성이 향상되었음을 의미한다. 또한 훈련에 의한 혈장량의 증가폭은 적혈구 수의 증가를 능가하기 때문에 혈액의 점성도를 낮추어 혈류저항을 감소시키는 효과를 갖는다. 특히 혈장량의 증대는 다량의 땀 분비로 인한 탈수가 일어나는 열 환경에서의 운동 시 커다란 생리적 이점을 제공한다.

열 환경에서의 운동 시에는 체온조절을 위한 피부혈류와 활동을 지속시키기 위한 활동근육혈류에 대한 요구가 모두 증가한다. 훈련으로 인한 체내 수분 보유력의 증가, 즉 혈장량의 증가는 피부혈류와 활동근육혈류에 대한 요구를 충족시킬 수 있게 해준다는 점에서 커다란 생리적 이점을 갖고 있다.

2) 운동 시 혈장 이동

일회적인 지구성 운동수행 시 총 혈액량은 운동의 유형이나 단련 정도, 그리고 운동 강도 및 기온의 영향에 따라 다르게 나타난다. 혈액량의 일시적 변화는 혈장이 혈관을 통해 사이질액 쪽으로 이동하거나 사이질액 또는 세포외액이 혈관 내로 이동하는 결과로 일어나게 된다.

혈관 밖으로의 혈장 이동은 혈액농축의 원인이 되고, 혈관 내로 사이질액이나 세포내액이 이동할 때는 혈액 희석이 초래된다(그림 6-46). 장시간 최대운동을 실시하면 일반적으로 땀 분비로 인한 수분 손실과 함께 혈액농축현상이 나타나는데, 혈장량의 최대감소량은 약 15%에 이른다.

혈장량 손실의 원인은 ① 활동근육의 국부적인 수축으로 인해 정맥이 기계적으로 압박되고, 그 결과 모세혈관압이 상승함에 따라 혈장이 모세혈관 밖으로 이동하는 양이 증대되고, ② 조직세포로부터 칼륨, 인, 젖산과 같이 삼투성이 있는 물질이 사이질액에 축적되면 모세혈관으로부터 혈장이 삼투압차에 의해 사이질액 쪽으로 이동하고, ③ 땀을 통한 수분의 손실에 의해 사이질액의 삼투질 농도가 증가하기 때문으로 생각된다.

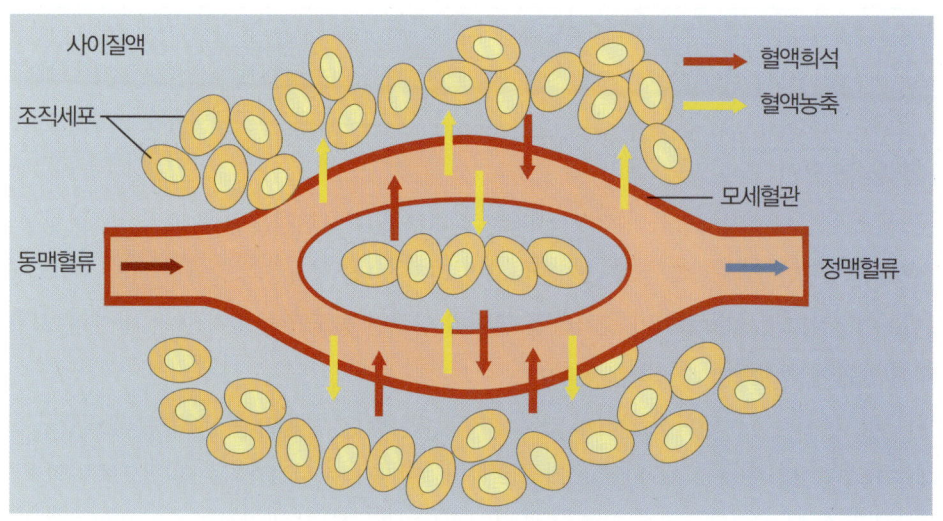

그림 6-46. 혈액농축과 희석

3) 적혈구 수, 헤모글로빈 농도, 백혈구 수 및 기타

혈액농축이 일어날 때 단위면적당 적혈구 수와 헤모글로빈 농도, 헤마토크리트 치는 상승하지만, 혈액 희석 시 반대현상이 일어난다. 이러한 변화는 총 적혈구 수와 총 헤모글로빈 양이 변화되어 나타나는 것이 아니다. 왜냐하면 적혈구는 운동성을 갖고 있는 백혈구와 달리 모세혈관 밖으로 빠져나오지 못하며, 일회적 운동에 의해 생성되지 않기 때문이다.

안정 시 혈액의 단위부피당 남자의 평균 적혈구 수는 500만 개/㎣ 정도인데, 운동 후에는 520~620만 개/㎣로 10% 이상 증가하는 경우도 있다. 이러한 적혈구 수의 증가로 인해 헤모글로빈 농도 역시 5~10% 증가한다. 이처럼 혈액의 단위부피당 적혈구 수가 증가하는 이유는 혈액농축 현상 외에 지라에 저장되어 있던 적혈구가 방출되기 때문이다. 즉, 운동 시 교감신경계통의 흥분에 의해 부신속질에서 에피네프린의 분비량이 증가하게 된다. 이 에피네프린은 적혈구 저장기관인 지라를 수축시켜 지라로부터의 적혈구 방출을 증가시킨다. 지라에 저장되어 있는 혈액량은 약 350㎖인데, 지라의 혈액은 농도가 매우 진해서 순환혈액에 비해 적혈구 수가 40%나 많다.

일회적인 운동 후 전형적으로 백혈구 수가 증가하는 현상이 나타난다. 일반적으로 단시간의 심한 운동 후에는 백혈구의 일종인 림프구가 증가하고, 장시간의 운동 후에는 림프구와 호산성 백혈구는 감소하는 반면 호중성 백혈구가 증가하는 현상을 볼 수 있다.

백혈구 수의 증가는 순환혈류의 증가로 인해 허파, 골수, 간 및 지라에 있는 저장장로로부터 백혈구가 빠져나오기 때문인 것으로 알려져 있다. 이러한 백혈구 수의 일시적인 증가는 대체로 회복기 몇 시간 만에 정상수준으로 돌아간다.

동맥혈액과 정맥혈액 간 산소 함량의 차이(동정맥산소차)는 조직에 의해 혈액으로부터 추출되어 사용된 산소량을 나타낸다. 운동 시에는 근육에 의한 산소소비가 증가함에 따라 동정맥산소차는 증가하게 된다.

운동 시 혈액의 산성도 또는 pH는 젖산 생성량의 증가를 나타내는 것이며, 운동의 강도가 높을수록 인체의 에너지 생산체계는 젖산과정(무산소성 해당작용)에 의존하게 되고, 체내 젖산 축적에 의한 혈액 pH가 더욱 감소하게 된다.

운동 시 근육 내 탄수화물과 지방분해로 얻어지는 화학적 에너지 중 일부는 열에너지로 손실되며, 근육수축과정 자체에서 발생하는 열에 의해 혈액온도는 상승한다.

3. 운동과 순환계의 적응

가. 최대산소섭취량

최대산소섭취량은 $\dot{V}O_2max$로 표시하는데, 보통 분당 소비되는 산소량은 ℓ 또는 ㎖로 나타낸다. 최대산소섭취량은 궁극적으로 최대운동 시 미토콘드리아에서의 에너지 생성을 위해 소비된 산소량을 의미한다. 대체로 휴식 시 산소섭취량은 약 0.25ℓ/분으로, 심한 운동 시에는 10배 또는 20배 이상 증가한다.

산소는 모든 인체조직에서 사용되기 때문에 체중이 많이 나가는 사람은 체중이 적게 나가는 사람보다 더 많은 산소를 소비한다. 따라서 보다 정확한 신체적성 수준을 알기 위해서는 체중 1kg당 산소섭취량을 이용하며, ㎖/kg/분으로 표시한다.

최대산소섭취량은 심장을 비롯한 순환계통의 최대기능적 능력을 평가하는 유력한 지표로 이용되고 있다. 정상인의 최대산소섭취량을 결정하는 요인은 ① 심장의 기능, ② 활동조직으로의 혈류순환능력, ③ 근육조직에서 산소를 이용하여 대사하는 능력이다. 즉, 최대산소섭취량은 산소운반체계와 산소이용효율에 의해 결정된다(그림 6-47).

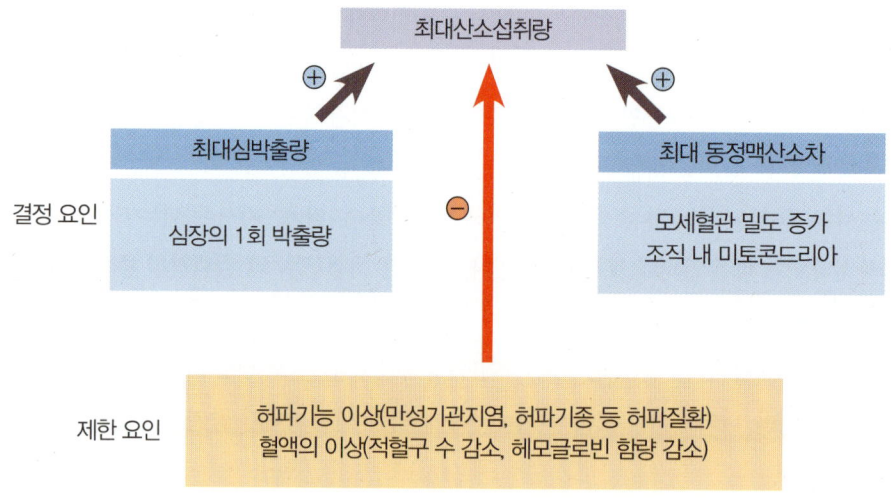

그림 6-47. 최대산소섭취량 요인

심장의 기능은 심박출량에 의해 반영된다. 조직에서의 산소추출 및 이용능력은 동정맥산소차에 의해 알 수 있다. 최대 동정맥산소차의 증가는 모세혈관의 밀도 증가와 함께 근육조직 내 미토콘드리아 수와 크기의 증가, 미오글로빈 함량의 증가로 인한 근육조직의 산소추출 및 이용능력 개선을 반영한다.

결론적으로 최대산소섭취량은 최대 심박출량과 최대 동정맥산소차에 의해 결정된다.

최대산소섭취량($\dot{V}O_2max$) = 최대 심박출량 × 최대 동정맥산소차

〈그림 6-48〉은 최대산소섭취량과 최대 심박출량의 비례적 관계를 보여주고 있다. 지구성 운동 선수의 최대운동 시 심박출량은 안정 시의 5~6배인 30 ℓ/분에 이른다. 대체로 동일한 산소섭취

수준에서 여성의 심박출량은 남성보다 5~10% 정도 높게 나타나는데, 이러한 현상은 여성들의 헤모글로빈 농도가 10% 정도 낮은 것을 보상하기 위한 현상으로 볼 수 있다.

한편 지구성 운동선수는 안정 시의 20배 이상에 달하는 산소섭취량을 달성할 수 있는데, 이것은 최대 심박출량 증가에 의해서만 달성되지 않는다. 즉, 조직에서의 산소추출 및 이용능력에 의해서도 최대산소섭취량이 결정된다. 안정 시 동맥혈 100㎖당 산소농도는 약 20㎖이고, 오른심방에서 혼합정맥혈액의 산소농도는 15㎖ 정도이다. 따라서 안정 시 동정맥산소차는 5㎖가 된다.

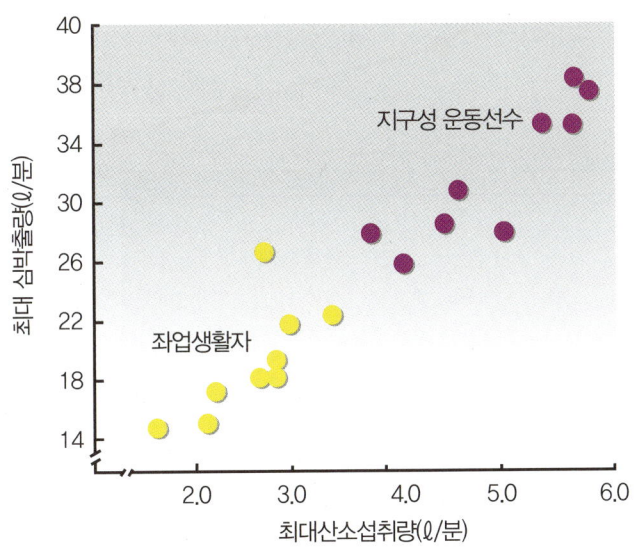

그림 6-48. 최대 심박출량과 최대산소섭취량

〈그림 6-49〉는 휴식 시부터 최대운동까지 운동 강도를 점차적으로 증가시킬 때 동맥혈과 정맥혈의 산소농도 변화를 보여준다. 운동 강도의 증가에 따라 동맥혈의 산소농도는 거의 변화가 없으나 정맥혈의 산소농도는 2㎖ 수준까지 감소하였다. 이때 최대 동정맥산소차는 18㎖가 된다. 예를 들어 어떤 사람의 최대 심박출량이 25ℓ/분이고 최대 동정맥산소차가 18㎖일 때 이 사람의 최대 동정맥산소차를 혈액 1ℓ 당으로 환산하면 180㎖이다. 따라서 이 사람의 최대산소섭취량은 최대 심박출량 25ℓ/분에 최대 동정맥산소차 0.18ℓ를 곱하여 4.5ℓ/분이 되고, 만약 체중이 70㎏이라면 체중당 최대산소섭취량은 4,500㎖/분을 체중 70㎏으로 나눈 값인 약 64.3㎖/㎏/분이 된다.

최대산소섭취량은 신체적성수준을 나타내는 유력한 지표로서 신체적성수준에 따라 그 범위가 매우 크게 나타나는데, 일반인은 대체로 30~55㎖/㎏/분 정도이고, 운동선수나 신체적성수준이 높은 사람은 55~90㎖/㎏/분의 수준을 보인다.

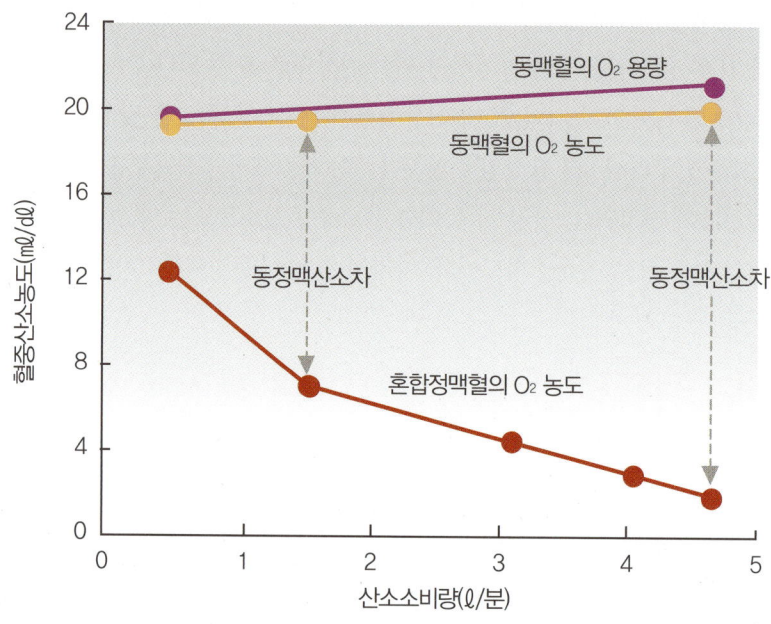

그림 6-49. 운동 시 동정맥산소차

나. 유산소 운동에 대한 순환계의 적응

유산소 운동은 대부분 전신운동으로, 심폐지구력을 강화시키고 근골격계를 강화시키는 데 도움이 된다. 또한 혈중지질 성분을 낮추고, HDL 콜레스테롤을 높여줌으로써 관상동맥질환의 위험을 감소시키며, 인체의 면역기능을 향상시키는 등 건강을 유지하고 향상시키는 데 그 효과가 크다고 볼 수 있다.

또한 장기간 적정 강도의 규칙적인 유산소 운동은 고혈압 환자에 있어서 급격한 혈압상승을 막는 것으로 알려져 있다. 이러한 혈압상승의 예방은 유산소 운동이 혈관의 지름을 확대하고 모세혈관의 밀도와 크기를 증대시키기 때문인 것으로 알려져 있다.

또한 적절한 강도의 유산소 운동은 혈당수치를 정상적으로 조절하며 인슐린 저항성 및 당대사 기능을 높이는 것으로 알려져 있다. 이러한 유산소 운동의 적절한 운동 강도는 젖산역치나 무산소 역치 이하의 강도인 최대산소섭취량의 40~70% 정도가 적당한 것으로 알려져 있다. 운동 빈도는 생리학적으로 볼 때 주 4~5회 이상이 효과적이라는 연구 보고가 많고, 시간은 1회 30~60분 정도가 권장된다. 운동의 기간은 장기간 실시할수록 강압 효과가 큰 경향을 나타내지만 꼭 그렇지는 않다.

운동 중 주의할 사항은 바람이 많이 부는 추운 날씨에 조깅을 하려면 추위에 노출되는 피부를 가능한 한 줄이는 것이 급속한 혈압상승을 막을 수 있기 때문에 적절한 피복과 장구를 준비하는 것이 바람직하다.

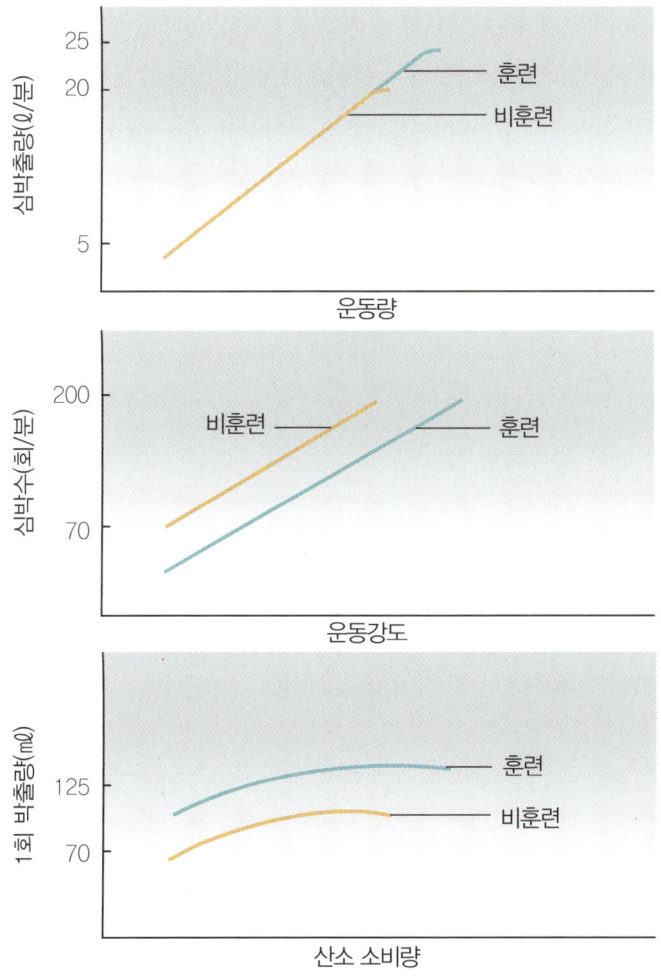

그림 6-50. 트레이닝을 받은 선수의 심박출량, 심박수 및 1회 박출량

다. 저항성 운동에 대한 순환계의 적응

대부분의 연구는 지구력 트레이닝에 초점이 맞추어져왔다. 그러나 최근 혈압의 감소와 심장혈관계 건강의 개선에 대한 저항성 트레이닝의 이점이 인정되고 있다. 최근 미국심장협회는 ACSM의 권장사항인 낮은 강도에서 중강도의 저항운동이 근력과 근지구력 개선, 만성적 질환의 예방 및 관리, 심장혈관계 위험인자들의 변화 및 심리적 이점이 있다고 주장하고 있다. 그러나 그릇된 저항성 운동은 근육이 혈관을 지나치게 압박할 수 있고, 호흡을 하지 않을 경우 흉강의 압력 증가에 의

해 혈압을 보다 상승시킬 수 있다. 따라서 저항운동을 할 때는 최대로 들 수 있는 무게로 운동하는 것보다는 알맞은 무게로 반복하여 운동하는 것이 좋다. 또한 운동 중에 강도가 너무 높게 올라가지 않도록 조절하는 방법으로 운동자각도(RPE)를 이용하는 것이 바람직하다. 운동 강도는 운동자각도의 11~13 정도(최대심박수의 40~70%)의 수준이 적당하다. 혈압은 130/85 mmHg 미만으로 유지시켜야 한다. 또한 산소섭취량을 일정하게 고정하고 팔과 다리 운동을 비교해보면, 팔운동이 다리운동에 비해 혈압과 심박수가 증가하는 것으로 보고되었다. 이는 팔운동이 다리운동에 비하여 말초혈관의 저항이 증가하기 때문이다. 단기간의 저항운동도 안정 시 수축기혈압과 이완기혈압을 약간 감소시킬 수 있는 가능성이 제기되고 있다. 안정 시 혈압의 감소는 아마도 체지방의 감소와 교감신경 활성의 감소 때문인 것으로 보인다.

VII부
환경과 운동

    인체의 체온조절기전을 이해하고 특히 열 환경이나 추운 환경에 노출될 때 나타나는 체온조절 반응을 이해한다. 특별한 환경에서 운동 시 수분 손실에 대해 체액량 및 전해질을 보존하기 위한 반응을 이해하고 적절한 수분섭취방법에 대해 학습한다.

    고지 환경에서 대기압의 감소가 무산소성 및 유산소성 지구력에 미치는 영향, 고지 트레이닝이 스포츠경기 수행력에 미치는 영향, 수중에 잠수할 때 압력의 증가로 인해 초래되는 위험성 및 적절한 대처방안을 이해한다. 인간의 운동능력에 대기 중의 공기가 많은 영향을 미치고 있는데, 오염공기 환경에서의 운동과 반응을 이해한다.

1장 체온조절과 운동

  학습목표

- 체온조절에서 열 생성과 열 손실의 기전을 이해한다.
- 고온 환경에서 운동 시 체온조절 기전을 이해한다.
- 저온 환경에서 운동 시 체온조절 기전을 이해한다.

1. 체온조절 기전

인간은 일정한 범위 내에서 체온이 유지되어야 하는 항온동물(homeotherm)로서 인체의 내부 환경을 적정한 수준으로 유지해야 신진대사를 원활히 수행할 수 있다. 인간의 체온조절 기전은 고온 및 저온 환경의 운동 시 적응할 수 있다.

가. 정상체온

인간의 정상체온은 약 37±1℃ 전후이며, 신체 내의 생화학적 반응은 체온에 의해 영향을 받으며, 정상체온에서 1℃ 감소할 때마다 뇌 및 기타 조직의 효소활성도가 현저히 떨어지며 세포 내 대사활동이 억제되어 호흡기능이 급격히 떨어지며, 심장의 부정맥(arrhythmia)이 유발될 수 있다.

1) 심부온도
① 심부온도(core temperature)의 측정
 – 직장, 고막, 구강, 겨드랑이 등에서 측정하는 방법이 있으나 이들 중 직장 온도가 가장 널리 이용되고 있다.
 – 구강 온도는 약 37℃, 직장 온도는 약 37.6℃로 고막, 구강 및 겨드랑이 온도는 직장 온도보다 약 0.6℃ 정도 낮다.
② 안정 시 정상체온 범위는 36~38℃ 정도이다.

2) 피부온도
① 체내에서 생성된 대사열은 일반적으로 피부를 통해 몸 밖으로 배출된다. 따라서 피부온도는

심부온도보다 낮다.
② 심부온도는 대기온도가 아주 큰 폭으로 변화해도 거의 일정하게 유지되지만, 피부온도는 대기온도에 따라 큰 폭으로 변한다.

나. 열 생성과 열 손실

체온은 뇌의 시상하부에서 조절하며, 열의 생성과 손실 사이의 비율 조절에 의해 결정된다. 아울러 체온조절은 운동 시 발생하는 과다한 체열 증가에 대하여 심부온도를 유지하는 것이 중요하다. 인체의 열 생성과 열 손실의 물리적 열전도 기전에는 복사(radiation), 전도(conduction), 대류(convection), 증발(evaporation)이라는 4가지 과정에 의해 발생한다.

1) 복사(radiation)

한 물체의 표면에서부터 다른 물체의 표면으로까지의 물리적 접촉이 없이 열이 전달되는 것을 '복사'라고 한다. 복사에 의한 열 손실이나 열 축적은 사람의 피부와 환경 사이의 온도차에 의해 이루어진다. 피부와 외부 물체의 온도차가 클수록 복사에 의한 열 교환이 활발하게 이루어진다. 복사열은 구름이 없는 오후 12~4시 사이가 태양에 의한 복사열 때문에 가장 높다.

2) 전도(conduction)

직접적인 분자 접촉을 통한 한 물질에서 다른 물질로 열이 이동하는 것을 '전도'라 한다. 서로 온도 차가 있는 두 물체의 표면이 접촉할 때 발생하며, 두 물체 사이의 온도 차가 클수록 뜨거운 쪽에서 차가운 쪽으로 열이 손실된다. 절연체인 지방조직은 근육조직에 비해 열을 잘 전도하지 않는다. 그러므로 비만한 사람은 추운 환경에서는 열 손실이 적은 반면 더운 환경에서는 열 방출이 잘 되지 않아 체온이 올라간다.

3) 대류(convection)

열이 한 장소에서 다른 장소로 이동되는 것을 '대류'라 한다. 공기가 신체 주위를 맴돌며 피부와의 접촉으로 뜨거워진 공기 분자는 다른 곳으로 이동한다. 또한 차가운 물속에서 수영할 때 피부의 온도보다 대류에 의한 열 손실이 발생한다.

4) 증발(evaporation)

운동 중 열 발산을 위한 일차적 방법이며, 땀이 증발하면서 열이 제거되는 것을 증발에 의한 열 손실이라고 한다. 운동 중 체온이 정상 수준 이상으로 상승할 때 신경계가 땀샘을 자극하여 피부에

그림 7-1. 열전도의 물리적 기전

땀을 분비시키고 이 땀이 증발할 때 피부온도를 빼앗아 낮아지는 것이다. 증발은 피부로부터 공기 중으로 물 분자가 확산되는 현상이므로 상대습도가 높은 무더운 날에는 증발이 잘 이루어지지 않는다.

다. 체온조절 기전

1) 시상하부(hypothalamus)

시상하부는 인체의 온도를 조절하는 기관이다. 시상하부는 전엽과 후엽으로 구분되어 있는데, 전엽(anterior)은 체온의 증가에 관여하고, 후엽(posterior)은 체온의 감소에 관여한다.

2) 수용기(receptor)

체온의 변화는 수용기(receptor)에 의해 감지된다. 시상하부에 위치한 중추수용기(central receptor)는 혈액이 두뇌를 순환할 때 혈액의 온도를 감지한다. 피부에 위치한 말초수용기(peripheral receptor)는 주위 온도를 감지한다.

3) 효과기(effector)

체온이 변할 때 정상체온은 골격근, 땀샘, 동맥의 민무늬근 및 내분비샘 같은 4가지 효과기(effector)의 작용으로 유지된다.

더운 환경에 노출되어 피부나 혈액의 온도가 오르면 시상하부는 땀샘을 자극하여 피부에서 땀을 분비하도록 명령하여 피부의 땀이 증발할 때 피부 표면으로부터 열을 제거하여 체온을 낮추거나 피부로 공급되는 동맥의 외벽에 있는 민무늬근으로 신호를 보내 동맥이 확장되도록 하여 피부로 흐르는 혈액의 양을 증가시킨다. 반면 추운 환경에 노출되었을 때 시상하부는 근육의 긴장 상태를 조절하여 근육의 미세한 떨림을 일으켜 열이 생성되어 체온을 유지하거나 상승시킨다. 내분비샘에 의한 호르몬 분비는 세포가 대사율을 증가시켜 열 생성을 증가시킨다. 열 생산을 위한 티록

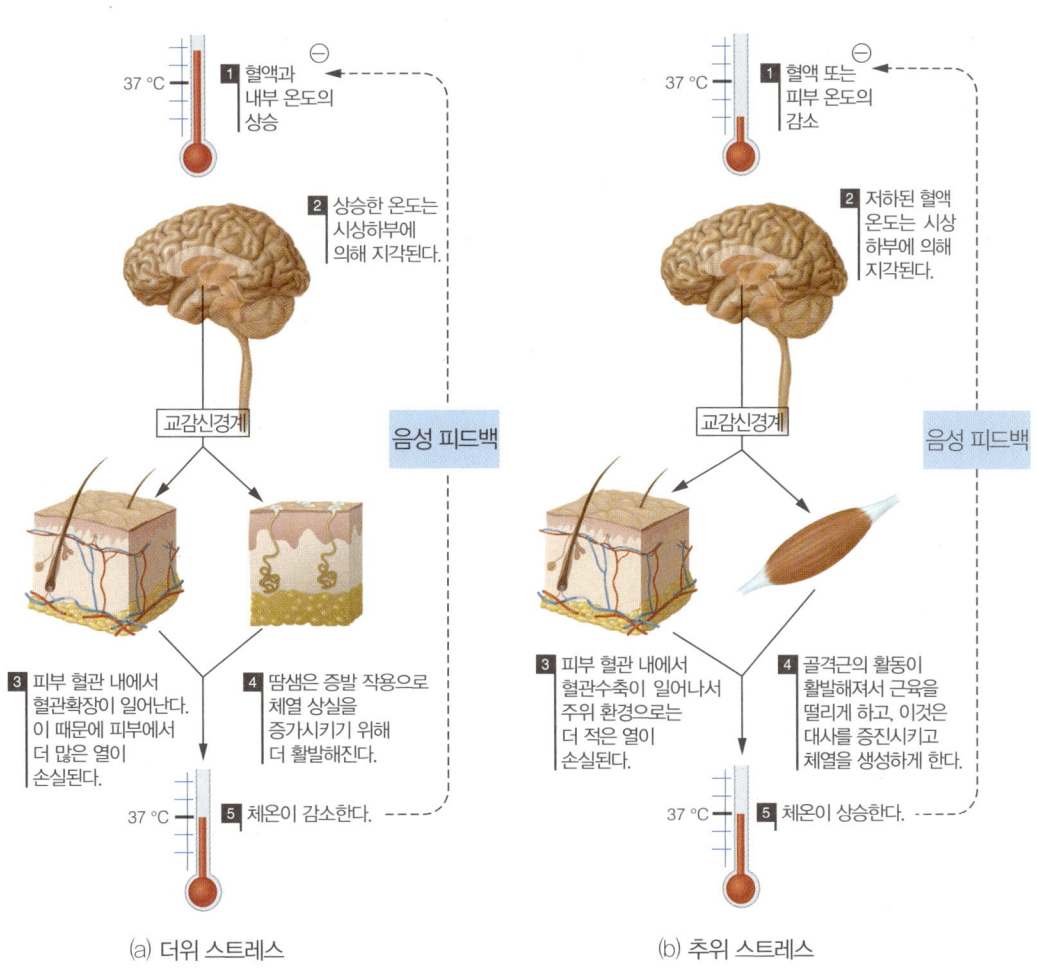

그림 7-2. 시상하부의 체온조절 역할

신(thyroxine) 및 카테콜아민(에피네프린과 노르에피네프린)의 분비는 세포의 대사율에 직접적인 영향을 미친다.

2. 고온 환경과 운동

고온 환경에서의 운동은 체온의 유지를 위해 피부의 순환과 발한량이 증가한다. 따라서 열 질환의 발생과 운동능력이 저하되는 것을 예방하기 위한 수분 및 전해질의 보충이나 운동 또는 훈련의 조건에 대해 이해해야 한다.

가. 고온에서의 운동 시 생리적 반응

고온 환경에서의 운동 시 혈장량(plasma volume)의 감소에 따른 체액 손실과 체온조절 기능의 저하로 열 질환을 초래하여 유산소성 운동능력의 저하를 가져온다. 그러므로 고온 환경에서 운동 시 에너지 대사에 의한 근육의 산소공급과 대사열의 심부에서 피부로 이동반응이 중요하다.

1) 심혈관계 및 대사반응

고온에서의 운동 시 정상체온을 유지하기 위해 상당량의 심박출량(cardiac output)은 피부와 근육에 배분되어야 하는데, 혈액량은 제한되어 있기 때문에 한 부위로 흐르는 혈액이 증가하면 다른 쪽으로의 흐름은 자동적으로 감소된다. 심박출량의 감소 및 탈수가 일어나는 동안 심혈관 기능이 감소하게 되면, 피부의 말초혈류를 증가시키며 인체로부터 열 손실이 증가한다. 전도, 증발 및 복사에 의한 냉각으로 피부온도는 감소하고 심부온도는 증가하게 되는 체온조절의 불균형을 초래한다.

고온 환경에서 운동 시 체온의 상승과 심박수의 증가 이외에 근육의 글리코겐 이용이 증가하고 젖산의 생성도 증가한다. 그 결과 장시간 지속하는 운동경기에서는 빨리 피로해지고 경기력이 현저하게 감소된다.

2) 체액 균형

열을 제거하기 위해서는 땀의 증발이 중요하다. 혈액온도가 상승하면 시상하부는 교감신경섬유를 통해 수백만 개의 땀샘으로 자극을 보내게 된다. 훈련과 반복적인 열 노출과 함께 알도스테론(aldosterone)은 땀샘을 강하게 자극하여 보다 많은 양의 나트륨과 염화물의 재흡수를 유발할 수 있다. 고온 환경에서 고강도 운동 시 체표면적 $1m^2$당 1L/hr 이상, 즉 평균 체격인 사람(50~75kg)은 시간당 1.5~2.5L의 땀을 흘린다.

발한 작용에 의한 무기질과 수분의 상실은 알도스테론과 항이뇨호르몬(ADH: antidiuretic

hormone)의 분비를 자극하여 알도스테론은 적절한 나트륨 수준을 유지하고, 항이뇨호르몬은 수분의 균형을 유지한다.

3) 탈수와 운동능력의 감소

운동 중에 체중의 4~5% 정도 탈수가 진행되면 직장 온도와 심박수가 현저히 증가하여 운동능력이 현저하게 저하된다. 심지어 체중의 1.9% 체액이 손실 되면 최대산소섭취량이 22% 감소하고, 지구력이 10% 감소한다. 탈수는 저수분 현상을 초래하는데, 저수분 현상은 세포 내·외의 체액량을 감소시키며, 이와 연관된 심박출량을 감소시키고, 젖산 생성을 증가시켜 근육 내 전해질 불균형을 야기하며, 유산소성 운동수행 능력을 감소시킨다. 이외에도 구토, 경련 및 출혈 등 대사성 장애도 유발된다. 그러므로 운동능력의 저하와 열 질환의 발생을 예방하기 위해서는 운동 중 수분 및 전해질을 보충해야 한다.

나. 고온에서의 운동 시 건강위험 및 고려사항

1) 열 관련 장애

① 열 경련(heat cramp)

과다한 발한 작용으로 수반되는 무기질 손실과 탈수가 원인으로, 가장 가벼운 손상이며 골격근의 심한 경련이 일어난다. 서늘한 곳으로 옮기고 음료수나 생리식염수를 공급한다.

② 열 탈진(heat exhaustion)

운동 중 발한 작용에 의한 과다한 수분 상실이나 무기질 상실로 혈액량이 감소될 때 주로 발생한다. 열 탈진 시 심박수의 증가, 직립 자세에서의 혈압저하, 두통, 현기증 및 무력증 등의 증상을 보인다. 쇼크를 피하기 위해 서늘한 장소에서 발을 높게 하여 휴식을 취하게 하며, 의식이 있다면 소량의 소금이 포함된 음료를 섭취시킨다.

③ 열사병(heat stroke)

지나친 체온증가에 의해 체온조절 기전이 작동하지 못하는 상태이며, 생명을 위협하는 열 손상으로 응급처치를 요한다. 열사병은 체온조절 기능이 마비되면서 땀이 멎고 피부가 건조해지며, 체온이 위험수준(40℃ 이상)을 초과하게 되어 순환계에 큰 부담을 준다. 열사병이 발생하면 구급차를 부르고 기다리는 동안 심부온도를 낮추기 위하여 차가운 물이나 얼음물에 몸을 담그거나, 알코올 또는 얼음주머니로 전신을 문지르거나, 젖은 헝겊으로 몸을 감싼 다음 선풍기 바람으로 몸을 식힌다.

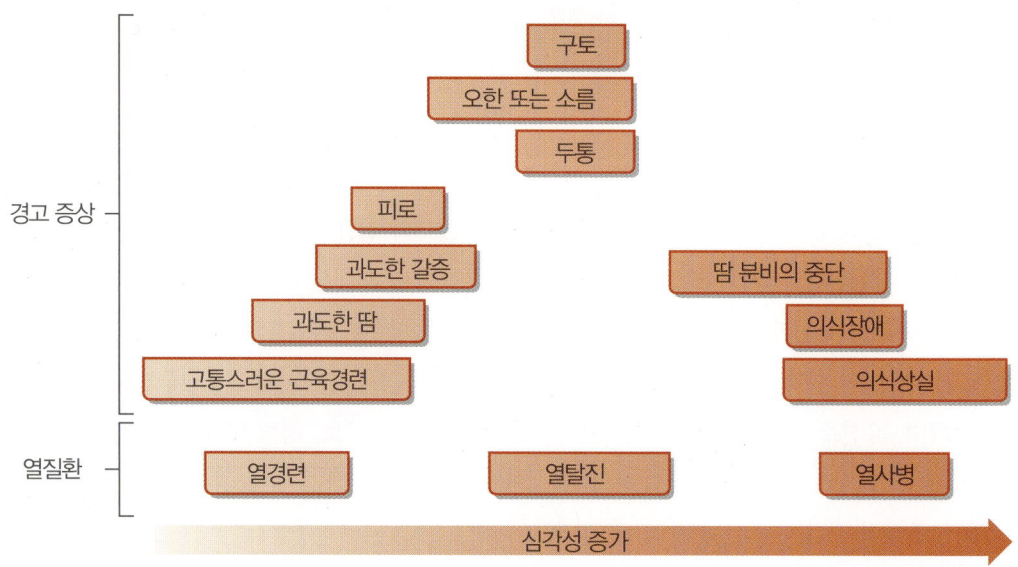

그림 7-3. 고온 환경에서의 열 관련 질환

2) 고체온증 예방

① 습구온도가 28℃ 이상이면 실외에서의 경기나 연습은 중단되어야 한다.
② 한낮의 더위를 피하여 이른 아침이나 저녁에 연습이나 경기를 한다.
③ 음료수는 항상 준비되어 있어야 하며, 선수들이 가능한 한 물을 많이 마시도록 한다.
④ 과다한 의복 착용은 대사열 제거에 불필요한 부담을 주기 때문에 항상 간소한 복장을 한다.

3) 수분과 전해질 보충

① 수분 보충

수분 보충은 섭취하는 물의 온도가 5℃ 정도일 때 위에서 비워지는 속도가 가장 빠르며, 한 번에 250㎖ 정도의 물을 10~15분 간격으로 섭취한다. 최대하운동 시에는 안정 시보다 위에서 액체가 비워지는 속도가 오히려 빠르다. 그러나 단당류(포도당, 과당, 자당)의 농도가 높아지면 위에서 비워지는 속도가 느려진다. 그러므로 운동선수가 훈련 기간 동안 1kg이 감소했다면 완전한 수분 섭취를 위해서는 1.5L의 물을 마셔야 한다.

② 전해질 보충

장시간의 지구성 운동 시 적절한 수분 보충이 이루어지지 않는다면, 수분 손실뿐만 아니라 나트륨, 칼륨 같은 전해질 손실도 함께 일어난다. 이러한 전해질이 하루 동안 재보충되지 않으면 전해질 결핍은 계속적으로 이어지게 된다. 그러므로 1L의 물에 티스푼 1/3 정도의 식염을 타서 마시거나 칼륨 이온이나 칼슘 이온의 보충을 위해 땀 2~3L당 한 컵 정도의 오렌지주스나 토마토주스를 마신다.

다. 고온에서의 운동 시 생리적 순응

열 내성을 증가시키는 생리적인 적응현상을 '열 순응(heat acclimatization)'이라고 한다. 단순히 더운 환경에 노출된다고 하여 열 순응이 이루어지는 것은 아니다. 열 순응은 운동이 실시된 환경 조건, 더위에 노출된 시간 및 열 생성 속도(운동 강도)에 좌우된다. 열 순응은 고온 환경에서 5~8일간의 점증적 운동 훈련을 실시한다.

3. 저온 환경과 운동

가. 체온 손실 인자

피부와 추운 환경의 온도 차이가 크면 클수록 열 손실은 더 커진다. 추운 환경에서의 운동은 열 보존을 위한 의복의 착용과 운동에 의한 열 생성이 증가하기 때문에 열 손실의 문제가 고온 환경에서의 운동보다 심각하지 않다.

1) 체표면적과 신체구성

피하지방은 뛰어난 단열체이며, 지방의 열전도율은 비교적 낮기 때문에 신체 내부 조직에서 신체 표면으로의 열 전달을 방해한다. 피부온도가 정상보다 낮을 때 혈관의 수축과 골격근의 수축은 신체 겉 부분의 단열성을 증가시킨다. 또한 열 손실률은 체중에 대한 신체 표면적의 비율에 따라 영향을 받는다. 큰 신장 및 체중이 많이 나가는 사람은 체중에 대한 신체 표면적의 비율이 상대적으로 적어 체온 저하 가능성이 줄어든다. 그러나 어린이는 성인에 비해 신체 표면적/체중의 비율이 커서 어린이가 추운 환경에 노출되었을 때 정상적인 체온 유지가 어려워 추위를 많이 탄다.

2) 풍속냉각

대기의 온도만으로 인체가 느끼는 환경적 스트레스를 판단할 수는 없으며, 바람은 대류와 전도를 통해 열 손실 속도를 증가시키며, 풍속냉각(windchill)으로 알려져 있는 냉각 요인을 형성한다. 즉, 건조하고 바람이 없는 날씨에 햇볕을 직접 받으면 따뜻한 느낌을 받을 수 있지만, 습기가 높고 바람이 불며 어두운 날씨에서는 똑같은 온도라도 상당한 추위를 느끼게 될 것이다.

3) 잠수

잠수 시 전도는 최대의 열 전달 방법이며, 물의 열 전도성은 공기보다 26배가량 커서 전도에 의한 열 손실이 공기보다 수중에서 26배나 더 빠르다는 것을 의미한다. 그러므로 여러 가지 이유에서 인체는 똑같은 온도의 대기보다 수중에서 4배나 더 빠르게 신체의 열을 잃을 수 있다. 차가운 수중에서 열 손실은 대류에서의 열 손실보다 증가되기 때문에 차가운 물에서의 생존 시간은 아주 짧으며, 조난자의 경우 몇 분 이내에 의식을 잃을 수 있다.

다. 저온에서의 운동 시 생리적 반응

저온 환경에 오래 노출되면 체온 유지를 위해 말초혈관의 수축이나 근육의 떨림, 호르몬의 증가와 같은 반응이 일어난다. 뿐만 아니라 대사작용에 의한 열의 생성과 심부에서 피부로의 열 발산율에 의해서도 영향을 받는다.

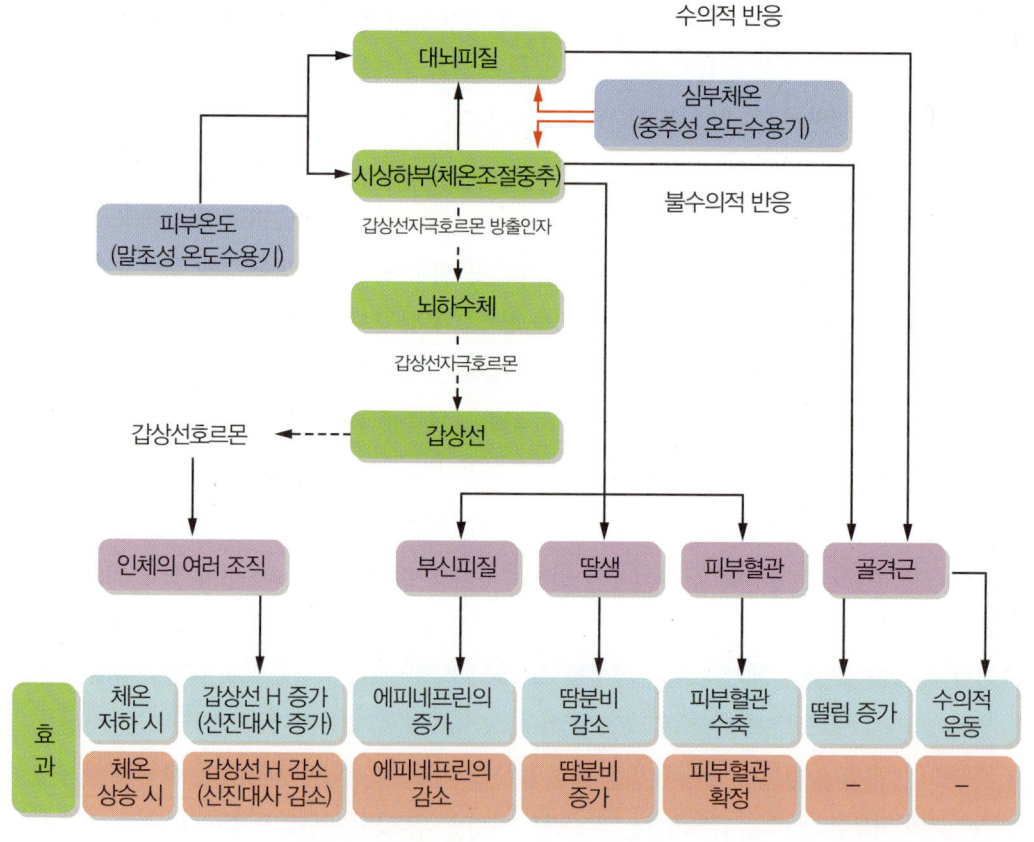

그림 7-4. 체온 변화에 따른 인체의 반응 경로

1) 순환계 반응

운동 시 심부온도 저하 → 심박수 감소 → 최대 심박출량 감소 → 혈액온도 감소 → 혈류 산소 운반 방해 → 최대산소섭취량 감소 → 운동수행능력 감소가 일어난다.

2) 근육의 기능

신경계는 정상적인 근섬유 동원 형태를 변경함으로써 근육온도의 저하에 반응한다. 근육온도가 저하되면 근세포 내액의 점도가 증가되어 근세포 내 에너지대사에 관여하는 효소의 활동이 저해됨으로써 에너지 동원능력을 감소시킬 뿐 아니라 근육의 수축 속도와 파워가 유의하게 감소한다. 그러므로 저온에서 근 수축활동은 근육 활동이 둔화되어 체열 생성은 점차적으로 줄어든다. 그러므로 체온 저하는 인체를 더욱 피로하게 만들며 열 생성 능력을 감소시킨다.

3) 대사반응

추위에 노출되면 카테콜아민의 분비가 증가하고, 피부와 피하조직으로 공급되는 혈관의 수축을 유발하기 때문에 유리지방산(FFA) 이동이 상대적으로 고온환경의 장시간 운동 시보다 감소한다. 그러므로 FFA 수준은 카테콜아민의 상승 정도에 비해 상대적으로 낮다. 또한 근육 글리코겐은 따뜻한 환경에서보다 차가운 물속에서 약간 더 빠른 속도로 이용된다.

라. 저온에서의 운동 중 건강위험

1) 저체온

사람의 체온은 일반적으로 34.5℃ 이하로 떨어지면 시상하부에서 체온을 조절하는 능력을 상실되기 시작하여 직장 온도가 약 29.5℃까지 떨어지면 완전히 상실된다. 신체를 차갑게 하면 졸음이 오며 장시간 노출은 심지어 혼수상태가 유발될 수 있는데, 이는 세포온도가 10℃ 변화할 때마다 대사반응이 정상 수준의 절반으로 느려지는 것과 관련이 있다.

2) 심폐계의 영향

체온 저하의 가장 중요한 영향은 심장에서 나타나는데, 저체온은 심장 박동의 조절장치인 동방결절(SA node)에 영향을 미친다. 심장 조직의 냉각은 신체 심부온도의 저하와 심박수 감소의 복합적인 영향으로 심박출량의 급격한 감소를 초래한다. 운동 시 입을 통한 호흡은 영하 12℃ 이하이의 기온이면 입 안, 후두, 기관 및 심지어 기관지까지 추위로 인한 자극이 클 수 있다.

3) 저체온증

차가운 물과 차가운 공기에 오랫동안 노출될수록 심부온도가 떨어지며, 지속적으로 방치할 경우 저체온증이 나타날 수 있다. 저체온증은 허약함, 떨림, 피로 등의 증상이 나타난다. 가벼운 저체온증(hypothermia)은 추위를 막아주고 마른 옷과 따뜻한 음료수를 제공하면 치료될 수 있지만, 심장 부정맥(arrhythmia) 등 체온 저하가 심각한 경우에는 의료진의 치료를 필요로 한다.

4) 동상

피부의 온도가 어는점(0℃)보다 몇 도만 낮게 내려가면 노출된 피부는 얼 수 있다. 극한 추위에 노출되면 피부의 혈액순환이 감소하여 산소와 영양소의 공급이 부족해져 조직이 괴사하는 동상(frostbite)에 걸린다. 초기 징후는 손가락과 발가락이 따끔거리거나 마비되고, 코와 귀가 타는 듯하다. 동상은 조기에 치료하지 않으면 조직의 훼손이나 손상을 초래할 정도로 심각해질 수 있다.

마. 저온에서의 운동 시 생리적 순응

장기간의 저온에 노출되면 추위에 대한 순응이 일어날 수 있다. 순응 현상은 안정 시 대사율의 증가, 떨림 반응의 감소, 피부혈류의 증가에 의한 추위 내성의 증가로 나타난다. 만성적인 추위 노출에 대한 적응은 매우 적다.

2장 인체 운동에 대한 환경 영향

 학습목표

- 고지 환경에 대한 특성과 고지운동 시 생리적 반응을 이해한다.
- 수중 환경에 대한 특성과 수중운동 시 생리적 반응을 이해한다.
- 대기오염의 영향과 오염공기 환경에서의 운동과 반응을 이해한다.

1. 고지 환경의 특성과 영향

고지대에서 개최된 스포츠 시합에서 경기력 저하가 일어나 많은 코치와 운동선수들은 경기력을 향상시키기 위해 고지대 훈련을 실시하고 있다. 1,500m 이상의 고지대 훈련효과와 운동반응을 이해하기 위해서는 과학적인 정보와 지식의 이해가 선행되어야 한다.

가. 기압의 변화와 호흡반응

1) 기압의 감소와 산소분압의 변화

체내 산소의 확산과 추출은 산소의 분압(partial pressure of oxygen)에 의존하는데, 산소의 분압은 기도를 통해 산소가 흡입하는 순간부터 허파에서 혈액 내로 이동하는 동안, 그리고 신체 조직에 도달하여 산소를 내려놓을 때까지 지속적으로 역할을 수행하게 된다. 산소의 분압(partial pressure of inspired oxygen: PO_2)은 두 가지 요인에 좌우되는데, 대기압력(atmospheric pressure)과 공기 속에 포함된 산소의 농도(oxygen concentration)이다. 공기를 구성하고 있는 기체의 부분압력을 모두 합산하면 기압이 된다. 해수면에서 1기압을 760 mmHg라 가정할 때 흡입하는 산소의 압력은 159 mmHg이며, 폐포에서의 산소분압은 약 104 mmHg이다. 그 이유는 수증기 분자가 추가되기 때문이다. 고지대에서는 폐포의 산소분압이 내려가므로 폐를 지나가는 혈액의 헤모글로빈과 결합하는 산소의 양은 감소한다.

대기압력이 감소하거나 대기에 포함된 산소 농도가 감소하는 경우 호흡을 통해 유입되는 산소의 부분압력이 감소하여 혈관을 통해 조직까지 이동하는 동안 더욱 감소하여 조직들이 충분한 산소 공급을 받지 못하게 된다.

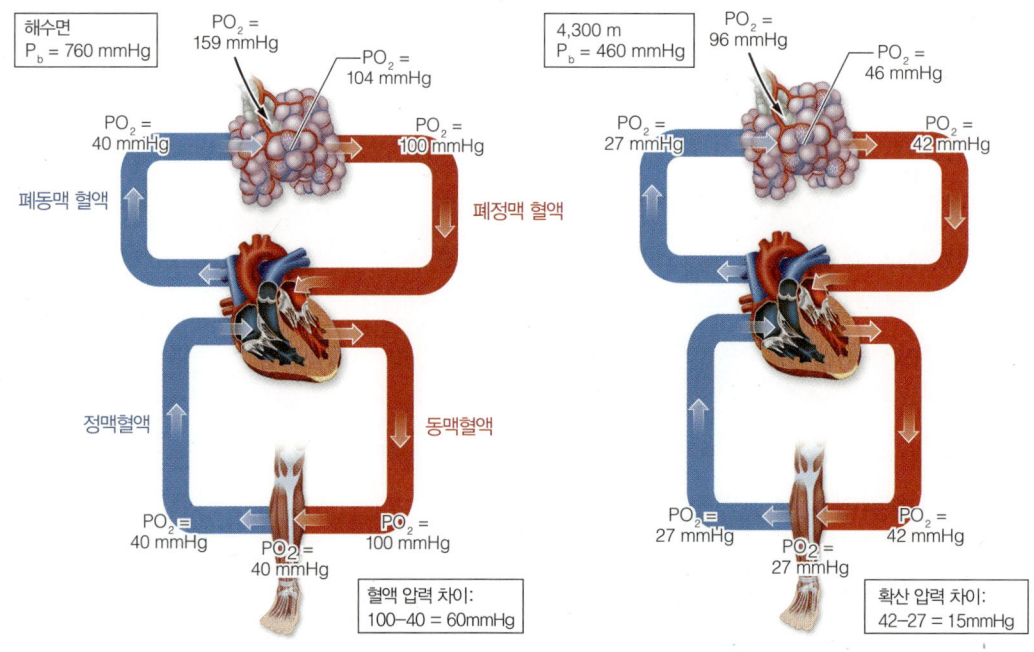

그림 7-5. 해수면과 고지의 산소분압에 대한 비교

2) 저기압, 저산소증과 호흡반응

고지의 생리적 반응은 산소분압이 감소하여 말초부위의 화학수용체(chemoreceptor)가 감지하여 뇌에 전달하고 환기량 조절중추에 의해 환기량의 증가를 발현시켜 폐환기량(pulmonary ventilation)이 증가한다. 시간 경과에 따른 환기량 증가는 말초 화학수용체의 민감도(sensitivity)가 상승함에 따라 나타나는 것으로 알려져 있다.

나. 고지 환경의 생리적 반응

1) 동맥혈 산화헤모글로빈포화도 감소

고지에서 기압이 떨어짐에 따라 호흡하는 공기의 산소분압이 떨어지면 동맥혈액의 산화헤모글로빈포화도(arterial oxyhemoglobin saturation)가 감소하게 되는데, 호흡 시 산소분압이 감소함에 따라 허파꽈리의 산소분압이 같이 감소하고, 결국 허파꽈리에서 동맥혈액으로 이동하는 산소의 양이 줄어듦에 따라 헤모글로빈과 결합하는 산소의 분자 수가 감소한다.

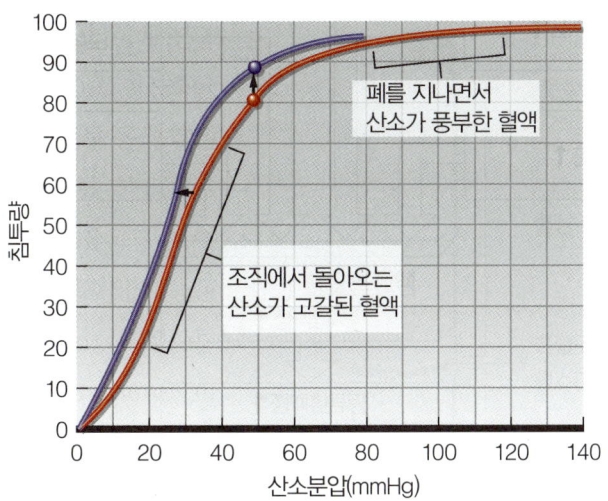

그림 7-6. 해수면과 고지의 산소해리곡선

2) 수분 손실

고지 환경에 노출되면 수분 손실(water loss)이 일어나며, 며칠이 지나면 먼저 환기량의 증가에 따른 호흡기의 수분 손실이 발생한다. 또한 체수분의 보존 기능을 수행하는 호르몬의 기능이 저하되어 소변 방출이 증가되어 체수분의 손실이 발생하므로 수분보충섭취가 중요하다.

3) 수면장애

수면장애(sleep disturbance)는 고지 환경에 접하는 거의 모든 사람이 경험하는 현상이다. 증상은 잠을 자는 동안 자주 깨거나 수면 중 부자연스러운 호흡 등이 있으며, 특히 고지에서 처음 훈련하는 선수들은 서파수면(slow wave sleep)과 급속안구운동(rapid eye movement) 수면이 발생할 수 있다.

4) 급성고산병

급성고산병(acute mountain sickness : AMS)은 임상적으로 소화불량, 식욕부진, 메스꺼움, 두통, 구토, 허약을 동반하며, 고지 환경에 노출된 후 6~12시간 내에 발생하고, 약 24~48시간 동안 최대의 강도로 발생하며, 고지적응 후 약 3~7일 사이에 사라지게 된다. 급성고산병에 대한 민감도는 사람마다 다르게 나타나지만, 4,200m까지 빠르게 오르면 거의 모든 사람이 급성고산병을 경험하게 된다.

5) 고산뇌부종 및 고산폐부종

고산뇌부종(high altitude cerebral edema: HACE)은 고지로 급격하게 등반한 사람에게 나타날 수 있는 임상적 뇌부종이다. 급성고산병과 초기 증상이 유사하지만 강도는 더욱 강하며, 생명에 위협을 주기도 한다. 그러나 고산뇌부종의 발생률은 상당히 낮으며, 급격한 상승이나 적응 부족이 그 원인으로 지적된다.

고산폐부종(high altitude pulmonary edema: HAPE)은 임상적 폐부종을 말하며, 증상은 피로와 호흡곤란(dyspnea) 및 기침 등으로 시작하여 급성고산병의 징후가 동반되기도 한다.

6) 인지능력

해발 7,000m 이상의 극단적인 고지에서는 인지능력이 감소하게 되는데, 집중력과 판단력이 감소하기도 하며 말이 어눌해지기도 한다.

다. 고지운동의 생리적 반응

1) 혈액학적 반응

고지에서의 운동 시 폐환기량은 증가하며, 해수면에 비해 산화헤모글로빈포화도는 감소한다. 산화헤모글로빈포화도의 감소는 해수면에서나 고지에서 잘 훈련된 선수들에게서 더욱 잘 나타나는데, 높은 심박출량, 빠른 폐순환 혈류량 및 지구성운동 선수의 상대적으로 낮은 헤모글로빈 양에 기인하는 것으로 밝혀지고 있다.

2) 최대산소섭취량

고지에서는 최대산소섭취량이 감소하며, 고도가 증가할수록 감소한다. 연구 결과에 따라 약간의 차이가 나지만, 1,000m 이상의 해발부터 매 1,000m 고도상승에 따라 최대산소섭취량이 약 9%씩 감소하는 것으로 제시되고 있다. 최대산소섭취량의 감소는 허파 기체교환(pulmonary gas exchange)과 관련이 있으며, 산화헤모글로빈포화도가 감소하여 근육에 산소가 충분히 공급되지 않기 때문으로 해석되고 있다.

3) 유·무산소 운동능력

무산소성 에너지대사를 요구하는 경기는 고도가 증가하면서 공기의 밀도와 저항이 감소함에 따라 경기력이 증가된다는 연구도 보고되고 있지만 명확하지는 않다. 그러나 대부분의 유산소 대사를 이용하는 경기 종목에서는 부정적 영향이 나타난다.

표 7-1. 고지 환경의 생리적 반응과 적응

생리기능	단기간의 변화	장기간의 변화
호흡	과호흡	과호흡
최대심박수	감소	감소
최대하 운동심박수	증가	증가
최대심박출량	감소	감소
혈장량	감소	평지수준
적혈구 수	증가	증가
모세혈관 밀도	-	증가
미오글로빈 함량	-	증가
미토콘드리아 수	-	증가
산화효소 활성도	-	증가

4) 훈련능력

최대산소섭취량과 유산소능력, 산화헤모글로빈포화도가 감소함에 따라 해수면에서 진행하던 강도의 훈련능력도 고지환경에서는 매우 힘들며 경기력이 감소된다. 최근에는 고지의 절대 운동강도를 높이기 위해 보조산소섭취(supplemental oxygen)를 이용해 훈련을 실시하기도 한다.

라. 고지적응 훈련방법

1) 고지적응과 경기력

고지적응으로 운동선수들의 경기력 향상은 호흡 시 산소분압의 감소로 조혈촉진인자(erythro-poietin)의 방출이 적혈구(erythrocyte)와 헤모글로빈의 농도를 증가시킨다는 것을 배경으로 한다. 즉, 산소가 부족하기 때문에 더 많은 산소를 운반할 수 있는 헤모글로빈을 증가시켜 산소운반 능력을 향상시킬 수 있을 것이다. 또한 고지훈련은 근육 내의 모세혈관이 더 많이 증식되며, 근육 내 미오글로빈 양이 더 많아지고, 미토콘드리아의 산화효소 활동이 증가함과 동시에 미토콘드리아의 양도 많아지게 된다. 이러한 반응들은 근육이 더 많은 산소를 사용할 수 있도록 작용한다.

2) 고지훈련방법

① 환경조성

1990년대 들어 최근까지 다양한 고지 환경이 고지훈련의 장비로 사용되고 있다. 예를 들면 등기압 저산소 챔버(normobaric hypoxic chamber), 보조산소섭취, 저산소 수면방(hypoxic sleeping unit) 등을 이용하고 있다.

② 수분 섭취

고지에서 체내 수분 손실을 줄이기 위해 수분을 재보충한다. 하루에 약 4~5L의 주스나 물 그리고 탄수화물이 함유된 음료를 섭취해야 한다.

③ 에너지원 사용

고지 환경의 초기와 장기적 고지적응 상태에서 운동과 안정 시 지방이용률이 증가되며 상대적으로 탄수화물 이용이 감소된다.

④ 영양 섭취

고지 환경에서는 철분이 급격하게 감소하므로 운동선수는 고지 환경에 노출되기 전 철분 상태의 점검이 필요하다. 고지에 장기간 적응하거나 훈련을 하는 경우에 산화스트레스(oxidative stress)가 증가하게 되며, 이때 항산화제(antioxidant)인 비타민 E를 섭취하면 고지에 대한 산화스트레스를 줄이는 데 효과적인 것으로 나타났다.

⑤ 수면

고지 환경의 노출 초기에 고지적응을 위해 산소가 충분한 곳에서 수면을 하는 방법을 선택하여 적응단계에서는 수면장애를 완화시킨다.

⑥ 급성고산병

급성고산병 증상 시 아세타졸아마이드(acetazolamide) 약품을 섭취하여 동맥 내 산소의 양을 증가시키면 말단 부위의 부종(edema)을 줄일 수 있다.

마. 고지훈련 효과

"고지훈련은 해수면 높이에서의 운동수행력을 향상시킬 수 있을까?"라는 질문에 대한 연구 결과들은 아직 많이 미흡하다. 그러나 선행 연구들에 의하면 다양한 높이에서의 고지 환경에 노출된 후 약 2~28%의 유산소능력이 감소하며, 14~29%의 최대산소섭취량이 감소한다는 것을 보고하고 있다. 그러나 약 10일 이상 지나면 2~16분 정도 지속되는 운동경기에서 경기력이 향상되었으며, 해수면 수준에서 스포츠경기 시 경기력이 향상되었다고 보고하였다.

2. 수중 환경의 특성과 영향

수중에서는 호흡이 불가능하고, 중력이 감소하며, 체온조절을 위한 열 이동이 대기환경보다 빠르게 진행된다.

가. 입수에 의한 생리적 반응
1) 심혈관계의 변화
사람이 물속에 들어가면 생리적으로 방뇨(diuresis) 현상을 보이는데, 신체 내부의 혈액이 재분배(re-distribution)되는 과정의 결과이다. 혈액의 재분배는 신체의 말단 부위에 혈액이 심장 쪽으로 몰려 심부혈액량(central blood volume)이 증가하는 현상이다.

2) 신장의 반응
입수에 의한 방뇨는 체수분과 체내의 전해질 혼란에 기인하며 레닌-알도스테론계(renin-aldosterone system) 및 항이뇨호르몬(antidiuretic hormone)의 감소를 유발한다. 동시에 프로스타글란딘(prostaglandins) 방출의 증가와 심방나트륨이뇨펩타이드(atrial natriuretic peptide)의 증가, 교감신경계 활동의 감소를 일으킨다.

나. 수온과 생리적 반응
1) 수중에서의 열 균형
물의 열전도율은 공기의 약 25배이다. 물은 열을 이동시키는 데 공기보다 25배나 빠르게 진행시키며, 공기에 비해 체온 감소는 약 2~4배 빠르게 진행된다. 체온이 일정하게 유지될 수 있는 환경의 온도인 열중립온도(thermoneutral temperature)는 사람마다 다르다. 예를 들면 수온의 높낮이, 신체의 크기, 체지방량, 내분비계의 활동성 및 기능, 연령 및 인종에 따라 다르게 나타난다.

2) 대사반응
찬물에 입수하면 신체는 즉시 대사량을 증가시키지만, 약 10분 후에는 증가된 대사량이 감소된다. 열중립 온도보다는 높지만 일정한 수준으로 유지되며, 대사량의 순간적 증가와 이후 안정적인 상태에서 낮은 수준으로 유지되는 양상은 피부온도 변화와 일치한다.

다. 수중에서의 운동반응

1) 체온반응

추운 환경에 노출된 인체는 근육 떨림을 통해 손실되는 양만큼 열을 생산하며, 육체적인 활동을 통해 열을 생산하며 체온을 유지한다. 찬물에서 운동 시 체온유지는 높은 물의 온도, 높은 체지방량 및 강한 운동 강도일수록 유지된다. 그러나 더운 물에서의 운동은 말초혈류의 확장, 심박수의 증가, 혈장량의 감소, 말초저항의 감소를 유발해 운동능력을 현격하게 감소시킬 수 있다.

2) 운동능력 반응

수중에서의 운동능력은 대기에서의 운동능력과 다르다. 물의 저항과 흐름은 운동 중 에너지 요구량이 증가하게 되지만, 수중에서 움직임 속도는 개인차에 의해 다양하다. 수중에서의 저강도 운동은 산소섭취량이 증가함에도 불구하고 1회 박출량과 심박출량의 증가는 동시에 일어나지 않지만, 근혈류량과 환기량은 증가한다. 이러한 현상은 수중에 입수되었을 때 이미 심박출량(cardiac output), 1회 박출량(stroke volume) 등이 증가한 안정 시 상태이기 때문이며 최대 심박출량, 최대 심박수, 최대 혈류량, 산소운반능력, 무산소 능력은 대기에 비해 약 15% 감소하는 것으로 나타났다.

라. 수중적응

반복적 입수와 잠수는 일련의 생리적 반응을 유발한다. 반복적인 반응은 적응 현상으로 연결될 수 있다. 수압에 의한 체수분의 재분배, 저산소증, 고탄산혈증(hypercapnia), 산-염기 불균형, 체온 손실 등의 생리적 반응들이 일어난다.

1) 폐용량 및 호흡능력

다이빙에 적응된 사람들은 비적응자에 비해 폐용량의 최대흡기압(maximal inspiratory pressure)과 폐활량(vital capacity)이 높다. 수압에 의한 허파의 공기 용량이 줄고, 압력이 증가하며, 흡기가 더욱 힘들어지기 때문에 적응된다.

2) 고탄산혈증과 저산소증 적응

다이빙은 혈중 이산화탄소가 현저하게 축적되어 고농도 이산화탄소(고탄산혈증)에 대한 호흡계의 민감도가 감소한다. 또한 산소 부족을 유발하므로 신체는 반복적 저산소증을 경험하게 되는데, 부족한 산소에 의한 환기반응이 지연되면서 적응되는 것으로 보인다.

마. 스킨과 스쿠버다이빙

1) 숨정지잠수 반응

스킨다이빙(skin diving)이라고 일컫는 숨정지잠수(breath-hold diving)는 1950년대까지는 수심 45m 이상 잠수하는 것은 굉장히 위험한 것으로 여겨졌지만, 현재는 100m 이상의 잠수와 3분 이상의 잠수가 가능하다고 밝혀지고 있다. 생리적으로 지속적인 잠수를 어렵게 하는 것은 혈중이산화탄소압력(carbon dioxide pressure) 증가를 원인으로 들 수 있다.

숨정지잠수 시 수압에 의해 다리 및 복부에 압력이 가해져서 가슴 쪽으로 체수분이 이동하여 심장의 크기가 확장된다. 그리고 가슴 쪽으로 이동한 체수분은 허파에 압력을 가중시켜 호흡기전을 변화시켜 호흡이 어려우며, 체온 감소는 입수 시간을 제한하게 된다.

숨을 멈춘 상태에서 물속에 들어가면 잠수서맥(diving bradycardia)과 심박출량 감소가 나타나며 잠수서맥은 숨을 멈추는 시간의 간격, 혈중산소, 허파의 크기 및 이산화탄소의 압력, 탄소 압력, 정신상태, 대사량, 온도 그리고 자율신경의 활동성 등의 요인으로 결정된다.

스킨다이빙에 관한 많은 부정적인 결과는 부상 시 순간적 정신을 잃는 실신(syncope), 감압병(decompression illness), 폐부종(pulmonary edema), 객혈(hemoptysis)이 발생할 수 있다.

2) 스쿠버다이빙

깊은 물속에서 오랫동안 머무르기 위해서는 개인적인 호흡이 가능한 장비를 사용해야 한다. 이러한 장비를 스쿠버(self-contained underwater breathing apparatus)라고 한다. 스쿠버다이빙 중 깊은 수심에 대한 압력으로 생리적 변화에 대한 인체는 상당한 스트레스를 받는다.

① 고압기체 호흡과 심폐반응

스쿠버다이빙의 레귤레이터(regulator)는 흡입저항을 가중시키며, 인위적인 강한 호흡을 하지 않는 이상 분당환기량(minute ventilation)이 감소된다. 물의 밀도는 공기와 대조해 약 800배 높아 물속에서의 움직임은 큰 저항을 동반한다. 그러므로 찬물 속에서의 운동은 대사반응을 자극하여 산소섭취량을 증가시켜 에너지 소비량을 증가시킨다.

② 체온반응

스쿠버의 체온반응은 잠수복의 단열기능에 의해 결정되는데, 약 0.4~1.2 클로(clo: 의복단열지수)이며, 열전이(heat transfer)에 대한 저항은 폼 네오프린(foam neoprene)에 포함된 질소기체에 의해 결정된다. 수심이 깊어질수록 잠수복의 두께는 압력에 따라 비례적으로 감소하여 대기에서 9mm 두께의 잠수복은 30m의 수심에서 약 3mm로 감소하여 열을 전도하는 능력이 증가하게 된다.

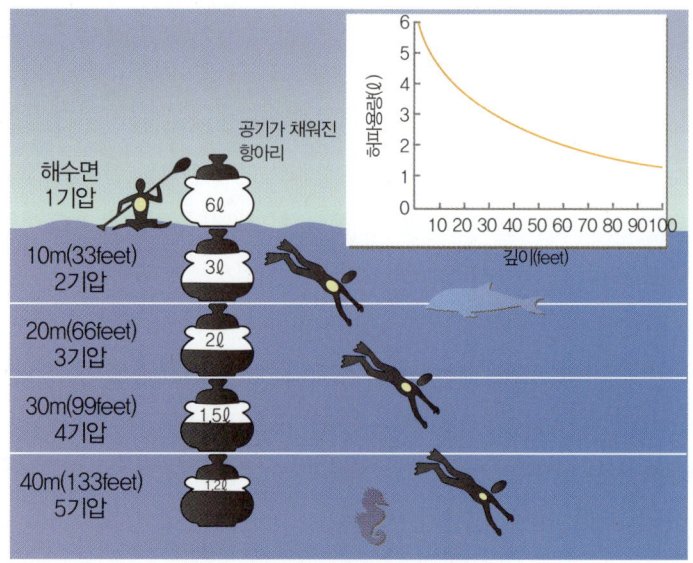

그림 7-7. 물의 깊이에 따른 압력의 변화

2. 대기오염의 영향

대기 중의 공기는 인간의 운동능력에 많은 영향을 미치는 것으로 알려지고 있다. 공해는 다양한 환경적 요인과 복합적으로 작용한다.

가. 공기오염 물질

1) 1차 오염물질(primary pollutants)

1차 오염물질은 가솔린을 사용하는 자동차나 공장에서 직접적으로 배출되는 물질로, 그 성분이 거의 변하지 않은 것을 말하며, 일산화탄소(carbon monoxide), 산화황(sulfur oxide), 산화질소(nitrogen oxide), 분진(dust)이 여기에 속한다.

2) 2차 오염물질(secondary pollutants)

2차 오염물질은 1차 오염물질이 상호작용하여 생성된 물질을 말하며, 오존(ozone), 질산 과산화아세틸(peroxyacetyl nitrate), 연무(smog)가 여기에 속한다.

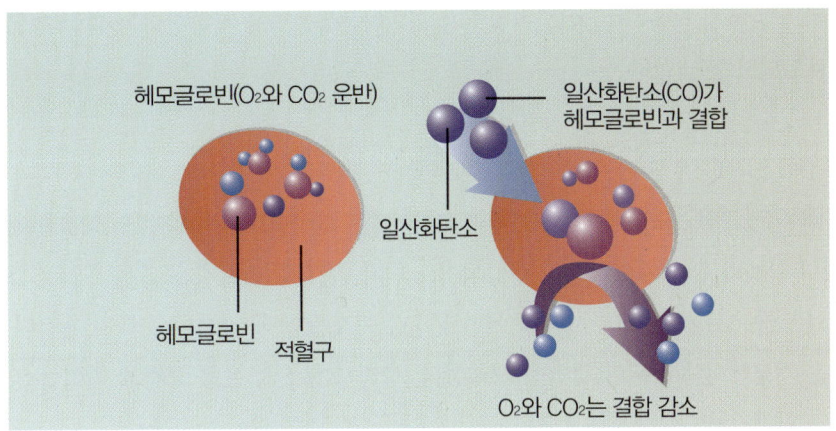

그림 7-8. 일산화탄소(CO) 중독과 산소포화도의 감소

나. 오염공기 환경에서의 운동과 반응

1) 일산화탄소

일산화탄소(CO)는 무색·무취·무미의 기체로, 도시에서 가장 일반적인 오염물질이다. 일산화탄소가 인체에 미치는 가장 큰 영향은 산소의 운반능력을 제한하는 것이다. 첫째는 일산화탄소가 산소에 비해 혈액의 헤모글로빈과 친화력(affinity)이 상대적으로 높으며, 둘째는 일산화탄소혈색소(carboxyhemoglobin)가 헤모글로빈 분자와 결합하여 이동하는 산소의 해리를 방해하기 때문이다.

일산화탄소의 생리적 반응은 허파의 확산능력(diffusing capacity)이 감소하며, 혈중 일산화탄소혈색소가 증가하고 세포 수준에서 대사과정의 변형이 일어난다.

2) 산화황

산화황은 화석연료의 연소에 의해 발생하며, 이산화황(sulfur dioxide), 황산(sulfuric acid), 황산염(sulfate)이 있다. 이산화황은 매우 강한 수용성이므로 상기도에 상당한 불편을 끼치며, 기관지수축(bronchoconstriction)을 일으킨다. 건강한 사람의 최대하운동 시 생리적 능력을 제한할 수 있는 이산화황의 농도는 약 1.0~3.0 ppm이며 기도의 수축을 유발하는 이산화황은 특히 천식환자에게 민감한 영향을 미친다.

3) 산화질소

산화질소는 고온의 연소과정에서 발생하며, 질소와 산소의 결합으로 만들어진다. 비행기, 담배, 화재, 자동차에서 발생한다. 산화질소의 한 종류인 이산화질소(nitrogen dioxide)는 기관지질환자에게 특히 민감하게 작용하며, 이산화질소가 최대하운동능력을 제한한다는 확실한 연구 결과는 아직까지 보고되고 있지 않다.

4) 분진

분진은 먼지와 매연 그리고 연기가 대부분이다. 이는 화석연료의 불완전 연소에 의해 만들어지며, 화산이나 황사와 같이 자연적으로 생성되기도 한다. 인간의 기관지 표면은 흡입된 다양한 분진을 이동시키는 통로로 사용된다. 그래서 어떤 분진은 기도를 통해 깊숙한 곳까지 유입되기도 하며, 어떤 분진은 기도에서 착상되어 걸러지기도 한다. 그러나 분진의 운동 능력에 미치는 영향에 대해서는 아직 명확하지 않다.

5) 오존

오존은 태양의 자외선 복사에너지가 탄화수소(hydrocarbon)와 이산화질소를 반응시켜 대기에서 만든 기체이다. 따라서 주로 여름의 한낮에 가장 많이 생성된다. 오존은 강력한 기도 자극제이며, 결과적으로 상기도에 반사적 기도수축을 유발한다. 저강도 또는 중강도의 오존 호흡은 심폐기능을 제한하지는 않지만, 폐기능을 감소시키고 불쾌감을 확연히 증가시킨다. 강한 운동 강도에서는 기도의 불쾌감과 폐기능의 감소로 운동능력이 감소하게 된다.

6) 천식환자

천식(asthma)은 간헐적으로 기도가 좁아지며, 공기 흐름의 양이 줄어들어 폐 염증을 동반하고 쌕쌕거림과 가슴의 조여옴, 기침, 호흡곤란(dyspnea)을 느끼는 증상이다. 이는 운동유발성천식(exercise-induced asthma)과는 구별되지만, 또한 운동유발성천식을 조장하는 원인은 운동이다. 현재까지 공해나 공해물질이 천식환자의 증상을 악화시키는 것으로 알려지고 있다. 그러나 사람마다 각종 공해물질에 대한 반응이 다르기 때문에 명확한 가이드라인을 제시할 수 있을 만큼 정확한 기준이 확립되어 있지 않다.

참고문헌

[1부]

김기진 외. 운동과 스포츠 생리학(2014). 대한미디어.
정성태 외. 운동생리학(2003). 형설출판사.
지식경제 R&D 전략기획단. 미래형 웰니스산업 동향분석 및 발전방안(2012). 한국생산기술연구원.
최대혁 외. 파워 운동생리학(2014). 라이프 사이언스.
한국운동생리학회. 운동생리학(2014). 한미의학.
ACSM. ACSM's Guidelines for Exercise Testing and Prescription(2013). Lippincott Williams & Wilkins.

[2부]

김기진 외. 운동과 스포츠 생리학(2014). 대한미디어.
김창규 외. Fox's 운동생리학(2002). 대한미디어.
최대혁 외. 파워 운동생리학(2014). 라이프 사이언스.
한국운동생리학회. 운동생리학(2014). 한미의학.
Ball-Burnett M., Green H. J. & Houston M. E. (1990). Energy metabolism in slow and fast twitch muscle fibers during prolonged cycle exrcise. J Physiol. 437, 257~267.
Coggan A. R., Spina R. J., Kohrt W. M. & Holloszy J. O. (1993). Effect of prolonged exercise on muscle citrate concentration before and after endurance training in men. Am J Physiol. 264:E215~20.
Faulkner J. A, Claflin D. R, & McCully K. K. (1986). Power output of fast and slow fibers from human skeletal muscles. Human kinetics.
Gollick P. D. (1998). Energy metabolism and prolonged exercise. Cooper publishing group.
Hawley J. A. (2002). The effect of increased fat availability on metabolism and exercise capacity. Med. Sci. Sports Exerc. 34(9): 1475~6.
Holloszy J. O. (1975). Training induced adaptation of skeletal muscle to endurance training. Med. Sci. Sports Exerc. 7, 155~164.
Spriet L. L. (2002). Regulation of skeletal muscle fat oxidation during exercise in humans. Med Sci Sports Exerc. 34(9): 1477~84.
http://demonstrations.wolfram.com/OxygenTransportByHemoglobinAndMyoglobin/HTMLImages/index.en/popup_3.jpg

[3부]

강두희. 생리학(1992). 서울: 형설출판사.
강희성 외 공역. 운동과 스포츠 생리학(2006). 서울: 대한미디어.
김현택 · 조선영 · 박순권 공역. 생리심리학의 기초(2001). 서울: 시그마프레스.
대한운동교육평가원. 운동사를 위한 근력 훈련과 컨디셔닝(2015). 서울: 한미의학.
한국운동생리학회. 운동생리학(2014). 서울: 한미의학.
Larry, K. W., Wilmore, J. H., Costill, D. L. Physiology of sport and exercise (2011). Champaign: Human Kinetics.
Power, S. K., Howley, E. T. Exercise physiology (2013). New York: McGraw-Hill.

[4부]

김기진 외. 운동과 스포츠 생리학 5판(2014). 대한미디어.
정영수 외. 운동생리학 Ⅰ(2010). 도서출판 무지개.
전태원 외. 파워생리학(2014). 라이프사이언스.
정덕조 외. 운동생리학(2014). 도서출판 홍경.
한국운동생리학회. 운동생리학(2014). 한미의학.
대한운동교육평가원. 근력 훈련과 컨디셔닝(2014). 한미의학.
대한운동사협회. 운동검사 및 처방 Ⅰ(2011). 한미의학.
대한운동사협회. 운동검사 및 처방 Ⅱ(2011). 한미의학.
대한운동사협회. 운동생리학(2007). 한미의학.
대한운동사협회. 운동손상학(2011). 대한미디어.
McArdle W. D., Katch F. L., Katch V. L., Exercise Physiology: energy, nutrition, and human performance. 5th ed. Baltimore: Lippincott Williams & Wilkins, 2001.

[5부]

김기진 외. 운동과 스포츠 생리학(2014). 대한미디어.
정일규 외. 휴먼 퍼포먼스와 운동 생리학(2011). 대경북스.
곽이섭 외. 캐치 운동생리학(2015). 라이프사이언스.
강현주 외. 운동생리학(2014). 한미의학.
Galbo H, et al. (1981). The effect of fasting on the hormonal response to graded exercise. J Clin Endocrinol Metab., 52: 1106.
Langenfeld M. E., Hart L. S., Kao P. C. (1987). Plasma beta-endorphin responses to one-hour bicycling and running at 60%$\dot{V}O_{2max}$ Med Sci Sports Exerc., 19(2): 83~6.
Premachandra B. N., Winder W. W., Hickson R., Lang S., Holloszy J. O. (1981). Circulating reverse triiodothyronine in humans during exercise. Eur J Appl Physiol., Occup Physiol., 47(3): 281~8.
Huang W. S., Yu M. D., Lee M. S., Cheng C. Y., Yang S. P., Chin H. M., Wu S. Y. (2004). Effect of treadmill exercise on circulating thyroid hormone measurements. Med Princ Pract., 13(1): 15~9.
Ljunghall S., Joborn H., Roxin L. E., Rastad J., Wide L, Akerstorm G. (1986). Prolonged low-intensity exercise raises the serum parathyroid hormone levels. Clin Endocrinol (Oxf)., 25(5): 535~42
Zerath E., Holy X., Douce P., Guezennec C. Y., Chatard J. C. (1997). Effect of endurance training on post exercise parathyroid hormone levels in elderly men. Med Sci Sports Exerc., 29(9): 1139~45.
Takada H., Washino K., Nafashima M., Iwata H. (1998). Response of parathyroid hormone to anaerobic exercise in adolescent female athletes. Acta Paediatr Jpn., 40(1): 73~7.

[6부]

강두희. 생리학(1988). 연세대학교 의과대학.
김기송 · 권오윤 · 이충휘. 만성요통환자에서 복부심부근 강화 운동이 노력성 호기 폐기능 검사 동안 최대호기유량 및 1초간 노력성 호기량과 요통에 미치는 효과(2009). 한국전문물리치료학회, 16(1), 10~17.
김기진 · 김영준 · 김형묵 · 이원준 · 장석암 · 장경태 · 전종귀. 운동과 스포츠 생리학(2014). 서울: 대한미디어.
김상범. 재활의학(2008). 서울: 군자출판사.
남팔수 · 황수관 · 김형진 · 주영은. 체력단련이 폐기능에 미치는 효과(1981). 대한생리학회지, 15.
류수진. 광주지역 일개 노인병원 입원 환자의 폐기능 상태와 호흡 재활 치료의 효과(2009). 전남대학교 대학원 석사학위논문.

서교철. 자세변화에 따른 피드백 호흡훈련이 뇌졸중 환자의 폐기능에 미치는 영향(2009). 대구대학교 재활과학대원 석사학위논문.

오덕자 · 백상욱 · 김종원. 달리기가 중년 성인의 심장구조와 기능, 심폐기능 및 혈중지질에 미치는 영향(2014). 한국사회체육학회지, 56, 919~933.

유동훈 · 허만동. 남자대학생의 12주간의 유산소성운동과 저항성운동이 신체조성, 체력 및 폐기능에 미치는 영향(2009). 한국체육학회 학술발표논문집, 47, 133.

이병기 · 지용석 · 고일규. 걷기와 요부안정화운동이 만성요통환자의 폐기능과 요부심부근에 미치는 영향(2008). 대한임상건강증진학회지, 8(3), 168~177.

이전형. 피드백 호흡운동이 뇌졸중 환자의 폐기능에 미치는 영향(2008). 대구대학교 재활과학대학원 석사학위논문.

이지연 · 정재현 · 정은정 · 김경. 피드백 호흡운동과 트레드밀 운동이 중년층의 흉곽용적과 폐기능에 미치는 영향(2013). 특수교육재활과학연구, 52(3), 319~333.

전태원. 운동과 스포츠 생리학 실험법(2005). 서울: 무지개사.

정우화 · 심영길 · 황수관 · 주영은. 장거리 선수의 폐기능과 폐기능 추정식(1985). 한국체육학회지, 24(5).

조홍관 · 채정룡. 점증적인 운동 후 수영 선수의 폐기능 변화(2000). 운동생리학회지, 9(1), 41~50.

최명애 · 변영순 · 황래란 · 홍해숙 · 김희승 · 최스미 · 서화숙. 인체 구조와 기능(2001). 서울: 계축문화사.

황수관 · 허복. Treadmill 운동부하 후 회복기에 있어서 심폐기능의 변화(1980). 한국체육학회지, 19.

Asmussen, E. Exercise and regulation of ventilation(1967). Circulation Respiratory, 5, 1~132.

Franssen, F. M., Broekhuizen, R., Janssen, P. P., Wouters, E. F., Schols, A. M. Effects of whole-body exercise training on body composition and functional capacity in normal weight patients with COPD(2004), Chest, 125(6), 2021~2028.

Gaensler, E. A. Clinical pulmonary physiology(1965). New England Co.: 210~252.

Gandevia, B. Normal standards for single breath tests of ventilatory capacity in children(1960). Arch. Disease Childhood, 35, 236.

Kelly, J. O., Kilbreath, S. L., Davis, G. M. et al. Cardio-respiratory fitness and walking ability in subacute stroke patients(2003). Arch Phys Med Rehabil. 84(12), 1780~5.

Kolb, B., Gibb, R. Brain plasticity and recovery from early cortical injury(2007). Develop Psycho. 49(2), 107~118.

Kollias, J., Boikeu R. A., Bartlet H. L., Buskirk E. T. Pulmonary function and physical condition in lean and obese subjects(1972). Am Med Assoc Arch Environ Health, 25, 140~146.

Mannion, A. F., Kɾser L., Weber, E. Influence of age and duration of symptoms on fiber type distribution and size of the back muscles in chronic low back pain patients(2000). Eur Spine J, 9(4), 273~281.

Miller, W. F., Johnson, R. L., Wu, N. Relationships between fast vital capacity and various timid expiratory capacities(1959). J Appl Physiol, 14, 157.

Soyupek, F., Savas, S., Oztɾrk, O., Ilgɾn, E., Bircan, A., Akkaya, A. Effects of body weight supported treadmill training on cardiac and pulmonary functions in the patients with incomplete spinal cord injury(2009). J Back Musculoskelet Rehabil, 22(4), 213~218.

[7부]

김기진 외. 운동과 스포츠 생리학(2014). 대한미디어.

정일규 외. 휴먼 퍼포먼스와 운동 생리학(2011). 대경북스.

곽이섭 외. 캐치 운동생리학(2015). 라이프사이언스.

강현주 외. 운동생리학(2014). 한미의학.

Dempsey, J. A. & Foster, H. V. (1982). Mediation of ventilatory adaptations. Physiol. Rev., 62, 262~346.

참고문헌

Doubt, T. J. (1996). Cardiovascular and thermal responses to SCUBA diving. Med. Sci. Sports Exerc., 28, 581~586.

Epstein, M. (1996). Renal, endocrine, and hemodynamic effect of water immersion in humans. In: Handbook of Physiolgy, sect. 4: Environmental Physiology, Chpt. 37. Frehley, M. J. & Blatteis, C. M. (eds). American Physiological Society. Oxford Univ. Press.

Katayama, K., Sato, Y., Morotome, Y., Shima, N., Ishida, K., Mori, S. & Miyamura, M. (2001). Intermittent hypoxia increases ventilation and SaO2 during hypoxic exercise and hypoxic chemosensitivity. J. Appl. Physiol., 90, 1431~1440.

Lin, Y. C. & Honf, S. K. (1996). Hyperbaria: breath-hold diving. In: Handvook of Physiology, sect. 4: Environmental Physiology, Chpt. 42. Fregley. Oxford Univ. Press.

Pendergast, D. R. & Lundgren, C. E. G. (2009). The underwater environment: cardiopulmonary, thermal, and energetic demands. J. Appl. Physiol., 106 76~283.

Robergs, R. A., Quintana, R., Parker, D. L. & Frankel, C. C. (1998). Multiple variables explain the variability in the decrement in $\dot{V}O_{2max}$ during acute hypobaric hypoxia. Med. Sci. Sports Exerc., 30, 869~879.

Wagner, P. D., Gale, G. E., Moon, R. E., Torre-Bueno, J. R., Stolp, B. W. & Saltzman, H. A. (1986). Pulmonary gas exchange in humans exercising at sea level and simulatedaltitude. J. Appl. Physiol., 61, 260~270.

Wilber, R. L. (2004). Altitude training and athletic performance. Human Kinetics, Champaign, IL.

찾아보기

[ㄱ]

가로세관 · 100
가중 · 119
간접열량 측정 · 33
갑상샘 · 140~141, 155
갑상샘자극호르몬 · 142, 144, 152
갑상샘호르몬 · 148, 155
강제호기량 · 169
강제호기량 비율 · 170
강축 · 119
경직 · 137
고산뇌부종 · 248
고산폐부종 · 248
고온 · 238
고지 · 245
고지적응 · 249
고탄산혈증 · 252
골지힘줄기관 · 92, 94~95
과호흡 · 175
과환기 · 175
관절 운동범위 · 108
교감신경계 · 68~69
교차점 · 44
근력 · 122
근방추 · 89, 92~94
근비대 · 126
근세사 활주설 · 104
근위축 · 125
근지구력 · 123
근 통증 · 133
근형질 · 99
근형질 세망 · 101
글루카곤 · 145~147, 158
글루코코르티코이드 · 145
글리코겐 · 147
급성고산병 · 247
기능적 잔기량 · 169
기초대사량 · 43
길항근 · 111

[ㄴ]

난포자극호르몬 · 142, 144, 154
내호흡 · 166
노르에피네프린 · 145~147, 156
뇌하수체 · 140~141, 151
뇌하수체 후엽 · 148
뉴런 · 63, 72~85

[ㄷ]

단축성 수축 · 117
당질 코르티코이드 · 142
대기압력 · 245
대기오염 · 254
대류(convection) · 235
동상 · 244
동정맥 산소차 · 181
동화작용 · 23, 26~27
등장성 수축 · 117
등척성 수축 · 117

[ㄹ]

레닌 · 145
레닌-알도스테론계(renin-aldosterone system) · 251

[ㅁ]

말초수용기 · 236
말초신경계 · 62, 67~68, 70, 73, 92
모세혈관 · 129
무산소성 역치 · 174
무산소 시스템 · 36, 49, 55
미오글로빈 · 52~55, 129
미오신 · 103
미토콘드리아 · 110
민첩성 · 124

261

찾아보기

[ㅂ]

복사(radiation) ····· 235
부갑상샘(parathyroid gland) ····· 140~141, 155
부갑상샘호르몬(parathyroid hormone) ····· 142, 144, 156
부동화 ····· 130
부신(adrenal gland) ····· 156
부신속질(medulla) ····· 156
부신피질 ····· 148, 150, 157
부신피질자극호르몬 ····· 142, 144, 153
분진 ····· 256

[ㅅ]

사강환기 ····· 170
사이토카인 ····· 135
산소분압 ····· 245
산화질소 ····· 255
산화헤모글로빈포화도 ····· 246, 248
산화황 ····· 255
상기도 ····· 164~165
생식샘자극호르몬 ····· 142
성장호르몬 ····· 142, 144, 147~148, 152
소마토스타틴 ····· 145, 160
수면장애 ····· 247
수분 ····· 240
수분 손실 ····· 247
수용기(receptor) ····· 236
수중 ····· 251~252
수중적응 ····· 252
숨정지잠수 ····· 253
스피드 ····· 124
시냅스 ····· 79~82, 91
시상하부 ····· 140~141, 236
신경전달물질 ····· 66, 69, 72, 79~83
신장성 수축 ····· 117
신체구성 ····· 123
실무율(all-or-none)의 법칙 ····· 76
심박출량 ····· 190~191, 204~205, 213~223
심부온도 ····· 234
심장주기 ····· 186
심전도 ····· 189

[ㅇ]

아데노신삼인산 ····· 25
안드로겐 ····· 142, 145
알도스테론 ····· 145, 150, 158
액틴 ····· 104
에리스로포이에틴(EPO) ····· 145, 151
에스트로겐 ····· 142, 145
에피네프린 ····· 141, 145~147, 156
엔지오텐신 전환효소(ACE) ····· 151
연축 ····· 119
열 경련 ····· 239
열사병 ····· 239
열 탈진 ····· 239
염증 반응 ····· 135
오존 ····· 256
옥시토신(oxytocin) ····· 144, 148, 154
외호흡 ····· 166
운동기능 ····· 84~85, 87, 92
운동단위 ····· 110
웰니스 ····· 12, 15
유산소 시스템 ····· 36, 39, 41, 49, 57
유연성 ····· 123
이자(췌장) ····· 158
이화작용 ····· 23~24, 26~27
인슐린(insulin) ····· 145~147, 159
인슐린 민감도 ····· 147
인원질 시스템 ····· 36
일산화탄소 ····· 255
일에너지 ····· 27

[ㅈ]

자율신경계 ····· 63, 65, 68, 70
잔기량 ····· 169
잠수서맥 ····· 253
저기압 ····· 246
저산소증 ····· 246, 252
저온 ····· 241
저체온증 ····· 244
전달물질 ····· 81
전달성 ····· 79, 81
전도(conduction) ····· 235
전자전달계 ····· 39, 45, 52~54

전해질 240
정맥혈 재배분 194
젖산 시스템 37
젖산역치 55
좌상 136
주동근 111
중추수용기 236
중추신경계 .... 62~63, 66~68, 73, 83, 85,
　　　88~89, 92~95
증발(evaporation) 235
직접열량 측정 32

[ㅊ]
천식(asthma) 256
초과보상 58
총 폐용량 169
최대산소섭취량 49, 50, 54
최대 수의적 환기량 179

[ㅋ]
카테콜아민 238
칼슘 104
칼시토닌 144, 155
코티솔 .... 145~148, 157
크렙스 회로 39, 45, 52, 54

[ㅌ]
타박상 137
탈분극 .... 75~77, 80~81, 83
탈수 239
테스토스테론 128, 145
통합성 79, 83
티록신 141, 237
티록신(T4)과 트리요오드타이로닌(T3) 144

[ㅍ]
파워 28, 124
평형성 125
폐용량 168, 180, 252
폐용적 168
폐포환기 170
폐확산 181

폐환기 166
폐환기량 180
폐활량 169
프로게스테론 142
프로락틴(prolactin) 144, 153
피부온도 234

[ㅎ]
하기도 .... 165~166
하수체 후엽 148
항상성 16, 19
항이뇨호르몬 .... 144, 148~149, 154, 251
항정 상태 16, 44
해당과정 시스템 .... 36~37, 41, 55~57
혈액순환 194
협력근 111
호기 166
호기예비용적 168
호흡가스 교환 171
호흡가스 운반 166
호흡계 164
호흡곤란 177
호흡교환율 45
호흡기관 164
호흡상 47
호흡수 180
활동전위 .... 72, 74~83
황체형성호르몬(luterinizing hormone : LH) 142,
　　　144, 154
효과기(effector) 237
흡기 166
흡기량 169
흡기예비용적 168
흥분성 .... 76, 79~81, 83
힘 발달 속도 비율 126

[숫자 및 영문]
1차 오염물질 254
1초 강제호기량 169
1회 박출량 .... 51, 190~191, 204~208, 223
1회 호흡량 168
2차 오염물질 254

찾아보기

3초 강제호기량 ······································ 170
ADH ··· 144
ATP-PCr 시스템 ······················ 36, 41, 55~58
β -엔도르핀(endorphin) ··························· 154
type I ··· 109
type II ·· 109
type IIa ··· 116
type IIb ··· 116

저자소개

강현주
순천향대학교 자연과학대학 스포츠의학과 교수

김경배
육군사관학교 체육학처 교수

안나영
계명대학교 체육대학 사회체육학과 교수

이왕록
충남대학교 자연과학대학 스포츠과학과 교수

전병환
경성대학교 예술종합대학 스포츠건강학부 교수

정덕조
서원대학교 사범대학 체육교육과 교수